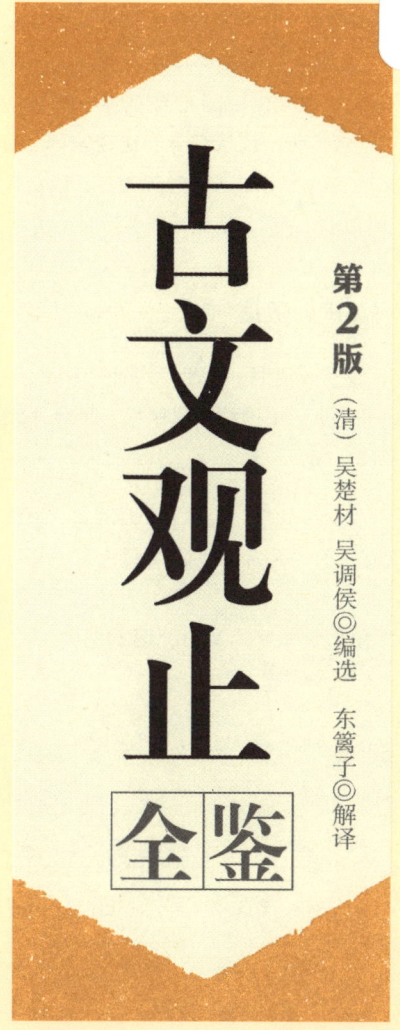

第2版

（清）吴楚材 吴调侯◎编选

东篱子◎解译

中国纺织出版社

内 容 提 要

中国古代散文是中国传统文化宝库中的璀璨明珠，它们风格各异，美不胜收。《古文观止》所选文章上起先秦，下迄明末，大体反映了先秦至明末散文发展的主要面貌。该书分12卷，总计222篇，篇幅长短适中，篇目和分卷比较匀称，衡文标准兼顾思想性与艺术性的统一。本书以时代为经，以历代作家作品为纬编排，便于阅读和理解，是品味优美散文的范本。

图书在版编目（CIP）数据

古文观止全鉴 /（清）吴楚材，（清）吴调侯编选；东篱子解译. —2版. —北京：中国纺织出版社，2014.8（2017.8重印）

ISBN 978-7-5180-0697-7

Ⅰ. ①古… Ⅱ. ①吴…②吴…③东… Ⅲ. ①古典散文—散文集—中国 ②《古文观止》—注释③《古文观止》—译文 Ⅳ. ①H194.1

中国版本图书馆CIP数据核字（2014）第113804号

副　主　编：李百芹
编委会成员：余长保　蔡　践　党　博　杨敬敬　李　蕊　孙红颖
　　　　　　任娟霞　陈金川　李向峰　朱雅婷　罗　苏　陈　美
　　　　　　庞莉莉

策划编辑：丁守富　　责任编辑：顾文卓　　责任印制：周平利

中国纺织出版社出版发行
地址：北京市朝阳区百子湾东里A407号楼　邮政编码：100124
销售电话：010—87155894　传真：010—87155801
http://www.c-textilep.com
E-mail: faxing@c-textilep.com
官方微博http://weibo.com/2119887771
北京佳信达欣艺术印刷有限公司印刷　各地新华书店经销
2010年6月第1版　2014年8月第2版
2017年8月第7次印刷
开本：710×1000　1/16　印张：20
字数：307千字　定价：38.00元

凡购本书，如有缺页、倒页、脱页，由本社图书营销中心调换

前言

　　《古文观止》是清朝康熙年间选编的一部供学塾使用的文学读本，也是自清代以来最为流行的古代散文选本之一。该书是清初山阴（今浙江绍兴）人吴乘权、吴调侯叔侄俩于康熙三十三年（1694年）编选而成。吴乘权，字楚材，他一生研习古文，好读经史。吴调侯，精通"古学"而"才器过人"，其一生主要经历是在家乡同叔父一道设馆讲学。此书正是他们为学生选编的教材。

　　所谓"古文观止"，就是"尽将古文之精华选编其中"之意。该书自清初定稿以来，流传城乡，影响很大，鲁迅认为它与《昭明文选》一样，"在文学上的影响，两者都一样的不可轻视"。

　　《古文观止》全书一共有12卷，以散文为主，兼有骈文。从中国古代散文中裁花剪叶，遴选了上起先秦、下迄明末的优秀散文222篇，兼顾不同风格、不同流派、不同题材的作品，并以时代为经，以历代作家作品为纬编排，是公认的优美散文范文。其中，又以《左传》《国语》《战国策》等先秦历史散文，《史记》等汉代散文，以及"唐宋八大家"的代表人物韩、柳、欧、苏的散文为重点，占全书篇幅的一半以上。

　　散文的发展大体经历了以下几个阶段：

　　一是先秦时期。《尚书》是第一部散文集。春秋战国时代，百家争鸣，产生了诸子散文。《左传》与《战国策》是先秦历史散文的代表。

　　二是两汉时代。本期散文进一步发展，《史记》乃"史家之绝唱，无韵之离骚"，代表了两汉散文的最高成就。

　　三是魏晋南北朝时期。本期文章多讲求声律，形成骈俪文体，《水经注》《洛阳伽蓝记》不同凡响。

　　四是唐宋时期。中唐韩愈、柳宗元领导了古文运动。北宋时，欧阳修力倡古文，苏氏父子等人互相应和，古文日渐占领文坛。

五是元明清时期。本期散文基本上继承发展了唐宋古文运动的精神。明代出现了复古派、反对复古的唐宋派等派别以及归有光等散文大家，清代影响最大的是桐城派。

《古文观止》之"古文"，应该是指骈文与制义文（八股文）之外的文言散文，此书主要包括了传、记、论、书、序、表、诏、赞、碑文、墓志铭、散赋、疏、策、祭文、寓言等，体裁十分完备；同时此书也选了如《滕王阁序》《北山移文》等四篇骈文，以见此体裁之一斑。

《古文观止》之"观止"一词源于《左传·襄公二十九年》之"季札观周乐"（见《古文观止》卷二）："观止矣！若有他乐，吾不敢请已。"意谓："我所观赏的乐舞已达到最高境界，如果还有其他乐舞，我也不敢再请求观赏了。"所以"观止"有观赏到极致、高境界之艺术的意思。此书借用此词，是对所选古文思想内涵与艺术境界的高度赞誉。

本书在思想上推崇儒家传统的思想观念，并以此作为遴选的尺度，追求所选文章思想意识的正统；在艺术上，注重文章的构思、布局、谋篇、辞藻、情感和表现手法等，比较讲求语言艺术的表现，注重中国语言文字的独特性，注意音、形、义的奇妙的表达方式。

总之，本书所选的文章文质并重，与《文选》以来的古文选本相比，它包括的时代既长，卷帙又不甚多，而且文章的体裁多样，较少派别的偏见，可谓广收博采，而又繁简适中。在编排上，全书按时代先后分为7个时期，每个时期都有重点作家和作品。由此可以纵观古文发展的源流，也可以分析各个作家的不同风格。每篇文章又都有简要的评注，辅助读者理解文义，掌握行文的章法。加以入选的文章基本上均为久经传诵的名篇，因而具有"永恒的艺术魅力"。

金克木先生说："读《古文观止》可以知历史，可以知哲学，可以知文体变迁，可以知人情世故，可以知中国的宗教精神与人文精神，几乎可以知道中国传统文化的一切。"这正是我们注释和赏析这部《古文观止》的根据和价值所在。

解译者
2014年2月

卷一　周文

- 郑伯克段于鄢（隐公元年《左传》）／2
- 周郑交质（隐公三年《左传》）／4
- 石碏谏宠州吁（隐公三年《左传》）／5
- 臧僖伯谏观鱼（隐公五年《左传》）／6
- 郑庄公戒饬守臣（隐公十一年《左传》）／8
- 臧哀伯谏纳郜鼎（桓公二年《左传》）／9
- 季梁谏追楚师（桓公六年《左传》）／11
- 曹刿论战（庄公十年《左传》）／12
- 齐桓公伐楚盟屈完（僖公四年《左传》）／14
- 宫之奇谏假道（僖公五年《左传》）／15
- 子鱼论战（僖公二十二年《左传》）／17
- 介子推不言禄（僖公二十四年《左传》）／18
- 展喜犒师（僖公二十六年《左传》）／19
- 烛之武退秦师（僖公三十年《左传》）／21
- 蹇叔哭师（僖公三十二年《左传》）／22

卷二　周文

- 郑子家告赵宣子（文公十七年《左传》）／26
- 王孙满对楚子（宣公三年《左传》）／27
- 齐国佐不辱命（成公二年《左传》）／29
- 楚归晋知罃（成公三年《左传》）／30
- 驹支不屈于晋（襄公十四年《左传》）／32
- 子产告范宣子轻币（襄公二十四年《左传》）／33
- 晏子不死君难（襄公二十五年《左传》）／35
- 季札观周乐（襄公二十九年《左传》）／36
- 子产坏晋馆垣（襄公三十一年《左传》）／38
- 子产论尹何为邑（襄公三十一年《左传》）／40
- 子产却楚逆女以兵（昭公元年《左传》）／41
- 子产论政宽猛（昭公二十年《左传》）／43
- 吴许越成（哀公元年《左传》）／44

1

卷三　周文

- 祭公谏征犬戎（周语上《国语》）／48
- 召公谏厉王止谤（周语上《国语》）／49
- 襄王不许请隧（周语中《国语》）／51
- 叔向贺贫（晋语八《国语》）／52
- 申胥谏许越成（吴语《国语》）／54
- 春王正月（隐公元年《公羊传》）／55
- 宋人及楚人平（宣公十五年《公羊传》）／56
- 吴子使札来聘（襄公廿九年《公羊传》）／58
- 郑伯克段于鄢（隐公元年《谷梁传》）／60
- 虞师晋师灭夏阳（僖公二年《谷梁传》）／61
- 晋献公杀世子申生（檀弓上《礼记》）／62
- 公子重耳对秦客（檀弓下《礼记》）／63
- 晋献文子成室（檀弓下《礼记》）／65

卷四　秦文

- 苏秦以连横说秦（《国策》）／68
- 司马错论伐蜀（《国策》）／71
- 范雎说秦王（《国策》）／73
- 邹忌讽齐王纳谏（《国策》）／75
- 颜斶说齐王（《国策》）／77
- 冯谖客孟尝君（《国策》）／78
- 触詟说赵太后（《国策》）／81
- 鲁仲连义不帝秦（《国策》）／83
- 鲁共公择言（《国策》）／85
- 唐雎不辱使命（《国策》）／87
- 李斯谏逐客书（《秦文》）／88
- 卜居（《楚辞》）／91
- 宋玉对楚王问（《楚辞》）／92

卷五　汉文

- 五帝本纪赞（《史记》）／96
- 项羽本纪赞（《史记》）／97

- 秦楚之际月表（《史记》）/ 98
- 高祖功臣侯年表（《史记》）/ 100
- 孔子世家赞（《史记》）/ 101
- 外戚世家序（《史记》）/ 102
- 伯夷列传（《史记》）/ 103
- 管晏列传（《史记》）/ 106
- 屈原列传（《史记》）/ 108
- 游侠列传序（《史记》）/ 111
- 滑稽列传（《史记》）/ 113
- 货殖列传序（《史记》）/ 115
- 太史公自序（《史记》）/ 118
- 报任少卿书（司马迁）/ 121

卷六  汉魏文

- 高帝求贤诏（《西汉文》）/ 128
- 文帝议佐百姓诏（《西汉文》）/ 129
- 贾谊过秦论上（《西汉文》）/ 130
- 贾谊治安策（一）（《西汉文》）/ 133
- 晁错论贵粟疏（《西汉文》）/ 136
- 邹阳狱中上梁王书（《西汉文》）/ 139
- 司马相如上书谏猎（《西汉文》）/ 142
- 李陵答苏武书（《西汉文》）/ 144
- 诸葛亮前出师表（《后汉文》）/ 147
- 诸葛亮后出师表（《后汉文》）/ 149

卷七  六朝唐文

- 陈情表（李密）/ 152
- 兰亭集序（王羲之）/ 154
- 归去来兮辞（陶渊明）/ 155
- 桃花源记（陶渊明）/ 157
- 五柳先生传（陶渊明）/ 158
- 北山移文（孔稚珪）/ 160
- 谏太宗十思疏（魏徵）/ 162
- 滕王阁序（王勃）/ 163
- 与韩荆州书（李白）/ 166
- 春夜宴桃李园序（李白）/ 168
- 陋室铭（刘禹锡）/ 169
- 阿房宫赋（杜牧）/ 170
- 原道（韩愈）/ 172
- 原毁（韩愈）/ 175
- 获麟解（韩愈）/ 177

卷八　唐文

- 师说（韩愈）／180
- 进学解（韩愈）／182
- 争臣论（韩愈）／185
- 与于襄阳书（韩愈）／188
- 送孟东野序（韩愈）／189
- 送董邵南序（韩愈）／191
- 送杨少尹序（韩愈）／193
- 送石处士序（韩愈）／194
- 祭十二郎文（韩愈）／197
- 柳子厚墓志铭（韩愈）／199

卷九　唐宋文

- 驳《复仇议》（柳宗元）／204
- 捕蛇者说（柳宗元）／206
- 种树郭橐驼传（柳宗元）／207
- 钴鉧潭西小丘记（柳宗元）／209
- 小石城山记（柳宗元）／211
- 待漏院记（王禹偁）／212
- 黄冈竹楼记（王禹偁）／214
- 书《洛阳名园记》后（李格非）／215
- 严先生祠堂记（范仲淹）／216
- 岳阳楼记（范仲淹）／218
- 谏院题名记（司马光）／219
- 朋党论（欧阳修）／221
- 纵囚论（欧阳修）／223

卷十　宋文

- 梅圣俞诗集序（欧阳修）／226
- 送杨寘序（欧阳修）／228
- 五代史伶官传序（欧阳修）／229
- 五代史宦者传论（欧阳修）／231
- 相州昼锦堂记（欧阳修）／232
- 丰乐亭记（欧阳修）／233
- 醉翁亭记（欧阳修）／235
- 秋声赋（欧阳修）／236

- 祭石曼卿文（欧阳修）/ 238
- 管仲论（苏洵）/ 239
- 辨奸论（苏洵）/ 241
- 张益州画像记（苏洵）/ 243
- 范增论（苏轼）/ 245
- 留侯论（苏轼）/ 247
- 贾谊论（苏轼）/ 249
- 晁错论（苏轼）/ 251

卷十一　宋元文

- 上梅直讲书（苏轼）/ 254
- 喜雨亭记（苏轼）/ 256
- 凌虚台记（苏轼）/ 258
- 超然台记（苏轼）/ 259
- 放鹤亭记（苏轼）/ 261
- 石钟山记（苏轼）/ 263
- 前赤壁赋（苏轼）/ 265
- 后赤壁赋（苏轼）/ 266
- 三槐堂铭（苏轼）/ 268
- 方山子传（苏轼）/ 270
- 六国论（苏辙）/ 272
- 上枢密韩太尉书（苏辙）/ 273
- 黄州快哉亭记（苏辙）/ 275
- 寄欧阳舍人书（曾巩）/ 277
- 赠黎安二生序（曾巩）/ 279
- 读孟尝君传（王安石）/ 280
- 同学一首别子固（王安石）/ 281
- 游褒禅山记（王安石）/ 282
- 泰州海陵县主簿许君墓志铭（王安石）/ 284

卷十二　明文

- 送天台陈庭学序（宋濂）/ 288
- 阅江楼记（宋濂）/ 289
- 司马季主论卜（刘基）/ 291
- 卖柑者言（刘基）/ 292
- 深虑论（方孝孺）/ 294
- 象祠记（王守仁）/ 296
- 信陵君救赵论（唐顺之）/ 297
- 报刘一丈书（宗臣）/ 299
- 《吴山图》记（归有光）/ 301
- 沧浪亭记（归有光）/ 303
- 蔺相如完璧归赵论（王世贞）/ 304
- 徐文长传（袁宏道）/ 305
- 五人墓碑记（张溥）/ 307

参考文献 / 310

郑伯克段于鄢（隐公元年《左传》）

初，郑武公娶于申，曰武姜，生庄公及共叔段①。庄公寤生②，惊姜氏，故名曰寤生。遂恶之。爱共叔段，欲立之。亟请于武公，公弗许。

及庄公即位，为之请制。公曰："制，岩邑也。虢叔死焉③，佗邑唯命④。"请京，使居之，谓之京城大叔。

祭仲曰⑤："都城过百雉⑥，国之害也。先王之制：大都不过参国之一；中五之一；小九之一。今京不度，非制也，君将不堪。"公曰："姜氏欲之，焉辟害？"对曰："姜氏何厌之有！不如早为之所，无使滋蔓，蔓难图也。蔓草犹不可除，况君之宠弟乎！"公曰："多行不义必自毙。子姑待之。"

既而大叔命西鄙、北鄙贰于己。公子吕曰："国不堪贰，君将若之何？欲与大叔，臣请事之；若弗与，则请除之，无生民心。"公曰："无庸，将自及。"

大叔又收贰以为己邑，至于廪延。子封曰："可矣，厚将得众。"公曰："不义不昵，厚将崩。"

大叔完聚，缮甲兵，具卒乘⑦，将袭郑，夫人将启之。公闻其期，曰："可矣！"

命子封帅车二百乘以伐京。京叛大叔段。段入于鄢。公伐诸鄢。五月辛丑，大叔出奔共。

书曰："郑伯克段于鄢。"段不弟，故不言弟。如二君，故曰克。称郑伯，讥失教也，谓之郑志。不言出奔，难之也。

遂置姜氏于城颍而誓之曰："不及黄泉，无相见也！"既而悔之。

颍考叔为颍谷封人⑧，闻之，有献于公。公赐之食。食舍肉。公问之。对曰："小人有母，皆尝小人之食矣，未尝君之羹，请以遗之⑨。"公曰："尔有母遗，繄我独无！"颍考叔曰："敢问何谓也？"公语之故，且告之悔。对曰："君何患焉！若阙地及泉⑩，隧而相见，其谁曰不然？"公从之。公入而赋："大隧之中，其乐也融融。"姜出而赋："大隧之外，其乐也泄泄⑪。"遂为母子如初。

君子曰："颍考叔，纯孝也。爱其母，施及庄公。《诗》曰：'孝子不匮，永锡尔类。'其是之谓乎！⑫"

【注释】

①庄公：即郑庄公。共（gōng）叔段：共是国名，叔为兄弟排行居后，段是名。②寤（wù）生：逆生，倒生，即难产。③虢（guó）叔：东虢国国君。④佗：同"他"。唯命："唯命是从"的省略。⑤祭（zhài）仲：郑国大夫，字足。⑥雉：古时建筑计量单位，长三丈，高一丈。⑦缮：修整。甲：铠甲。兵：武器。具：备齐。卒：步兵。乘（shèng）：兵车。⑧颍考叔：郑国大夫。颍谷：郑国邑名，在今河南登封西南。封人：管理边界的官。⑨遗（wèi）：赠送。繄（yī）：语气助词，没有实义。⑩阙：同"掘"，挖。⑪泄泄（yì）：快乐舒畅的样子。⑫这两句诗出自《诗·大雅·既醉》。匮：穷尽。锡：同"赐"，给予。

美文共赏

本文是一篇完整而优美的记事散文。记述了春秋初期郑国君主公与其母、其弟间的利害冲突及权力之争。在这场家族内部权力之争中，郑庄公以逸待劳，一举粉碎了其弟共叔段的进攻。透过这个缩影，将春秋时代统治阶级内部的骨肉相残、利益斗争从侧面做了生动的揭示。

作者除了善于用精练的语句、委婉流畅的笔调写出纷繁复杂的历史事件之外，还用极少的笔墨，刻画出人物的语言、动作和内心活动，使庄公的老谋深算、姜氏的偏执任性以及共叔段的野心勃勃跃然纸上。"不及黄泉，无相见也。"短短的八个字，道出了郑庄公对母亲的极大怨恨。"尔有母遗，繄我独无"又深刻地反映出了庄公在发誓不与母亲相见后的痛苦与矛盾，折射出了他内心的思念与重孝。文中颍考叔的机智，也是传神之笔。

本篇名句

"多行不义必自毙，子姑待之。"

一个人若不仁义的事情做多了，必定会自取灭亡，你就等着吧！

这句话千百年来被人们所熟悉和传知，广为流传。

周郑交质（隐公三年《左传》）

郑武公、庄公为平王卿士。王贰于虢①，郑伯怨王。王曰："无之。"故周、郑交质。王子狐为质于郑，郑公子忽为质于周。

王崩，周人将畀虢公政②。四月，郑祭足帅师取温之麦③；秋，又取成周之禾。周、郑交恶。

君子曰："信不由中，质无益也。明恕而行，要之以礼，虽无有质，谁能间之？苟有明信，涧、溪、沼、沚之毛，蘋、蘩、蕰、藻之菜，筐、筥、锜、釜之器④，潢汙、行潦之水，可荐于鬼神，可羞于王公，而况君子结二国之信，行之以礼，又焉用质？《风》有《采蘩》《采蘋》⑤，《雅》有《行苇》《泂酌》⑥，昭忠信也。"

【注释】

①贰于虢：二心，这里指平王想把政权一部分让虢执掌。虢（guó），指西虢公，周王室卿士。②崩：去世；畀（bì）：交给；③祭（zhài）足：即祭仲，郑大夫；温，周朝小国。④筐、筥（jǔ）：竹制容器，方为筐，圆为筥。锜（qí）釜，饮具，有角为锜，无角为釜。⑤《采蘩》《采蘋》：均为《诗·召南》篇名，写妇女采集野菜以供祭祀。⑥《行苇》《泂（jiǒng）酌》：均为《诗·大雅》篇名，前者写周祖先晏享先人仁德，歌颂忠厚。后者写汲取行潦之水供宴享。

美文共赏

这是一篇说理文章，寥寥二三百字，就囊括了许多事迹，描绘出了很多情形。从一定的层面上反映了那个特定时代的政治面貌。

周郑之间"交质""交恶"，双峰对峙，故事脉络清晰，层次分明，在看似平淡无奇的叙述中，全篇有着"文似看山不喜平"的境界之美。

全文从"信"和"礼"的角度叙事论事，既说周、郑之事，又不拘泥于周郑之间。用君子之言"明恕而行，要之以礼，虽无有质，谁能间之"，说明"信任如果是发自内心的，即使没有人质，也没有谁能够离间他们"这样一个道理。天子和诸侯的信用，竟然要用交换人质来作保证，简直就是笑话。因此把"周""郑"说为二国，尽显讽刺意味。

文章剖析道理由浅入深，环环相扣，使文章的说理性极强，令人回味无穷。

"苟有明信，涧、溪、沼、沚之毛，蘋、蘩、蕰、藻之菜，筐、筥、锜、釜之器，潢汙、行潦之水，可荐于鬼神，可羞于王公。"

如果有发自内心的诺言，小溪小塘里面的浮萍、水藻，装在竹篮铁锅一类的容器里面，都可以拿来祭祀鬼神，进献王公。说明只要有真心，形式是次要的。

石碏谏宠州吁（隐公三年《左传》）

卫庄公娶于齐东宫得臣之妹，曰庄姜，美而无子，卫人所为赋《硕人》也①。又娶于陈，曰厉妫②，生孝伯，蚤死。其娣戴妫生桓公③，庄姜以为己子。

公子州吁，嬖人之子也④。有宠而好兵，公弗禁。庄姜恶之。

石碏谏曰⑤："臣闻爱子，教之以义方，弗纳于邪。骄、奢、淫、佚，所自邪也。四者之来，宠禄过也。将立州吁，乃定之矣；若犹未也，阶之为祸。夫宠而不骄，骄而能降，降而不憾，憾而能眕者⑥，鲜矣。且夫贱妨贵，少陵长，远间亲，新间旧，小加大，淫破义，所谓六逆也⑦；君义，臣行，父慈，子孝，兄爱，弟敬，所谓六顺也。去顺效逆，所以速祸也⑧。君人者，将祸是务去，而速之，无乃不可乎？"

弗听。其子厚与州吁游，禁之，不可。桓公立，乃老⑨。

【注释】

①《硕人》：《诗经·卫风》篇名。②妫：陈国为妫姓。厉和下文的戴，都是谥号（古时有地位的人死后所得称号）。③娣：春秋时代，诸侯娶他国之女为妻，有妹妹或侄女随嫁，叫

娣。④嬖：宠爱。⑤石碏：卫国的大夫。⑥昤：安定的样子。鲜：少。⑦六逆：庄姜为正妻，桓公为子，是贵、是长、是亲、是旧、是大、是义；嬖为妾，州吁为庶子，是贱、是少、是远、是新、是小、是淫。⑧速：招致。⑨老：告老退休。

美文共赏

如何教育子女对于一个国君而言，不仅是他个人的家庭问题，也关系到国家社稷和民族安危。所以，石碏进谏卫庄公。

全篇"宠"字是自始至终的一个关键。文中以庄公酿祸、州吁作祸、石碏说祸、桓公受祸皆因"宠"而来连贯全篇。

石碏的一段劝谏之词言简意赅，逻辑严整，动之以情，晓之以理，很有论辩的力度和说辩的风采。

石碏所举的"六逆""六顺"在今天仍有积极意义。卫庄公没有听从石碏的劝谏，对州吁溺爱放任，后来州吁谋反。这则"宠儿必骄，骄而酿祸"的实例，对于现代父母非常有借鉴意义。

本篇名句

"爱子，教之以义方，弗纳于邪。"

爱自己的儿子，一定要以正确的礼法来教导约束他，这样才能使他不走上邪路，家庭才能和睦，国家才能安定。

臧僖伯谏观鱼（隐公五年《左传》）

春，公将如棠观鱼者①。

臧僖伯谏曰："凡物不足以讲大事②，其材不足以备器用，则君不举焉③。君将纳民于轨、物者也。故讲事以度轨量谓之轨。取材以章物采谓之物。不轨不物④，谓之乱政。乱政亟行，所以败也。故春蒐、夏苗、秋狝、冬狩⑤，皆于农隙以讲事也。三年而治兵，入而振旅⑥。归而饮至，以数军实。昭文章，明贵贱，辨等列，顺少长，习威仪也。鸟兽之肉不登于俎⑦，皮革、齿牙、骨角、毛羽不登于器，则君不射，古之制也。若夫山林、川泽之实，器用之资，皂隶之事⑧，官司之守，非君所及也。"

公曰："吾将略地焉。"遂往，陈鱼而观之。僖伯称疾不从。

书曰："公矢鱼于棠"，非礼也，且言远地也。

【注释】

①棠：一作唐，鲁国地名，今山东金乡东。鱼：同"渔"。②讲：演习。大事：古代把祭祀和军事当作国家大事。③不举，意为不要理会。④轨物：指法度。⑤蒐：搜索选择。春季打猎要选择不孕的禽兽。苗：夏天打猎，为苗除害。狝：捕杀。秋季打猎，顺秋天肃杀之气。狩：包围防守。冬季打猎，见禽兽即猎获，不再择取。⑥振旅：整顿军队。⑦俎：古时祭祀时用以载动物祭品（猪、牛、羊）的礼器。⑧皂隶：服贱役的人。

美文共赏

这是一篇臣子规谏君王的谏辞短文。本文记叙了臧僖伯用当时社会的礼制去劝阻鲁隐公去棠地观看捕鱼一事。

臧僖伯在谏辞中，未说一句观鱼是不合礼法之言，但是文中观鱼是不合礼法之事一目了然，这一点尤其巧妙。文章一开始就提出君王举止关系国家社稷，话题郑重；中间历陈典故，都与观鱼相互映照，从而达到规劝君王不能忽视小节而纵欲逸游的目的。臧僖伯的言语处处合乎典规法度，句句在理，从中可以看出他善于辞令，有深厚的文化底蕴。另外从他的谏辞中也可以看到古代礼法的一个侧面。

本篇名句

"凡物不足以讲大事，其材不足以备器用，则君不举焉。"

事物如果不是涉及祭神和练兵打仗这些头等国家大事，就不是国君应该关注的。

郑庄公戒饬守臣（隐公十一年《左传》）

秋七月，公会齐侯、郑伯伐许①。庚辰，傅于许②。颍考叔取郑伯之旗蝥弧以先登③，子都自下射之，颠。瑕叔盈又以蝥弧登，周麾而呼曰："君登矣！"郑师毕登。壬午，遂入许。许庄公奔卫。

齐侯以许让公，公曰："君谓许不共，故从君讨之。许既伏其罪矣。虽君有命，寡人弗敢与闻④。"乃与郑人。

郑伯使许大夫百里奉许叔以居许东偏⑤，曰："天祸许国，鬼神实不逞于许君，而假手于我寡人，寡人唯是一二父兄不能共亿⑥，其敢以许自为功乎？寡人有弟，不能和协，而使糊其口于四方，其况能久有许乎？吾子其奉许叔以抚柔此民也，吾将使获也佐吾子⑦。若寡人得没于地，天其以礼悔祸于许，无宁兹许公复奉其社稷，唯我郑国之有请谒焉，如旧昏媾⑧，其能降以相从也。无滋他族实逼处此⑨，以与我郑国争此土也。吾子孙其覆亡之不暇，而况能禋祀许乎？寡人之使吾子处此，不惟许国之为，亦聊以固吾圉也⑩。"乃使公孙获处许西偏，曰："凡而器用财贿，无置于许。我死，乃亟去之！吾先君新邑于此；王室而既卑矣，周之子孙日失其序⑪。夫许，大岳之胤也⑫。天而既厌周德矣，吾其能与许争乎？"

君子谓郑庄公"于是乎有礼。礼，经国家，定社稷，序人民，利后嗣者也。许，无刑而伐之⑬，服而舍之，度德而处之，量力而行之，相时而动，无累后人，可谓知礼矣。"

【注释】

①许：国名，姜姓，西周初年分封给伯夷的后代。在今河南许昌市东。②傅：同"附"，迫近。③蝥弧：郑国的大旗。子都：郑国大夫。瑕叔盈：郑国大夫。麾：同"挥"。④弗敢与闻：意为不敢接受许国的领土。⑤许叔：许庄公的弟弟。⑥一二父兄：指同姓群臣。亿：同"臆"。共亿：同心。⑦获：郑大夫公孙获。⑧昏：同"婚"。昏媾：相互结亲。⑨他族：指能够威胁、危害郑许两国的诸侯国。禋祀：用清洁的祭品祭神。⑩圉：边界。亟：急速。新邑：指郑武公东迁建新国都。⑪序：世系班次。周代很讲究"系"，这是先同姓，后异姓，同姓又有嫡、庶之分。⑫大岳：同"太岳"，即唐尧时的四岳。或说许国是四岳之一的伯夷的后代，或说许国是神农氏的后代。胤：后代。⑬刑：同"型"，法度。

美文共赏

本文主要是郑庄公告诫百里与命令公孙获的言语记录。他对百里所言，用的是外交辞令，而对公孙获，则是以君王对形势的分析，摊开底牌，告诫利害的方式。他的言辞表达委婉，对时局分析透彻，能够审时度势，让人感觉情理兼得，处处显示了一位尊奉礼法、敬畏天命、量力而行的古代政治家风采。郑庄公对许大夫百里说："请你侍奉许叔安抚这里的人民吧！"他懂得统治他国不能全靠武力，历代君主奉行的怀柔政策，据说是他发明的。

文章对于讨伐许国的记述也很有特色。在关键处有画龙点睛之笔"君登矣！"描写了胜利的情形和人物的风采，是篇辞令妙文。

本篇名句

"度德而处之，量力而行之，相时而动。"

度量自己的德行处理问题——这是"度德而处"的成语来源；估计自己的能力去办事——"量力而行"；选择时机然后行动——"相时而动"，这些具有哲理的话和成语，都是从这个故事流传下来的。

臧哀伯谏纳郜鼎（桓公二年《左传》）

夏四月，取郜大鼎于宋①，纳于大庙，非礼也。

臧哀伯谏曰："君人者，将昭德塞违，以临照百官，犹惧或失之，故昭令德，以示子孙。是以清庙茅屋②，大路越席③，大羹不致④，粢食不凿⑤，昭其俭也。衮、冕、黻、珽⑥，带、裳、幅、舄⑦，衡、紞、纮、綖⑧，昭其度也。藻、率、鞞、鞛⑨，鞶、厉、游、缨⑩，昭其数也。火、龙、黼、黻⑪，昭其文也。五色比象，昭其物也。钖、鸾、和、铃⑫，昭其声也。三辰旂旗，昭其明也。夫德，俭而有度，登降有数。文、物以纪之，声、明以发之，以临照百官。百官于是乎戒惧而不敢易纪律。今灭德立违，而置其赂器于大庙，以明示百官。百官象之，其又何诛焉？国家之败，由官邪也。官之失德，宠赂章也。郜鼎在庙，章孰甚焉？武王克商，迁九鼎于雒邑⑬，义士犹或非之⑭，而况将昭违乱之赂器于大庙，其若之何？"公不听。

周内史闻之，曰："臧孙达其有后于鲁乎！君违，不忘谏之以德。"

【注释】

①郜：国名，姬姓，故都在山东成武东南。当时已被宋国吞并。②清庙：太庙，祭祖必肃穆清静。③大路：亦作"大辂"，天子乘以祭天的车子，朴素无装饰。④大羹：同"太羹"，肉汁。不致：不另加调味品。⑤粢：黍（黍子）稷（粟）合称粢，当时主要食粮。⑥衮：天子和最高级官吏祭祖的礼服。冕：最尊贵的黑色礼帽。韨：熟皮做的蔽膝。珽：玉做的朝板。⑦幅：斜裹的小腿上的布。舄：有复底的鞋。⑧衡：使冠冕固着在头发上的簪子。紞：帽子两边悬挂玉饰的细绳。纮：纽带。古人戴帽时，用一笄（jī，簪子）把帽别在发髻上，再用紘由颌下挽上，系在笄的两端。綖：冕上的长方形的版，外包黑布。衡等四物都是冠饰。⑨藻率：放玉的衬垫，熟皮制作。鞞、鞛：都是刀鞘的装饰物。⑩鞶：皮做的束衣带。厉：垂着的大带子。游：旌旗上的飘带。缨：马头上的皮带。⑪黼黻：礼服上所绣花纹。⑫钖、鸾、和、铃：都是车马上装饰的铃铛之类。⑬九鼎：相传为夏禹所铸，以为传授政权的国宝。雒：同"洛"。⑭义士：指伯夷、叔齐这类不肯臣服周朝的人。

臧哀伯劝诫鲁桓公不要把受贿而来的郜鼎陈放于太庙之内，他认为这样做有违礼制，会给国家带来祸殃。他这番劝谏说得有理有据，有服人的力度和论辩的风采。

"君人者，将昭德塞违，以临照百官"是全篇的主题思想，他认为作为君王就应该发扬美德、堵塞邪恶，做百官和人民的表率。他的这一思想，赋予了当时的礼法以进步的内涵。

鲁桓公是以杀逆当了国君的，视杀逆为常事，他不知道宗庙的礼法是子孙所世守、百官所瞻瞩的，并没有接纳臧哀伯的劝谏。但是臧哀伯的进谏比起他的父亲臧僖伯，在政治、社会方面有着巨大的进步意义。

本篇名句

"国家之败，由官邪也。官之失德，宠赂章也。"

国家衰亡的原因在于官员腐败；官员丧失道德，是由于受宠的臣子公然接受贿赂。

季梁谏追楚师[①]（桓公六年《左传》）

楚武王侵随[②]，使薳章求成焉，军于瑕以待之[③]。随人使少师董成[④]。

斗伯比言于楚子曰[⑤]："吾不得志于汉东也，我则使然[⑥]。我张吾三军，而被吾甲兵，以武临之，彼则惧而协以谋我，故难间也。汉东之国，随为大。随张，必弃小国。小国离，楚之利也。少师侈，请羸师以张之。"

熊率且比曰[⑦]："季梁在，何益？"斗伯比曰："以为后图，少师得其君。"王毁军而纳少师。

少师归，请追楚师。随侯将许之。

季梁止之曰："天方授楚，楚之羸，其诱我也，君何急焉？臣闻小之能敌大也，小道大淫。所谓道，忠于民而信于神也。上思利民，忠也；祝史正辞[⑧]，信也。今民馁而君逞欲，祝史矫举以祭，臣不知其可也。"

公曰："吾牲牷肥腯，粢盛丰备[⑨]，何则不信？"对曰："夫民，神之主也。是以圣王先成民而后致力于神。故奉牲以告曰'博硕肥腯'，谓民力之普存也，谓其畜之硕大蕃滋也，谓其不疾瘯蠡也[⑩]，谓其备腯咸有也。奉盛以告曰'洁粢丰盛'，谓其三时不害而民和年丰也。奉酒醴以告曰'嘉栗旨酒'，谓其上下皆有嘉德而无违心也。所谓馨香，无谗慝也[⑪]。故务其三时，修其五教，亲其九族[⑫]，以致其禋祀。于是乎民和而神降之福，故动则有成。今民各有心，而鬼神乏主，君虽独丰，其何福之有？君姑修政而亲兄弟之国，庶免于难。"

随侯惧而修政，楚不敢伐。

【注释】

①楚：芈（mǐ）姓国。西周时立国于荆山一带。周成王封其首领熊绎以子男之田，为楚受封的开始。后来楚国自称王，与周处于对立地位。楚武王为楚国第十七代君。楚也称荆。②随：国名，姬姓。今湖北随县。③薳章：楚大夫。瑕：随地。今湖北随县境。④少师：官名。董：主持。⑤斗伯比：楚大夫。楚子：指楚武王。因楚为子爵，故称楚子。⑥我则使然：是我们自己造成的。⑦熊率且比：楚大夫。季梁：随国的贤臣。⑧祝史：管理祭祀的官吏。正辞：如实说明，不欺假。⑨粢盛：盛在祭器里供神用的谷物。黍、稷叫粢，装进器皿之后叫盛。⑩瘯蠡：六畜所患皮肤病。⑪慝：邪恶。五教：指父义、母慈、兄友、弟恭、子孝。⑫九族：上自高、曾、祖、父，下至子、孙、曾、玄，加上本身。另一说，父族四代，母族三代，妻族二代，合为九族。

美文共赏

春秋时期,国家是把祭神和练兵打仗当作头等大事的,不会在乎人民的意愿和利益,但是本篇却反映了春秋时代对于民和神之间关系的一种进步主张:"所谓道,忠于民而信于神也。"民是主体,神是附属。所以好的君主必须首先做好对民有利的事,然后再去致力于祭祀神祇一类事,这些言论代表着当时最为先进的社会思潮,具有宝贵的思想价值。季梁的谏辞,思想前卫,逻辑严密,立于不败之地,不愧是一位具有民本思想的进步政治家。本文先是忠民信神并提,然后深入论述应该以民为主,神为附。在谈到神的地方都是从民着眼,所以说服力很强,能使随侯感到恐惧,于是整顿内政。

本篇名句

"圣王先成民而后致力于神。"

圣明的君主总是先把人民的事情办好,再致力于祭祀鬼神。

曹刿论战（庄公十年《左传》）

十年春①,齐师伐我②。公将战。曹刿请见③。其乡人曰:"肉食者谋之④,又何间焉?"刿曰:"肉食者鄙,未能远谋。"遂入见。

问:"何以战?"公曰:"衣食所安,弗敢专也,必以分人⑤。"对曰:"小惠未徧⑥,民弗从也。"公曰:"牺牲玉帛,弗敢加也,必以信。"对曰:"小信未孚⑦,神弗福也⑧。"公曰:"小大之狱,虽不能察,必以情。"对曰:"忠之属也,可以一战。战,则请从。"

公与之乘。战于长勺⑨。公将鼓之。刿曰:"未可。"齐人三鼓。刿曰:"可矣!"齐师败绩。公将驰之。刿曰:"未可。"下,视其辙,登轼而望之⑩,刿曰:

"可矣!"遂逐齐师。

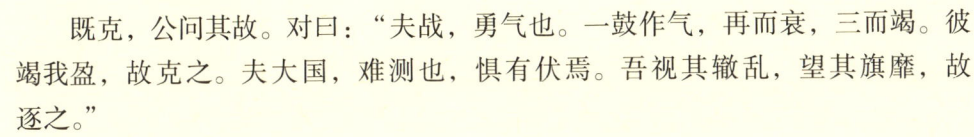

既克,公问其故。对曰:"夫战,勇气也。一鼓作气,再而衰,三而竭。彼竭我盈,故克之。夫大国,难测也,惧有伏焉。吾视其辙乱,望其旗靡,故逐之。"

【注释】

①十年:鲁庄公十年(公元前684年)。②我,指鲁国。鲁,在今山东西南部。《左传》传为鲁国史官而作,故称鲁国为"我"。③曹刿(guì):鲁国人。④肉食者:吃肉的人,指居高位,得厚禄的人。⑤人:这里指一些臣子。⑥徧:同"遍",遍及,普遍。⑦孚(fú):诚信感人。⑧福:作动词,赐福,保佑。⑨长勺:鲁国地名,在今山东曲阜县北。⑩轼:古代车厢前边的横木,供乘车人手扶。

美文共赏

齐鲁长勺之战,是以弱胜强的著名战例。本文记述曹刿向鲁庄公献策,终于在长勺之战中,使弱小的鲁国击败了强大的齐国的进攻,反映了曹刿的政治远见和卓越的军事才能。

全文通过人物对话,充分表现了曹刿的"远谋"和"慎战",并且紧紧围绕"论战"来选取材料。"未战考君德,方战养士气,既战察敌情"层层剖析,如剥春笋,这些都是战争中克敌取胜的基本规律。

全文详略得当,人物对话准确生动,一篇三百字的短文,不仅井然有序地记述了一次战役的全部过程,也生动形象地描绘了人物智勇谋略的风采,真是一字千金。体现了作者记事写人的高超技艺,是故成为《左传》中脍炙人口的名篇。

本篇名句

"一鼓作气,再而衰,三而竭。"

打仗是靠勇气的,第一次击打战鼓,能够振作士兵的勇气;第二次击鼓,士兵的勇气就减弱了;第三次击鼓后士兵的勇气就消耗完了。

齐桓公伐楚盟屈完（僖公四年《左传》）

春，齐侯以诸侯之师侵蔡。蔡溃，遂伐楚。楚子使与师言曰："君处北海，寡人处南海①，唯是风马牛不相及也②，不虞君之涉吾地也③，何故？"管仲对曰："昔召康公命我先君太公曰④：'五侯九伯⑤，女实征之，以夹辅周室！'赐我先君履，东至于海，西至于河，南至于穆陵⑥，北至于无棣⑦。尔贡包茅不入，王祭不共，无以缩酒，寡人是徵。昭王南征而不复，寡人是问。"对曰："贡之不入，寡君之罪也，敢不共给？昭王之不复，君其问诸水滨！"

师进，次于陉⑧。

夏，楚子使屈完如师⑨。师退，次于召陵⑩。齐侯陈诸侯之师，与屈完乘而观之。齐侯曰："岂不穀是为⑪？先君之好是继。与不穀同好何如？"对曰："君惠徼福于敝邑之社稷⑫，辱收寡君，寡君之愿也。"齐侯曰："以此众战，谁能御之？以此攻城，何城不克？"对曰："君若以德绥诸侯，谁敢不服？君若以力，楚国方城以为城⑬，汉水以为池，虽众，无所用之。"

屈完及诸侯盟。

【注释】

①北海、南海：泛指北方、南方边远的地方，不实指大海。②风：公畜和母畜在发情期相互追逐引诱。这句话的意思是说由于相距遥远，虽有引诱，也互不相干。③虞：料到。涉：蹚水而过，这里的意思是进入，委婉地指入侵。④召（shào）康公：召公奭（shì），周成王时的太保，"康"是谥号。太公：即吕尚，名望，齐国始祖。姓姜，通称姜太公，或称太公望。一说字子牙，又称姜子牙。⑤九伯：九州的长官。五侯九伯泛指各国诸侯。⑥穆陵：地名，在今湖北麻城北的穆陵山。⑦无棣：齐国的北境，今山东省无棣县北。⑧次：军队临时驻扎。陉（xíng）：楚国地名。⑨屈完：楚国大夫。⑩召（shào）陵：楚国地名，在今河南郾城东。⑪不穀：不善，诸侯自己的谦称。⑫徼（jiǎo）：求。敝邑：对自己国家的谦称。⑬方城：指楚国北境的大别山、桐柏山一带。

美文共赏

本文记叙的是齐楚间一次势均力敌的外交斗争。篇中对双方的描写都很传神。齐侯处处都是一个霸主姿态；管仲无理找借口，鸡蛋里面挑骨头。可写到楚国的地方，忽而顺从，忽而诙谐，忽而严厉，真是节节生峰。

内在的智慧，通过巧妙的外交辞令表达出来，撇开利益之争的背景，单是这些外交辞令本身，都足以让人惊叹不已：先是委婉自辩，而后针锋相对，一来一往，在谦恭、温和、礼让的表态下，让对手无懈可击。说到齐国不应该进攻楚国的理由时，有"风马牛不相及"之句，谴责无理入侵尽含委婉语气当中。屈完面对强权和强势时，不卑躬屈膝，面对事态能随机应变，巧妙处理，"楚国方城以为城，汉水以为池"尽显内在的凛然正气。

本篇名句

"君若以德绥诸侯，谁敢不服？君若以力，楚国方城以为城，汉水以为池，虽众，无所用之！"

君王您若用恩德安抚诸侯，谁敢不服？若想凭借武力，那么，楚国将以方城山为城，以汉水作护城河，君王的军队再多，也无济于事啊！

宫之奇谏假道（僖公五年《左传》）

晋侯复假道于虞以伐虢①。宫之奇谏曰②："虢，虞之表也；虢亡，虞必从之。晋不可启，寇不可玩，一之为甚，其可再乎？谚所谓'辅车相依，唇亡齿寒'者，其虞、虢之谓也。"

公曰："晋，吾宗也③。岂害我哉？"对曰："大伯、虞仲，大王之昭也；大伯不从，是以不嗣。虢仲、虢叔④，王季之穆也；为文王卿士⑤，勋在王室，藏于盟府⑥。将虢是灭，何爱于虞？且虞能亲于桓、庄乎⑦，其爱之也？桓、庄之族何罪？而以为戮，不唯逼乎？亲以宠逼，犹尚害之，况以国乎？"

公曰："吾享祀丰洁，神必据我。"对曰："臣闻之，鬼神非人实亲，惟德是依。故《周书》曰：'皇天无亲，惟德是辅。'又曰：'黍稷非馨，明德惟馨。'又曰：'民不易物，惟德繄物。'如是，则非德，民不和，神不享矣。神所冯依⑧，将在德矣。若晋取虞，而明德以荐馨香，神其吐之乎？"

弗听，许晋使。宫之奇以其族行，曰："虞不腊矣。在此行也，晋不更举矣。"

冬晋灭虢。师还，馆于虞，遂袭虞，灭之。执虞公。

【注释】

①晋侯：姬姓。此时的晋侯是晋献公。复：又。三年前晋军已借道一次。假：借。虞：国名。虢：国名。都在今山西平陆县。②宫之奇：虞大夫。③宗：同祖为宗。晋、虞、虢均为姬姓国。④虢仲、虢叔：虢的开国祖先，周文王的弟弟。虢仲封东虢，已于前767年为郑所灭。虢叔封西虢，即本文中所指之虢。⑤卿士：执掌国政的大臣。⑥盟府：主管盟誓典策的官府。⑦桓、庄：晋献公的同祖兄弟。⑧冯：通"凭"。馆于虞：晋兵驻在虞国客馆。

美文共赏

本文是虞国大夫宫之奇向国君进谏不要给晋国借道去讨伐虢国，以免自身被灭的一篇谏言。宫之奇的劝谏辞，逻辑清晰，有理有据。他的这次进谏，成为广泛流传的故事，也使"唇亡齿寒"成为一句汉语成语。

文章开头只用"晋侯复假道于虞以伐虢"一句点明事件的起因及背景，接着便通过人物对话来揭示主题。文中人物的愚蠢和睿智相互照映。虞国国君认为神灵会保护他，宫之奇说"鬼神非人实亲，惟德是依"，有力地驳斥了虞君迷信宗族关系和神权的思想。宫之奇一语中的，无奈愚君就不悟。曾经是作威作福的国君，反而一朝成了随他人之女陪嫁的奴隶。一篇短文，让我们看到了宫之奇这样一位既有深厚文化功底又具有远见卓识的政治家。这篇短文也反映了春秋时代的民本思想。

"辅车相依，唇亡齿寒。"

面颊和牙床骨互相依着，嘴唇没了，牙齿就会寒冷。

子鱼论战（僖公二十二年《左传》）

楚人伐宋以救郑。宋公将战。大司马固谏曰："天之弃商久矣，君将兴之，弗可赦也已。"弗听。

及楚人战于泓①。宋人既成列，楚人未既济，司马曰②："彼众我寡，及其未既济也，请击之。"公曰："不可。"既济而未成列，又以告。公曰："未可。"既陈。而后击之，宋师败绩。公伤股，门官歼焉。

国人皆咎公。公曰："君子不重伤，不禽二毛③。古之为军也，不以阻隘也。寡人虽亡国之余④，不鼓不成列。"子鱼曰："君未知战。勍敌之人⑤，隘而不列⑥，天赞我也。阻而鼓之，不亦可乎？犹有惧焉。且今之勍者，皆吾敌也。虽及胡耇⑦，获则取之，何有于二毛⑧？明耻、教战，求杀敌也。伤未及死，如何勿重？若爱重伤，则如勿伤；爱其二毛，则如服焉。三军以利用也⑨，金鼓以声气也⑩。利而用之，阻隘可也；声盛致志，鼓儳可也⑪。"

【注释】

①泓：泓水，在今河南省柘（zhè 这）城县西。②司马：执掌军队的高级长官，此指子鱼。③禽：通"擒"。二毛：头发斑白的人。④寡人：国君自称。亡国之余：亡国者的后代。宋襄公是商朝的后代，商亡于周。⑤勍（qíng）敌：强敌。勍：强而有力。⑥隘：这里作动词，处在险隘之地。⑦胡耇（gǒu 苟）：很老的人。⑧何有于二毛：即"于二毛有何（爱）。"⑨三军：春秋时，诸侯大国有三军，即上军，中军，下军。这里泛指军队。用：施用，这里指作战。⑩金鼓：古时作战，击鼓进兵，鸣金收兵。金：金属响器。声气：振作士气。⑪儳（chán 谗）：不整齐，此指不成阵势的军队。

美文共赏

本文记述的是宋楚泓水之战的始末，以对话的形式展现了两种对立的军事思想之间激烈的冲突。文章首先叙述战争经过及宋襄公惨败的结局，然后写了子鱼驳斥宋襄公的迂腐论调。宋襄公的庶兄司马子鱼对于战争的最终目的以及为了这一目标应该采取的策略认识是十分清楚，他主张抓住战机，攻其不备，先发制人，彻底消灭敌人的有生力量，这样才能夺取战争最终的胜利。他的观点和宋襄公的迂腐固执形成十分鲜明的对比。君臣之间的对答，言辞犀利，针锋相对，文字精练得也好像短兵相接一般。子鱼之言，层层辩驳，句句斩铁，寥寥数语，正面反面的议论都十分透辟，有力地嘲讽了宋襄公的假仁假义和愚昧无知。

本篇名句

"三军以利用也，金鼓以声气也。利而用之，阻隘可也；声盛致志，鼓儳可也。"

军队作战，就是要利用天时地利，并且鸣金击鼓以激励士气。敌人为险隘所阻，我们趁机攻击，正是理所当然。敌人阵势尚未布好，我们击鼓鸣金，发动攻势，也是理所当然。

介子推不言禄（僖公二十四年《左传》）

晋侯赏从亡者①，介子推不言禄②，禄亦弗及。

推曰："献公之子九人，唯君在矣。惠、怀无亲，外内弃之。天未绝晋，必将有主。主晋祀者，非君而谁？天实置之，而二三子以为己力，不亦诬乎？窃人之财，犹谓之盗，况贪天之功以为己力乎？下义其罪，上赏其奸；上下相蒙，难与处矣。"

其母曰："盍亦求之？以死，谁怼③？"对曰："尤而效之，罪又甚焉。且出怨言，不食其食④。"其母曰："亦使知之，若何！"对曰："言，身之文也。身将隐，焉用文之？是求显也。"其母曰："能如是乎？与汝偕隐。"遂隐而死。

晋侯求之不获，以绵上为之田⑤。曰："以志吾过，且旌善人。"

【注释】

①晋侯：即晋文公。从亡者：随文公出国流亡的人。②介之推：姓介名推，"之"是插在姓名之间的语助词。③怼（duì）：怨恨。④不食其食：前一食字为动词，后一食字为名词，指俸禄。⑤绵上：地名，今山西介山脚下。为之田：做介之推的祭田。

美文共赏

这是一个流传很广的故事。介子推跟着晋文公在外流亡十九年，回国协助其成就功业之后，不夸功求赏，晋文公酬劳功臣，独独遗漏了他，他私下说了几句怨言后，再也不去争，反而功成身退和老母隐居深山。介子推的言论一方面反映了他认为君命受之于天，另外一方面也体现了介子推的高尚情操。介之推和贪功受禄的人物形成鲜明的对比。

文章中的人物对话也写得十分巧妙。既细致入微地剖析了介子推的心理，又不流于枯燥说理：介子推藐视富贵、正气凛然和母亲不动声色、旁敲侧击，都一一跃然纸上。

"不言禄"使他名垂千古，因为他的死，民间特意命名了城邑山岭、变更了生活习俗、设立了纪念日，这等影响只有屈原可以相比。介子推被烧死后，文公很悲伤，他砍下那棵大树，制成木屐穿上。叹息着说："悲乎，足下！"据说这又成了"足下"这一典故的出处。

本篇名句

"下义其罪，上赏其奸；上下相蒙，难与处矣！"

下面把这种罪恶说成正义，上面又厚赏这种奸诈的行径，上下互相蒙骗，真叫人难以相处了。

展喜犒师（僖公二十六年《左传》）

齐孝公伐我北鄙①。公使展喜犒师②，使受命于展禽③。

齐侯未入竟，展喜从之，曰："寡君闻君亲举玉趾，将辱于敝邑④，使下臣犒执事。"齐侯曰："鲁人恐乎？"对曰："小人恐矣，君子则否。"齐侯曰："室如县罄，野无青草⑤，何恃而不恐？"对曰："恃先王之命。昔周公、大公⑥股肱周室⁷，夹辅成王。成王劳之，而赐之盟，曰'世世子孙无相害也！'载在盟府⁸，太师职之。桓公是以纠合诸侯，而谋其不协，弥缝其阙，而匡救其灾，昭旧职也⁹。及君即位，诸侯之望曰：'其率桓之功⑩。'我敝邑用不敢保聚，曰：'岂其嗣世九年，而弃命废职，其若先君何？'君必不然。恃此以不恐。"

齐侯乃还。

【注释】

①齐孝公：齐桓公的儿子。我：我国，鲁国。鄙：边远地方。②公：指鲁僖公。展喜：鲁大夫，展禽的弟弟。犒：慰劳。③受命：指向展禽领受犒劳齐军的辞令。展禽：食邑于柳下，谥曰惠。故后来又叫柳下惠。④竟：同"境"。玉趾：脚的文雅气说法。敝邑：指鲁国，自谦之词。⑤县：同"悬"。罄：同"磬"。中间空虚的乐器。青草：指菜蔬。⑥大公：即吕望，姜姓，通称姜太公，齐国的始祖。大，同"太"。⑦股：大腿。肱：胳膊由肘到肩的部分。股肱，意为得力的助手。这里作动词用。⑧载：载言，指盟约。盟府：掌管档案的官府。⑨旧职：从前的职守。即指齐始祖姜太公股肱周室的事业。⑩率：遵循。

美文共赏

本文记述了展喜成功地说服攻打鲁国的齐国退兵的一次出色外交活动。

文中出场的主要人物是展喜和齐孝公，鲁釐公只是在最开始时露过面，是次要人物。另一位是展禽，他虽未出场，但是文中的外交策略均出自于他，是主要人物。

文中讲"犒师"，其实是种讽刺，意图其实是先礼而后兵。

展禽的高明，源于对形势的正确分析。展喜巧妙地利用齐鲁两国先君的关系与盟约，以及齐孝公称霸的虚荣心，痛陈利害，有理有据，使得齐孝公理屈词穷，撤回军队，使鲁国避免了一场灾难。

展喜也和阴饴甥一样，把国人分为"君子"和"小人"两类，也是一正一反。不同的是，阴饴甥情曲义亏，而展喜则理直气壮，只就"君子"这一面加以发挥，说得大义凛然，完全占了主动，可是表面上看来文质彬彬，表达方式又很委婉动听。这充分展现了他的外交智慧。

> **本篇名句**
>
> "室如县罄,野无青草,何恃而不恐?"
>
> 你们的府库空虚的像是挂起来的磬,四周连野草都没有,仗着什么不害怕?后来成语"有恃无恐"即出于此。

烛之武退秦师(僖公三十年《左传》)

晋侯、秦伯围郑①,以其无礼于晋,且贰于楚也。晋军函陵②,秦军氾南③。

佚之狐言于郑伯曰④:"国危矣,若使烛之武见秦君⑤,师必退。"公从之。辞曰:"臣之壮也,犹不如人!今老矣,无能为也已。"公曰:"吾不能早用子,今急而求子,是寡人之过也。然郑亡,子亦有不利焉!"许之。

夜缒而出。见秦伯曰:"秦、晋围郑,郑既知亡矣。若亡郑而有益于君,敢以烦执事。越国以鄙远⑥,君知其难也,焉用亡郑以陪邻?邻之厚,君之薄也。若舍郑以为东道主,行李之往来,共其乏困,君亦无所害。且君尝为晋君赐矣,许君焦、瑕⑦,朝济而夕设版焉,君之所知也。夫晋何厌之有?既东封郑,又欲肆其西封。若不阙秦,将焉取之?阙秦以利晋⑧,唯君图之。"

秦伯说,与郑人盟,使杞子、逢孙、杨孙戍之⑨,乃还。子犯请击之⑩。公曰:"不可。微夫人之力不及此⑪。因人之力而敝之,不仁;失其所与,不知;以乱易整,不武。吾其还也。"亦去之。

【注释】

①晋侯:晋文公。秦伯:秦穆公。②函陵:郑地,今河南郑县北。③氾南:郑地,今河南中牟县南。④佚之狐:郑大夫。郑伯:郑文公。⑤烛之武:郑大夫。⑥鄙:边邑,这里作动词用。远:偏远。⑦焦、瑕:二地名,今河南省三门峡市一带。版:打土墙用的夹版。设版,指筑城备战。⑧阙:损害。⑨杞子、逢孙、杨孙:都是秦国大夫。⑩子犯:晋大夫狐偃,晋文公的舅父。⑪微:非,没有。夫人:那个人。指秦穆公。

美文共赏

本文记叙郑国大夫烛之武看到晋国和秦国合兵攻打郑国，对秦国没有什么好处，便利用自己的才略，向秦穆公阐明利害关系，劝退秦兵，从而使晋国失去联盟力量也只得撤退，一场战争被瓦解的故事。

本篇以对话著名：有郑文公与烛之武的对话；有烛之武与秦穆公的对话；烛之武对郑文公的话里有话。最负盛名的是文中烛之武对秦公说的言辞。他的言辞十分有逻辑和层次，结构很严谨，是《左传》中攻心战的典范之作。一个面临亡国之危的小国使臣，面对大国的君主，不亢不卑，从容阐述。他先讲秦国灭亡郑国是晋国得利，即"越国以鄙远，君知其难也，焉用亡郑以陪邻？邻之厚，君之薄也。"再讲郑国的灭亡也是秦国的灭亡，即"夫晋，何厌之有？既东封郑，又欲肆其西封。若不阙秦，将焉取之？"最后引用晋国不思报恩，反而背叛秦国的史事，警告秦国不要做引狼入室的事情，使秦晋联盟土崩瓦解，让郑国化险为夷。他的言辞有形势的分析，有史事的引用，既不伤和气又退了秦兵，体现了烛之武雄辩的智慧和政治家的才略。

"因人之力而敝之，不仁；失其所与，不知；以乱易整，不武。"

依靠人家，又反过来伤害人家，不仁；失掉盟国，不智；自相攻击，以混乱代替联盟，不武。

蹇叔哭师（僖公三十二年《左传》）

杞子自郑使告于秦曰："郑人使我掌其北门之管①，若潜师以来，国可得也。"穆公访诸蹇叔②。蹇叔曰："劳师以袭远，非所闻也。师劳力竭，远主备之③，无乃不可乎？师之所为，郑必知之。勤而无所，必有悖心④。且行千里，其谁不知？"

公辞焉。召孟明、西乞、白乙⑤，使出师于东门之外。蹇叔哭之，曰："孟子⑥！吾见师之出而不见其入也！"公使谓之曰："尔何知？中寿⑦，尔墓之木拱矣。"

蹇叔之子与师，哭而送之，曰："晋人御师必于殽⑧，殽有二陵焉⑨。其南陵⑩，夏后皋之墓也；其北陵⑪，文王之所辟风雨也。必死是间，余收尔骨焉！"

秦师遂东。

【注释】

①管：类似现在的锁和钥匙。②蹇叔：秦国的老臣。③远主：指郑国，因为秦和郑的中间隔着晋国。④悖心：惶恐叛乱之心。⑤孟明、西乞、白乙，都是秦将。⑥孟子：即孟明。"子"是对孟明的美称。⑦中寿：《吕氏春秋》："中寿不过六十。"拱：两手合抱。⑧殽：同"崤"，山名，今河南洛宁县西北，地势极险。⑨陵：大山峰。殽山有两座山峰，称为东陵西陵，相距35里。⑩南陵：即西陵。夏后皋：夏代的天子，名皋，是夏桀的祖父。⑪北陵：即东陵。

美文共赏

本文记叙了秦国老臣蹇叔在大军出征郑国之前劝阻的一篇哭谏。

文章主要情节是杞子密报、蹇叔哭谏秦公、蹇叔哭而送师。蹇叔在大军出征前的痛哭，既是为国也为家。有对秦军命运的关心，"孟子，吾见师之出而不见其入也"，也有面对儿子上战场去送死的悲痛，"必死是间，余收尔骨焉"，可面对这一切又无可奈何，其情至真，其痛至深。可是大军统帅不为心动，因为他们贪功心切。最后的事实证明，蹇叔料事如神。文章通过人物语言体现了蹇叔的忠实耿直，也表现了秦穆公这位春秋霸主粗陋浅薄的一面。以人物的语言反映事件的进程，并且以语言刻画人物的性格特征，同时反映人物之间的性格冲突，这是本文最大的特色。

"劳师以袭远,非所闻也。"

兴师动众,袭击远方的国家(敌人),我可从来没听说过。

郑子家告赵宣子（文公十七年《左传》）

晋侯合诸侯于扈①，平宋也。于是晋侯不见郑伯，以为贰于楚也。

郑子家使执讯而与之书，以告赵宣子②。曰："寡君即位三年，召蔡侯而与之事君。九月，蔡侯入于敝邑以行③。敝邑以侯宣多之难④，寡君是以不得与蔡侯偕。十一月，克减侯宣多，而随蔡侯以朝于执事。十二年六月，归生佐寡君之嫡夷⑤，以请陈侯于楚，而朝诸君⑥。十四年七月，寡君又朝以蒇陈事。十五年五月，陈侯自敝邑往朝于君。往年正月，烛之武往朝夷也⑦。八月，寡君又往朝。以陈、蔡之密迩于楚而不敢贰焉，则敝邑之故也。虽敝邑之事君，

何以不免？在位之中，一朝于襄，而再见于君。夷与孤之二三臣相及于绛⑧，虽我小国，则蔑以过之矣。今大国曰：'尔未逞吾志。'敝邑有亡，无以加焉。古人有言曰：'畏首畏尾，身其余几？'又曰：'鹿死不择音。'小国之事大国也，德，则其人也；不德，则其鹿也。铤而走险，急何能择。命之罔极，亦知亡矣，将悉敝赋⑨以待于鯈⑩，唯执事命之。文公二年，朝于齐。四年，为齐侵蔡，亦获成于楚。居大国之间，而从于强令，岂其罪也？大国若弗图，无所逃命。"

晋巩朔行成于郑，赵穿、公婿池为质焉⑪。

【注释】

①晋侯：晋灵公，名夷皋。扈：郑地，在今河南原武县西北。②子家：郑国大夫。赵宣子：赵盾，晋卿，晋国的执政大臣。③敝邑：对别人称自己国家的谦词。④侯宣多：郑大夫。⑤嫡夷：指郑穆公的太子夷。嫡：嫡子，正夫人所生的儿子。⑥诸："之于"的合音。⑦烛之武：郑大夫。夷：太子夷。烛之武往朝夷：是个倒装句，即烛之武同夷往朝。⑧绛：晋都，

今山西曲沃县西南。⑨赋：兵。古代按田赋出兵，所以称赋。⑩儵：晋郑交界处的地名。⑪巩朔：晋大夫。赵穿：晋卿。公婿池：晋灵公的女婿。

美文共赏

本篇记叙了郑国大夫子家就晋、郑两国的关系写给晋国赵宣子的一封信。

郑国是夹在晋、楚两个对立的大国之间的小国，外交关系很难处理，郑子家的这篇外交辞令，利用两个大国的矛盾，罗列事实，批评晋的苛刻要求，甚至不惜以决裂相警告，终于迫使晋人让步。该文中两个成语"畏首畏尾"和"铤而走险"皆用于讲述郑所处于紧迫境地，这是文中最精彩的地方，读之令人愤懑激荡，委屈无以复加，文中可以体会到作者的一腔愤怒，同时也更显示了恭顺之中，自身不可侵犯的凛然正气。最后晋国做出让步签订了和约。

本文字字精练，行文流畅；有总述，有分叙，旁征博引，引人入胜。

本篇名句

"'鹿死不择音。'小国之事大国也，德，则其人也；不德，则其鹿也。铤而走险，急何能择。"

"鹿在生死关头，就顾不上选择蔽荫之地了。"小国侍奉大国，如果大国以德相待，小国就像人一样报德；如果大国不以德相待，小国就好比一头鹿，狂奔乱跑而奔向险境，紧急中怎能选择道路？

王孙满对楚子（宣公三年《左传》）

楚子伐陆浑之戎①，遂至于雒②，观兵于周疆。

定王使王孙满劳楚子③。楚子问鼎之大小、轻重焉。对曰："在德不在鼎④。昔夏之方有德也，远方图物，贡金九牧⑤，铸鼎象物，百物而为之备，使民知神、奸。故民入川泽、山林，不逢不若。螭魅罔两⑥，莫能逢之。用能协于上下，以承天休。桀有昏德，鼎迁于商，载祀六百。商纣暴虐，鼎迁于周。德之休明，虽小，重也。其奸回昏乱，虽大，轻也。天祚明德，有所底止⑦。成王定鼎于郏鄏⑧，卜世三十，卜年七百，天所命也。周德虽衰，天命未改。鼎之轻重，未可问也。"

【注释】

①楚子：楚庄王。楚是子爵，但自称王。陆浑：今河南嵩县。戎：少数民族。②雒：同"洛"，即洛水。③定王：周朝第二十一王。王孙满：周大夫。劳：慰劳。④鼎：相传是夏禹所铸的九鼎。⑤九牧：古代中国分为九州，九牧就是九州的首领。贡金九牧，即"九牧贡金"。金：指铜。⑥螭魅：山林的鬼怪。罔两：水怪。⑦载祀：记年。回：奸邪。底止：指最终的年限。⑧成王：指周成王。郏鄏：周地，今河南洛阳。

美文共赏

夏、商、周三朝都把鼎当作王权的象征。楚庄王吞并一些小国之后，野心膨胀，他问鼎的轻重，大有取代周王、一统天下的意图。王孙满站在维护周王室的立场上，看穿了楚庄王的用意，一语击破了楚庄王的问鼎之心，并且指出"在德不在鼎"。"德之休明，虽小，重也；其奸回昏乱，虽大，轻也"，讲述了鼎随德迁、享有天下的道理。文中重德轻鼎的观念反映了历史的进步。王孙满处处用到"鼎"和"天"，有力地打击了楚庄王的嚣张气焰。文章夹叙夹议，有刚柔兼济之美。

本篇名句

"德之休明，虽小，重也。其奸回昏乱，虽大，轻也。"

德行如果是美好的，鼎虽小，也是重的；如果奸邪混乱，鼎虽大，也是轻的。

齐国佐不辱命（成公二年《左传》）

晋师从齐师，入自丘舆，击马陉①。齐侯使宾媚人赂以纪甗、玉磬与地②。"不可，则听客之所为。"

宾媚人致赂，晋人不可，曰："必以萧同叔子为质③，而使齐之封内尽东其亩④。"对曰："萧同叔子非他，寡君之母也。若以匹敌，则亦晋君之母也。吾子布大命于诸侯，而曰必质其母以为信，其若王命何？且是以不孝令也。《诗》曰：'孝子不匮，永锡尔类。'若以不孝令于诸侯，其无乃非德类也乎？

"先王疆理天下⑤，物土之宜而布其利。故《诗》曰：'我疆我理，南东其亩。'今吾子疆理诸侯，而曰'尽东其亩'而已，唯吾子戎车是利，无顾土宜，其无乃非先王之命也乎？反先王则不义，何以为盟主？其晋实有阙⑥。四王之王也⑦，树德而济同欲焉；五伯之霸也⑧，勤而抚之，以役王命。今吾子求合诸侯，以逞无疆之欲，《诗》曰：'敷政优优⑨，百禄是遒。'子实不优，而弃百禄，诸侯何害焉？不然，寡君之命使臣，则有辞矣。曰：'子以君师辱于敝邑，不腆敝赋，以犒从者。畏君之震，师徒桡败，吾子惠徼齐国之福，不泯其社稷，使继旧好。唯是先君之敝器、土地不敢爱。子又不许。请收合余烬，背城借一⑩。敝邑之幸，亦云从也；况其不幸，敢不唯命是听？'"

【注释】

①丘舆、马陉：均齐邑，在今山东益都县。②宾媚人：即国佐，齐国执政大臣。甗：礼器。磬：乐器。纪：古国名。纪甗玉磬：齐灭纪国时所得珍宝。③萧同叔子：齐侯的母亲。晋卿使齐，她在帷后偷看，见使臣或跛或眇，不禁发笑。晋国乃兴师问罪。④尽东其亩：田地垄亩全改为东西向，道路沟渠也东西向，以便晋国的兵车进入。⑤疆理：指划分疆界和沟渠小路。⑥阙：缺点，过失。⑦四王：指夏禹、商汤、周文王、周武王。⑧五伯：指春秋的五霸：齐桓公、宋襄公、晋文公、秦穆公、楚庄王。⑨敷：同"布"。优优：和缓宽大的样子。⑩余烬：指残余部队。背城借一：背靠着城，再打一仗。即在城下决一死战。

美文共赏

齐晋之战，齐国惨败，齐侯险些被俘，只好派出使臣求和。可是晋国的两个条件太苛刻了：一是要求齐君的母亲作为人质，二是要求改变齐国田垄的方向，其用意是方便晋国向齐国进攻。这样的条件分明是表示不想议和，齐国根本无法接受。这一切给国佐完成议和使命带来了极大的困难。

面对晋国的盛气凌人，国佐从容应对。他知道要完成和谈的目标，必须要推翻晋国的两个条件。他抓住对方的薄弱环节，"以母亲作为人质是大不孝，不符合周天子以孝治理天下的宗旨"，"改变田垄的方向是违背先王之法，违法就是不义，不义之人怎么能够成为天下的盟主"，首先以理服人，然后引经据典，以"四王和五伯以德行治理天下"，"以德行治理天下的人百禄聚拢而来"委婉而严正地驳斥了晋国的无理，使对方陷于被动；又表示齐国已下决心，求和不成，就拼死一战。话语锋利，措辞委婉，使晋国不得不和。没有战败国的摇尾乞怜，又出色地完成了使命，是本篇辞令最大的亮点。

本篇名句

"《诗》曰：'敷政优优，百禄是遒。'子实不优，而弃百禄，诸侯何害焉！"

《诗》说："你施政宽和，百禄都聚拢来啰！"您如果不肯宽和而自弃百禄，对诸侯又有何妨害呢？

楚归晋知罃（成公三年《左传》）

晋人归楚公子谷臣与连尹襄老之尸于楚①，以求知罃②。于是，荀首佐中军矣③，故楚人许之。

王送知罃，曰："子其怨我乎？"对曰："二国治戎，臣不才，不胜其任，以为俘馘④。执事不以衅鼓⑤，使归即戮，君之惠也。臣实不才，又谁敢怨？"王曰："然则德我乎？"对曰："二国图其社稷，而求纾其民，各惩其忿，以相宥也⑥。两释累囚⑦，以成其好。二国有好，臣不与及，其谁敢德？"王曰："子归，何以报我？"对曰："臣不任受怨，君亦不任受德，无怨无德，不知所报。"王曰："虽然，必告不穀。"对曰："以君之灵，累臣得归骨于晋，寡君之以为戮，死且不朽。若从君惠而免之，以赐君之外臣首；首其请于寡君，而以戮于宗⑧，亦死且不朽。若不获命，而使嗣宗职⑨，次及于事，而帅。偏师以修封疆⑩，虽遇执事⑪，其弗敢违，其竭力致死，无有二心，以尽臣礼，所以报也。"王曰："晋未可与争。"重为之礼而归之。

【注释】

①谷臣：楚庄王的儿子，邲之战被晋军俘虏。连尹：楚官名。襄老：楚臣，邲之战被晋射死。②知罃：邲之战被楚军俘虏。③荀首：晋国执政的卿，知罃的父亲。佐中军：中军的副职。④馘：割取敌人的耳朵。俘馘：俘虏。⑤衅鼓：古代杀牲（牛、羊、猪）将其血涂在鼓上，也有杀人（包括俘虏）涂鼓的。⑥惩：抑止。忿：怒气，怨恨。宥：宽恕。⑦累囚：被捆绑起来的俘虏。⑧外臣：一国的臣子对他国国君自称外臣。戮于宗：执行家法，族内处死。⑨宗职：家族世袭的官职。⑩帅：同"率"。偏师：副帅、副将所属的军队。这里是客气话。修：治理。封疆：边界。修疆，指保卫边疆。⑪执事：办事人员。这也是客气话，实指楚王。

美文共赏

本文记述的是晋和楚邲之战的余波，具体记述了知罃被俘几年，因为晋楚两国和解，交换俘虏，在回国之前和楚王的一段对话。知罃的父亲做了晋国中军的副帅，楚王很想借此机会拉拢他。全文从楚王的"怨我""德我""报我"的三句问话中层层展开。知罃却完全撇开个人恩怨，公事公办，既以本国利益为重，又不使楚王难堪。最后一问，逼他非报恩不可，他出于礼貌，先说两句"死且不朽"，但是报答的方式仍是公事公办，"无有二心，以尽臣礼"。这样坚决地维护国格和人格，使楚王大为礼重，并且由此得出"晋未可与争"的结论。

本篇名句

"臣不任受怨，君亦不任受德，无怨无德，不知所报。"

我既没有怨恨谁，君王也没有给谁恩德，无恩无怨，我不知道该怎么报答。

驹支不屈于晋（襄公十四年《左传》）

会于向①，将执戎子驹支②。范宣子亲数诸朝③，曰："来，姜戎氏！昔秦人迫逐乃祖吾离于瓜州，乃祖吾离被苫盖，蒙荆棘④以来归我先君。我先君惠公有不腆之田⑤，与女剖分而食之。今诸侯之事我寡君不如昔者，盖言语漏泄，则职女之由。诘朝之事，尔无与焉。与，将执女！"

对曰："昔秦人负恃其众，贪于土地，逐我诸戎。惠公蠲其大德，谓我诸戎，是四岳之裔胄也，毋是翦弃⑥。赐我南鄙之田，狐狸所居，豺狼所嗥。我诸戎除翦其荆棘，驱其狐狸豺狼，以为先君不侵不叛之臣，至于今不贰。昔文公与秦伐郑，秦人窃与郑盟，而舍戍焉，于是乎有殽之师。晋御其上，戎亢其下，秦师不复，我诸戎实然。譬如捕鹿，晋人角之，诸戎掎之，与晋踣之。戎何以不免⑦？自是以来，晋之百役，与我诸戎相继于时，以从执政，犹殽志也，岂敢离逷？今官之师旅⑧无乃实有所阙，以携诸侯，而罪我诸戎！我诸戎饮食衣服不与华同，贽币不通，言语不达，何恶之能为？不与于会，亦无瞢焉⑨！"赋《青蝇》而退⑩。宣子辞焉，使即事于会，成恺悌⑪也。

【注释】

①向：地名，在今安徽怀远县。②戎：姜戎。戎族的一支，附属于晋。驹支：姜戎的首领。③范宣子：晋执政。朝：集会的大堂。④苫：编茅草盖屋。此指编茅草做衣服穿。盖：与"苫"同义。蒙：冒。荆棘：多刺的灌木。⑤不腆之田：不多的土地。⑥蠲：昭明，显示。四岳：尧时诸侯之长。裔胄：远代子孙。翦弃：灭绝。⑦角之：从正面执其角。掎之：从后面抓住其足。踣：同"仆"，跌倒。逷：远。⑧官之师旅：指晋国群臣。⑨贽币：古人见面时所赠送的礼物。瞢：闷，不舒畅。⑩《青蝇》：《诗经·小雅》中的一篇。大意是说君子不宜相信谗言。⑪恺悌：和易近人，友好。

美文共赏

这篇文章记录的是戎子驹支以事实说话，驳倒范宣子的责难的事情。范宣子仗着晋国的强大，仗着先君曾有恩于羌戎，对驹支气势汹汹，把晋国霸主地位的动摇归咎于驹支。戎子驹支则据理力争,逐层辩驳。首先说晋国所赏赐的土地是荒芜不毛之地,不足以称大恩大德;其次说羌戎帮助晋国在殽地全歼秦军,可以说已经报恩;之后对晋国更是鞍前马后,毫无二心;最后暗示晋国所以众叛亲离,乃是其自己一手造成的,与羌戎无关。全部辩辞语气委婉而正气凛然,使范宣子不得不服。

个性化的语言表现人物性格是本文的一大特点。"来,姜戎氏",这好像就是颐指气使的主人在呼唤犯错的奴隶一般。"与,将执女!"这句恐吓之语充分表现了范宣子盛气凌人、不可一世的神情。而驹支临危不惧,层层辩驳强加于己的罪名,最后还用《青蝇》一诗,不仅言志,并且给范宣子找了一个下台的台阶。

这是弱者驹支折服强者范宣子的一篇绝佳辞令。这篇辞令有着不同寻常的价值。它从一个侧面反映了中国古代的民族关系,从中我们看到了中国古代各个民族之间既斗争又融合的错综复杂关系和少数民族在中华民族发展历史上的贡献。

本篇名句

"譬如捕鹿,晋人角之,诸戎掎之,与晋踣之。"

就好比捕鹿,晋军抓住它的角,戎人拽住它的腿,才把它捕获。

子产告范宣子轻币（襄公二十四年《左传》）

范宣子为政,诸侯之币重。郑人病之①。

二月,郑伯如晋。子产寓书于子西,以告宣子②,曰:"子为晋国,四邻诸侯不闻令德,而闻重币,侨也惑之。侨闻君子长国家者,非无贿之患,而无令名之难③。夫诸侯之贿聚于公室④,则诸侯贰。若吾子赖之,则晋国贰。诸侯贰,则晋国坏;晋国贰,则子之家坏。何没没也⑤!将焉用贿?

夫令名,德之舆也;德,国家之基也。有基无坏,无亦是务乎!有德则乐,乐则能久。《诗》云,'乐只君子,邦家之基。'有令德也夫!'上帝临女,无贰尔心⑥'，有令名也夫！恕思以明德，则令名载而行之，是以远至迩安。毋宁使人谓子'子实生我'，而谓'子浚我以生'乎？象有齿以焚其身⑦，贿也。"

宣子说，乃轻币。

【注释】

①币：贡礼。病：忧虑。②寓：寄托。书：信。子西：郑大夫。当时随从郑去晋国。③侨：子产的名。令名：好的名声。④公室：指晋君。⑤没没：沉溺，贪恋。⑥无贰尔心：不要使你发生二心。⑦浚：取。焚身：丧身。

美文共赏

本文记载了郑国的大夫之产写信给晋国的执政范宣子要求减轻贡品的事情。春秋时期各个诸侯国之间弱肉强食的情形普遍存在，郑国不堪重负。子产采用致书说理的方式进行反抗，由此可见这位政治家的才干和谋略。更加体现子产谋略的是，他写信的本意是为了自己国家，但是文中处处在替晋国着想，利用晋国想保住盟主的地位和想得到美好名声的心理，运用对比和比喻的方式，得出"轻币"和"重币"两种不同的结局，使范宣子心悦诚服地接受了轻币的建议，达到了自己减轻贡赋的目的。

本篇名句

"德，国家之基也。有基无坏，无亦是务乎！"

德行是国家和家族的基础，有了基础才不至于败坏，难道不应该致力于这个吗？

晏子不死君难（襄公二十五年《左传》）

崔武子见棠姜而美之①，遂取之②。庄公通焉③，崔子弑之④。

晏子立于崔氏之门外⑤，其人曰⑥："死乎？"曰："独吾君也乎哉，吾死也？"曰："行乎？"曰："吾罪也乎哉，吾亡也？"曰："归乎？"曰："君死，安归？君民者，岂以陵民？社稷是主。臣君者，岂为其口实，社稷是养。故君为社稷死，则死之；为社稷亡，则亡之。若为己死，而为己亡，非其私昵，谁敢任之？且人有君而弑之，吾焉得死之？而焉得亡之？将庸何归？"

门启而入，枕尸股而哭。兴，三踊而出⑦。人谓崔子："必杀之！"崔子曰："民之望也⑧，舍之，得民⑨。"

【注释】

①崔武子：齐卿，即崔杼。棠姜：棠公的妻子。棠公是齐国棠邑大夫。②取：同"娶"。棠公死，崔杼去吊丧，见棠姜美，就娶了她。③庄公：齐庄公。通：私通。④弑：臣杀君、子杀父为弑。⑤晏子：即晏婴，字平仲，齐国大夫。历仕灵公、庄公、景公三世。⑥其人：晏子左右的家臣。⑦兴：起立。三踊：跳跃了三下，表示哀痛。⑧望：为人所敬仰。⑨舍：释放，宽大处理。

美文共赏

本文记叙了齐国大夫晏子在处理国君死难这个问题上的处理办法。通过晏子的言论和行事，我们看到了一位有头脑、有才干的政治家的光辉形象。本文"君民者，岂以陵民？社稷是主；臣君者，岂为其口实，社稷是养。"体现了晏子的言论立足点在于社稷，认为国君和臣子的行为都应该对国家负责。这个观点有很大的进步性，广为后世所传诵。这是中国思想史上最早的亮点之一。

> **本篇名句**
>
> "君民者，岂以陵民？社稷是主。臣君者，岂为其口实，社稷是养。"作君主的，难道只是骑在人民头上作威作福？是要他主持国政啊！做臣子的，难道只是为了赚几个俸禄？是要他扶持国家啊！

季札观周乐（襄公二十九年《左传》）

吴公子札来聘①，请观于周乐②。

使工为之歌《周南》《召南》③，曰："美哉！始基之矣，犹未也，然勤而不怨矣。"为之歌《邶》《鄘》《卫》④，曰："美哉，渊乎！忧而不困者也。吾闻卫康叔、武公之德如是⑤，是其《卫风》乎！"为之歌《王》⑥，曰："美哉！思而不惧，其周之东乎？"为之歌《郑》，曰："美哉！其细已甚⑦，民弗堪也。是其先亡乎？"为之歌《齐》，曰："美哉！泱泱乎，大风也哉！表东海者，其大公乎？国未可量也。"为之歌《豳》⑧，曰："美哉，荡乎！乐而不淫，其周公之东乎？"为之歌《秦》，曰："此之谓夏声⑨。夫能夏则大，大之至也，其周之旧乎！"为之歌《魏》，曰："美哉，沨沨乎⑩！大而婉，险而易行。以德辅此，则明主也。"为之歌《唐》，曰："思深哉！其有陶唐氏之遗民乎？不然，何忧之远也？非令德之后，谁能若是？"为之歌《陈》，曰："国无主⑪，其能久乎！"自《郐》以下⑫无讥焉。

为之歌《小雅》，曰："美哉！思而不贰，怨而不言，其周德之衰乎？犹有先王之遗民焉。"为之歌《大雅》，曰："广哉，熙熙乎！曲而有直体，其文王之德乎！"为之歌《颂》⑬，曰："至矣哉！直而不倨，曲而不屈，迩而不逼，远而不携，迁而不淫，复而不厌，哀而不愁，乐而不荒，用而不匮，广而不宣，施而不费，取而不贪，处而不底，行而不流。五声和，八风平，节有度，守有序，盛德之所同也。"

见舞《象箾》《南籥》者⑭，曰："美哉！犹有憾。"见舞《大武》者⑮，曰："美哉！周之盛也，其若此乎！"见舞《韶濩》者⑯，曰："圣人之弘也，而犹有惭德⑰。圣人之难也。"见舞《大夏》者⑱，曰："美哉！勤而不德，非禹，其谁能修之？"见舞《韶箾》者⑲，曰："德至矣哉，大矣！如天之无不帱也，如地之无不载也。虽甚盛德，其蔑以加于此矣。观止矣！若有他乐，吾不敢请已。"

【注释】

①公子札：季札，吴王寿梦最小的儿子。封于延陵，又称延陵季子。聘：国与国之间派使者访问。②周乐：周天子的音乐。周成王曾把周天子的音乐赐给周公，鲁为周公的后代，保存这套音乐。③《周南》《召南》：周王畿及其以南诸侯国的歌曲。④邶、鄘、卫：是周初在殷商地区所封的三个诸侯国。⑤卫康叔：周公的弟弟。武公：康叔的九世孙。二人均为卫的贤君。⑥《王》：东周首都洛阳一带的歌曲。⑦细：乐曲烦琐细碎，象征着郑国政令过于烦琐。⑧豳：今陕西省彬县一带。⑨夏声：华夏的声调。⑩沨：形容声调适中。⑪国无主：陈的音乐淫乱放荡，百姓没有畏忌。⑫郐：今河南密县南部。⑬《小雅》：多数是周王室贵族的音乐。《大雅》：大多是西周初期的歌曲。《颂》：周王室的祭祀歌曲。⑭《象箾》：武舞，持剑而舞。箾：同"箫"。《南籥》：文舞，持籥而舞。籥：一种管乐器。⑮《大武》：周武王的舞蹈。⑯《韶濩》：商王汤的舞蹈。⑰惭德：指商汤用武力得天下，不是凭德教得的。⑱《大夏》：夏禹的舞蹈。⑲《韶箾》：舜的舞蹈。

美文共赏

本篇记叙了季札出使鲁国，鲁国人为他表演周王室的乐舞时，季札针对乐舞做出的有关评论。本文最为突出的一点就是把音乐歌舞和政治联系起来，从民歌中分析出政治的得失。从文中可以看出，季札有着很深厚的艺术修养，他听歌词，观舞蹈，即对乐舞本身做了中肯的评价，也把乐舞作为政治的象征加以分析评论。"治世之音安以乐""乱世之音怨以怒""亡国之音哀以思"就是季札这些观点的系统化表述。

在艺术与政治的关系上，季札是"文以载道"的创始者。本文的另一大特点是，借助形象的比喻来说明相对抽象的艺术形式，这种随感式、比喻式的评论方法，影响到中国文艺批评史上的许多著作，构成中国古典文论的一大特色。季札见舞《韶箾》时说："德至矣哉！大矣，如天之无不帱也，如地之无不载也。"即功德到达顶点了，真伟大啊！如同上天无不覆盖，如同大地无不装载，如此形容功德的伟大极致，让人明白无误。

本文既是一篇出色的关于音乐舞蹈的艺术鉴赏文章，也是一篇很重要的音乐资料，对于后世有着重要的文献价值。另外，也是"观止"一词的出典。

本篇名句

"德至矣哉，大矣！如天之无不帱也，如地之无不载也。虽甚盛德，其蔑以加于此矣。观止矣！若有他乐，吾不敢请已。"

德行崇高到极点了，大极了！像天一样的无所不覆盖，像地一样的无所不运载。即使有非常崇高的德行，大概也无以复加了，观看到这里也就到顶了，如果还有其他音乐，我也不敢再请求了。

子产坏晋馆垣（襄公三十一年《左传》）

子产相郑伯以如晋，晋侯以我丧故，未之见也。子产使尽坏其馆之垣，而纳车马焉。

士文伯让之曰[1]："敝邑以政刑之不修，寇盗充斥，无若诸侯之属辱在寡君者何[2]？是以令吏人完客所馆，高其闬闳[3]，厚其墙垣，以无忧客使。今吾子坏之，虽从者能戒，其若异客何？以敝邑之为盟主，缮完葺墙，以待宾客。若皆毁之，其何以共命？寡君使匄请命。"

对曰："以敝邑褊小，介于大国，诛求无时，是以不敢宁居，悉索敝赋，以来会时事。逢执事之不闲，而未得见；又不获闻命，未知见时。不敢输币[4]，亦不敢暴露。其输之，则君之府实也，非荐陈之[5]，不敢输也。其暴露之，则恐燥湿之不时而朽蠹[6]，以重敝邑之罪。侨闻文公之为盟主也；宫室卑庳，无观台榭[7]，以崇大诸侯之馆，馆如公寝；库厩缮修，司空以时平易道路，圬人以时塓馆宫室[8]；诸侯宾至，甸设庭燎[9]，仆人巡宫，车马有所，宾从有代，巾车脂辖[10]，隶人、牧、圉各瞻其事；百官之属各展其物。公不留宾，而亦无废事，忧乐同之，事则巡之；教其不知，而恤其不足。宾至如归，无宁菑患[11]；不畏寇盗，而亦不患燥湿。今铜鞮之宫数里[12]，而诸侯舍于隶人，门不容车，而不可逾越；盗贼公行，而夭厉不戒[13]。宾见无时，命不可知。若又勿坏，是无所藏币以重罪也。敢请执事：将何所命之？虽君之有鲁丧，亦敝邑之忧也。若获荐币，修垣而行，君之惠也，敢惮勤劳！"

文伯复命。赵文子曰⑭："信，我实不德，而以隶人之垣以赢诸侯，是吾罪也。"使士文伯谢不敏焉⑮。

晋侯见郑伯，有加礼，厚其宴、好而归之。乃筑诸侯之馆。

叔向曰："辞之不可以已也如是夫！子产有辞，诸侯赖之，若之何其释辞也？《诗》曰：'辞之辑矣，民之协矣；辞之怿矣，民之莫矣'，其知之矣⑯。"

【注释】

①士文伯：晋大夫。让：责备。②诸侯之属：指来晋输纳贡物的诸侯。无若……何：怎么办。③闱闳：馆舍大门。匄：士文伯自称名。④币：玉石、丝织品、车、马之类的礼物。⑤荐陈：客人把礼物陈列在庭中献给主人。⑥朽蠹：腐烂、损伤。⑦庳：小。观：供游赏的高楼。榭：周围有树木的台。⑧司空：兴造土木工程的官吏。圬人：泥工。墁：粉刷墙壁。⑨甸：甸人，管理柴薪的官吏。庭燎：庭院中的照明物。⑩巾车：管车的官。脂辖：用油脂涂车轴。⑪菑：同"灾"。⑫铜鞮之宫：晋君离宫。⑬夭厉：瘟疫。⑭赵文子：名武。晋国的执政。⑮谢不敏：道歉。⑯释辞：放弃辞令。辑：和睦。怿：喜悦。莫：安定。引诗见《诗经·板》。

美文共赏

春秋末年，郑国作为处于晋、楚两个大国之间的弱小国家，在夹缝中求生存，经常是夏朝晋而冬朝楚，处境十分艰难。本文记叙了子产陪同郑简公到晋国朝贡，因晋对郑态度轻慢，带去纳贡的礼物无法安置，子产命人拆毁宾馆墙壁的事情。面对倚强凌弱的晋国，他先是拆除宾馆墙壁；在面对指责的时候，声明自己为了保护贡品，否则贡品腐烂，由谁负责？以自己的聪慧，把责任推到晋国一边。然后用历史和现实对比，文公与平公对比，引经据典，以理服人，让对方不得不心悦诚服地礼待郑国。

我们在赞叹子产的机敏和辩才的同时，也更加赞叹他卓越的胆识和对事物的深思熟虑。子产凭自己的机敏和辩才为郑国赢得了尊严，出色地完成了外交使命。

郑国在子产作执政大臣之后，在内政外交上取得了很大成绩。我们从本篇文章中，充分看到了子产这位政治家和外交家的风采。

> **本篇名句**
>
> "辞之辑矣，民之协矣；辞之怿矣，民之莫矣。"
> 辞令和谐，百姓团结；辞令明晰，百姓安宁。

子产论尹何为邑（襄公三十一年《左传》）

子皮欲使尹何为邑①。

子产曰："少，未知可否。"子皮曰："愿，吾爱之，不吾叛也。使夫往而学焉，夫亦愈知治矣。"子产曰："不可。人之爱人，求利之也。今吾子爱人则以政，犹未能操刀而使割也，其伤实多。子之爱人，伤之而已，其谁敢求爱于子？子于郑国，栋也。栋折榱崩②，侨将厌焉③，敢不尽言？子有美锦，不使人学制焉。大官、大邑，身之所庇也，而使学者制焉，其为美锦不亦多乎？侨闻学而后入政，未闻以政学者也。若果行此，必有所害。譬如田猎，射御贯，则能获禽，若未尝登车射御，则败绩厌覆是惧④，何暇思获？"

子皮曰："善哉！虎不敏⑤。吾闻君子务知大者、远者，小人务知小者、近者。我，小人也。衣服附在吾身，我知而慎之；大官、大邑，所以庇身也，我远而慢之。微子之言，吾不知也。他日我曰：'子为郑国，我为吾家，以庇焉，其可也。'今而后知不足。自今请虽吾家，听子而行。"子产曰："人心之不同，如其面焉，吾岂敢谓子面如吾面乎？抑心所谓危，亦以告也。"

子皮以为忠，故委政焉。子产是以能为郑国。⑥

【注释】

①子皮：名罕虎，郑国的上卿。尹何：子皮的小臣。②榱：屋椽。③侨：子产自称其名。子产即公孙侨。厌：同"压"。④败绩：翻车。厌覆：翻车被压。⑤虎：子皮自称其名。⑥为：治理。

美文共赏

本文记叙了执政元老子皮想让毫无政治经验的尹何担任自己家邑的长官,而子产对其进行规劝的事情。

文章主要阐明的是:"侨闻学而后入政,未闻以政学者也。"即要先学习然后去办理政事,没有听说拿办理政事作为学习的。因为这样做的后果是"好比一个人还不会拿刀,就叫他去割肉,多半会剁伤自己"。郑国的上卿子皮和继任子产的这一段对话,充分表现了子产的远见卓识和知无不言的坦诚态度,而子皮则虚怀若谷、从善如流,在执政者当中也属难能可贵。二人互相信任、互相理解,堪称是人际关系的楷模。读罢此文,两位圣贤的古代政治家,让人肃然起敬。

本文最大的特色是子产善于分析利害,层层意思都用比喻,例如用"操刀"来比喻使所爱的人受伤,还有"裁剪""打猎""栋折榱崩"等比喻都用来说明"以政学者"的弊端,这些比喻用得贴切、生动,把空洞的理念转换为具体生动的形象,既浅显易懂又感同身受。这种说理的技巧特别值得借鉴。

本篇名句

"侨闻学而后入政,未闻以政学者也。"
要先学习然后去办理政事,没有听说拿办理政事作为学习的。

子产却楚逆女以兵(昭公元年《左传》)

楚公子围聘于郑,且娶于公孙段氏①。伍举为介②。将入馆,郑人恶之,使行人子羽与之言③,乃馆于外。

既聘,将以众逆④。子产患之,使子羽辞,曰:"以敝邑褊小,不足以容从者,请墠听命⑤!"令尹使太宰伯州犁对曰⑥:"君辱贶寡大夫围⑦,谓围:'将使丰氏抚有而室。'围布几筵，告于庄、共之庙而来。若野赐之，是委君贶于草莽也，是寡大夫不得列于诸卿也。不宁唯是，又使围蒙其先君，将不得为寡君老，其蔑以复矣。唯大夫图之。"

子羽曰："小国无罪，恃实其罪。将恃大国之安靖己⑧，而无乃包藏祸心以图之⑨。小国失恃而惩诸侯，使莫不憾者，距违君命，而有所壅塞不行是惧。不然，敝邑，馆人之属也，其敢爱丰氏之祧⑩？"

伍举知其有备也，请垂櫜而入⑪。许之。

【注释】

①公子围：楚康王的弟弟，当时担任令尹，掌握军政大权。公孙段氏：郑大夫。②伍举：伍子胥的祖父。介：副使。③行人：类似后世的外交官。④逆：迎接。⑤埋：郊外的祭祀场地。⑥令尹：指公子围。太宰：官名，掌握王家内外事务。⑦贶：赠送，赐予。寡大夫：谦词。⑧恃：指依靠大国而自己无防备。靖：安定。⑨包藏祸心：外表和好，心怀恶意。⑩惩：警戒。壅塞：阻塞不通。祧：远祖的庙。⑪櫜：盛弓箭的袋子。

美文共赏

郑国想借联姻来减轻楚国对它的压力，楚国却想以迎娶为名，对郑国来个突然袭击。本文记述了子产揭穿了楚国以联姻为借口意图进攻郑国的事情。内容紧紧围绕楚国要进城而郑国不许对方进城的矛盾展开，并且贯穿始终。楚、郑两国斗争的主谋，是楚公子围和郑国的执政子产，而在前方直接交锋的则是伯州犁和子羽，直到今天，我们依然可以从他们的对话中感受到当时剑拔弩张的紧张气氛。这是《左传》常用的记述方法。

伯州犁以先王宗庙为借口，声明"如果在野外赐给围，这是将君王的赏赐抛在了草丛里，大夫围不能置身于卿大夫们的行列。不仅这样，更使围欺骗自己的先君，将不能再作国君的大臣，恐怕也无法向国君复命了。"这样的道理使得郑国难以辩白；而子羽在子产的授意下，单刀直入，直接揭穿了对方"包藏祸心以图之"的阴谋，使郑国转危为安。一场唇枪舌剑的外交争锋，令人心悬；一篇优美的记事散文，读之畅快。

本篇名句

"小国无罪,恃实其罪。将恃大国之安靖己,而无乃包藏祸心以图之。"

小国没有什么罪过,一心依赖大国而毫无防备,才真是罪过。我们倒是很想依赖大国的庇护,可是大国却包藏祸心,打我们的主意。

子产论政宽猛（昭公二十年《左传》）

郑子产有疾,谓子大叔曰①:"我死,子必为政。唯有德者能以宽服民,其次莫如猛。夫火烈,民望而畏之,故鲜死焉;水懦弱,民狎而玩之,则多死焉。故宽难。"疾数月而卒。

大叔为政,不忍猛而宽。郑国多盗,取人于萑苻之泽②。大叔悔之,曰:"吾早从夫子,不及此。"兴徒兵以攻萑苻之盗,尽杀之,盗少止。

仲尼曰:"善哉! 政宽则民慢,慢则纠之以猛。猛则民残,残则施之以宽。宽以济猛,猛以济宽,政是以和。《诗》曰③,'民亦劳止,汔可小康④;惠此中国,以绥四方⑤',施之以宽也。'毋从诡随,以谨无良;式遏寇虐,惨不畏明',纠之以猛也。'柔远能迩⑥,以定我王',平之以和也。又曰,'不竞不絿⑦,不刚不柔,布政优优,百禄是遒⑧',和之至也。"

及子产卒,仲尼闻之,出涕曰:"古之遗爱也。"

【注释】

①子大叔:郑卿。前522年继子产执政。大,同"太"。②取人:劫掠甚至杀死过路的人。萑苻:泽名,今河南中牟县西北。③《诗》:《诗经》。以下引诗见《民劳》及《长发》。④汔:庶几,表示希望。⑤中国:中原,周的腹心地区。绥:安抚。⑥能:即安抚。迩:近。⑦絿:缓,拖沓。⑧优优:宽和。遒:集聚。

美文共赏

本文记叙了郑国很有成就的政治家子产在临终之时向他的继任者太叔托付国政,并且向他介绍自己的治国经验,即根据实际情况来确定用宽政还是猛政。宽政和猛政,就是王道和霸道,都是古代统治者统御百姓的政治手段,子产用水和火作比喻,很形象地阐述了二者的关系。

这是一篇阐述治国主张的政论性散文。子产的遗嘱是立论;太叔的执政效果证实了子产的观点,是实践;最后以孔子对这件事情的评论得出结论:"宽以济猛,猛以济宽,政是以和。"意思是:政令宽大,人民就会怠慢;怠慢便以严猛来纠正。政令严猛,人民就会受到残害,又要用宽大来补救。宽以济猛,猛以济宽,政治就会平和。

子产执政二十年,内政外交都政绩卓著。"宽猛相济"的主张是他首先提出来的,对后世影响很大,几乎一直受到历代统治者的推崇。

本篇名句

"唯有德者能以宽服民,其次莫如猛。夫火烈,民望而畏之,故鲜死焉;水懦弱,民狎而玩之,则多死焉。故宽难。"

只有德行高尚的人,才能用宽大的政令使人民服从。其次就是用严猛的政令了。火性猛烈,人们望着就怕,所以很少有人死于火;水性柔弱,人们亲近而玩弄它,淹死的人就很多。实行宽大的政令很不容易啊。

吴许越成（哀公元年《左传》）

吴王夫差败越于夫椒①,报槜李也②。遂入越。越子以甲楯五千保于会稽③,使大夫种因吴太宰嚭以行成④。吴子将许之。

伍员曰⑤："不可。臣闻之：'树德莫如滋，去疾莫如尽。'昔有过浇杀斟灌以伐斟鄩，灭夏后相⑥。后缗方娠，逃出自窦，归于有仍，生少康焉。为仍牧正⑦，惎浇能戒之⑧。浇使椒求之，逃奔有虞，为之庖正，以除其害⑨。虞思于是妻之以二姚，而邑诸纶，有田一成，有众一旅⑩。能布其德，而兆其谋，以收夏众，抚其官职；使女艾谍浇，使季杼诱豷。遂灭过、戈⑪，复禹之绩，祀夏配天，不失旧物。今吴不如过，而越大于少康，或将丰之，不亦难乎！勾践能亲而务施，施不失人，亲不弃劳。与我同壤，而世为仇雠。于是乎克而弗取，将又存之，违天而长寇雠，后虽悔之，不可食已。姬之衰也，日可俟也⑫。介在蛮夷，而长寇雠，以是求伯⑬，必不行矣。"

弗听。退而告人曰："越十年生聚，而十年教训，二十年之外，吴其为沼乎！"

【注释】

①夫差：吴国国君，吴王阖闾的儿子。夫椒：在今江苏吴县太湖中，即包山。②檇李：吴、越边界地名。今浙江嘉兴县一带。定公十四年，越曾大败吴军于此地。③越子：越王勾践。楯：盾牌。会稽：山名。在今浙江绍兴市。④种：文种，越大夫。太宰：官名。嚭：吴国大臣名，善于逢迎，深得吴王夫差宠信。⑤伍员：即伍子胥，吴国大夫。⑥过：夏朝国名，今山东掖县北。浇：人名。寒浞的儿子。斟灌：夏时国名，今山东寿光县东北。斟鄩：夏朝国名，今山东潍县西南。夏后相：夏朝第五代王，少康的父亲。⑦后缗：夏后相的妻子。窦：孔穴。有仍：国名，今山东济宁县。后缗是有仍国的女儿，所以逃归娘家。少康：夏后相的遗腹子。牧正：主管畜牧的官。⑧惎：憎恨。戒：警戒。⑨椒：浇的大臣。有虞：姚姓国，今山西永济县。庖正：掌管膳食的官。⑩虞思：虞国的国君。纶：地名，今河南虞城县东南。成：方十里。旅：五百人。⑪女艾：少康臣。季杼：少康的儿子。豷：浇的弟弟。戈：豷的封国。⑫姬：吴与周王朝同姓，姬姓国之一。日可俟也：犹言指日可待。俟：等待。⑬伯：同"霸"。

美文共赏

文章记述的是伍子胥劝阻吴王不要接受越国求和的事情。伍子胥这篇谏辞的中心论点是"去疾莫如尽"，扫除祸害，必须斩草除根，虽然他的谏言没有被夫差采纳，但是对后世的影响很大，被一些政治家看成金科玉律。

伍子胥的谏辞最大的特色是说理方式的独特。对夏代少康中兴的历史，描述得曲折生动，少康的经历被赋予了很多戏剧性和传奇色彩，他的目的就是以古喻今，然后通过古今对比，规劝夫差以史为鉴，不要重蹈覆辙，自取失败。伍子胥虽因忠谏而死，但他那"十年生聚、十年教训"的话，对后人深有启发。

本篇名句

"越十年生聚，而十年教训。"

越国用十年时间聚集财富，再用十年时间教育和训练人民。

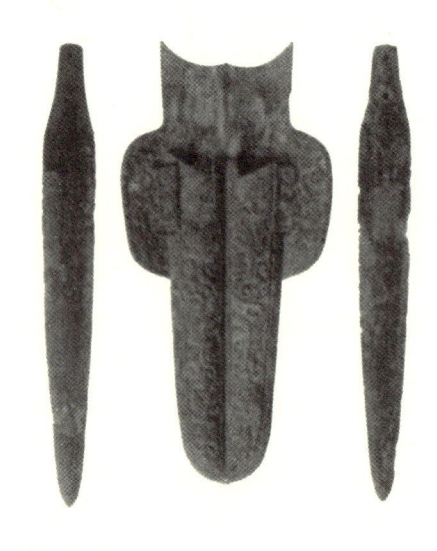

卷三　周文

祭公谏征犬戎（周语上《国语》）

穆王将征犬戎，祭公谋父谏曰①："不可。先王耀德不观兵。夫兵戢而时动，动则威，观则玩，玩则无震②。是故周文公之《颂》曰：'载戢干戈，载櫜弓矢。我求懿德，肆于时夏，允王保之③。'先王之于民也，茂正其德而厚其性，阜其财求而利其器用，明利害之乡，以文修之，使务利而避害，怀德而畏威，故能保世以滋大。"

"昔我先世后稷，以服事虞、夏④。及夏之衰也，弃稷弗务，我先王不窋用失其官，而自窜于戎、翟之间⑤，不敢怠业，时序其德，纂修其绪，修其训典，朝夕恪勤，守以惇笃，奉以忠信，奕世载德，不忝前人⑥。至于武王，昭前之光明而加之以慈和，事神保民，莫不欣喜。商王帝辛，大恶于民，庶民弗忍，欣戴武王，以致戎于商牧⑦。是先王非务武也，勤恤民隐而除其害也。

"夫先王之制：邦内甸服，邦外侯服⑧，侯、卫宾服，蛮、夷要服⑨，戎、翟荒服。甸服者祭，侯服者祀，宾服者享，要服者贡，荒服者王。日祭、月祀、时享、岁贡、终王，先王之训也。有不祭则修意，有不祀则修言，有不享则修文，有不贡则修名，有不王则修德，序成而有不至则修刑。于是乎有刑不祭，伐不祀，征不享，让不贡，告不王。于是乎有刑罚之辟⑩，有攻伐之兵，有征讨之备，有威让之令，有文告之辞。布令陈辞而又不至，则又增修于德无勤民于远，是以近无不听，远无不服。

"今自大毕、伯仕之终也⑪，犬戎氏以其职来王，天子曰：'予必以不享征之，且观之兵。'其无乃废先王之训而王几顿乎！吾闻夫犬戎树惇，能帅旧德而守终纯固，其有以御我矣！"

王不听，遂征之，得四白狼、四白鹿以归。自是荒服者不至。

【注释】

①穆王：周穆王。犬戎：古代西北少数民族。祭公谋父：周卿。②戢：聚集，集结。玩：滥用。③颂：指《诗经·周颂·时迈》篇。櫜：收藏盔甲、弓矢的器具。时：代辞，夏：华夏族，指中国。允：相信。王：周武王。④后稷：周族始祖，名弃，在帝舜时执掌农事，故称后稷。后：君主。稷：农官。弃为舜的农官，不窋又继为夏的农官，故称"服侍虞夏"。⑤

不窋：弃的儿子。用：于是，就。戎翟：同"戎狄"。⑥奕世：累世。忝：玷污。⑦辛：商纣王。商牧：商郊的牧野，今河南淇县西南。⑧邦内：国都近郊五百里以内。邦外：五百里外。⑨要服：夷蛮距国都甚远，靠立约结盟。⑩辟：法令。⑪大毕、伯仕：犬戎君主。

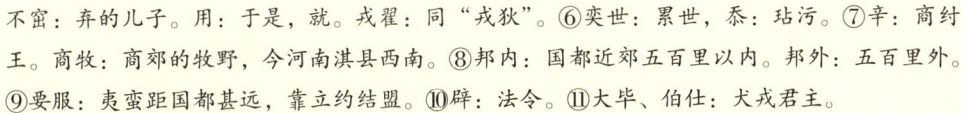

美文共赏

　　本文记叙了祭公劝谏周穆王不要发兵征讨犬戎的言辞和穆王不听劝谏的结果。周穆王妄想自己的车辙马迹遍天下，无缘无故要征伐犬戎。祭公引经据典，苦心劝阻。

　　"耀德不观兵"是全文的主旨，谏辞先阐述先王"耀德"，后对"先王之制"做阐释，强调"载戢干戈，载櫜弓矢。我求懿德，肆于时夏。允王保之"的德治政策，即把干戈收起来，把弓箭收藏好，我王施政求美德，要使恩惠遍中国，永远保持无缺失。穆王硬要出兵的结果是荒服的诸侯再也不来朝拜天子，证实了祭公观点的正确性。穆王只得到四只白狼和四只白鹿。这样的结局真是绝妙的讽刺。全篇回环往复，正反对照，层次井然有序，很有说服力。

本篇名句

"先王耀德不观兵。夫兵戢而时动，动则威，观则玩，玩则无震。"
先王历来只发扬德政，而不炫耀武力。军队在平时聚集力量，必要时才动用，一动就能显示威风；炫耀等于玩弄，那就失去了威风。

召公谏厉王止谤（周语上《国语》）

　　厉王虐，国人谤王。召公告曰①："民不堪命矣！"王怒，得卫巫，使监谤者，以告，则杀之。国人莫敢言，道路以目。

　　王喜，告召公曰："吾能弭谤矣②，乃不敢言。"召公曰："是鄣之也。防民之口，甚于防川。川壅而溃，伤人必多，民亦如之。是故为川者决之使导，为民者宣之使言。故天子听政，使公卿至于列士献诗③，瞽献典，史献书，师箴，瞍赋，矇诵④，百工谏，庶人传语，近臣尽规，亲戚补察，瞽、史教诲，耆、艾修之⑤，而后王斟酌焉，是以事行而不悖。民之有口也，犹土之有山川也，财用于是乎出，犹其有原隰衍沃也⑥，衣食于是乎生。口之宣言也，善败于是乎兴，行善而备败，所以阜财用⑦、衣食者也。夫民虑之于心而宣之于口，成而行之，胡可壅也？若壅其口，其与能几何？"

王弗听，于是国人莫敢出言，三年，乃流王于彘⑧。

【注释】

①厉王：西周第十代王。召公：周厉王的卿士。②弭：消除。③公卿：指三公九卿。列士：古代贵族的最低一级称士。士又有上士、中士、下士三个等级。④瞍：没有眸子的人。矇：有眸子而看不见东西的人。⑤耆艾：年高有德之人。⑥隰：低湿之地。衍：低下平坦之地。沃：肥沃的土地。⑦阜：增加。⑧彘：今山西霍县。此事在公元前842年。

美文共赏

周厉王施行暴政，召公劝告他改过自新，他反而以暴虐的行为来残酷地压制人民，激起民愤，最终被流放到边远地区。说明了对人民的议论只可加以疏导而不可以压制的道理。

文章的语言简洁传神，比喻生动形象，艺术的感染力和理论的说服力结合在一起，给读者以过目难忘的鲜明印象。尤其是"防民之口，甚于防川"成了千古名句。描写厉王的暴虐，只选取了监谤、杀谤者两个事例，用"王怒，得卫巫，使监谤者。以告，则杀之"寥寥几个字，厉王的暴虐无道被表现得极为生动；用"道路以目"的细节来表现人民敢怒不敢言的愤怒怨恨，更是传神。召公的谏辞用"防川"为喻，阐明监谤危害国家的可怕后果，以"为川者，决之使导"正面阐发"为民者，宣之使言"的道理，反复论证，说理透彻。又以山川生产资财这样具体可感的事实做比喻，将"民之有口"对于国家的巨大好处传达得具体而形象。

本篇名句

"防民之口,甚于防川。川壅而溃,伤人必多,民亦如之。是故为川者决之使导,为民者宣之使言。"

堵老百姓的嘴,比堵河水还危险啦!河水一堵,就会决口泛滥,淹死许多人。堵老百姓的嘴也是这样。所以,治河的就要疏通河道,治民的就要让老百姓讲话。

襄王不许请隧（周语中《国语》）

晋文公既定襄王于郏①,王劳之以地,辞,请隧焉②。王弗许,曰:"昔我先王之有天下也,规方千里以为甸服,以供上帝山川百神之祀,以备百姓兆民之用,以待不庭、不虞之患③。其余以均分公侯伯子男,使各有宁宇,以顺及天地,无逢其灾害,先王岂有赖焉。内官不过九御,外官不过九品,足以供给神祇而已④,岂敢厌纵其耳目心腹以乱百度⑤?亦唯是死生之服物采章,以临长百姓而轻重布之,王何异之有?今天降祸灾于周室⑥,余一人仅亦守府,又不佞以勤叔父⑦,而班先王之大物以赏私德,其叔父实应且憎,以非余一人,余一人岂敢有爱也?先民有言曰:'改玉改行。'叔父若能光裕大德,更姓改物⑧,以创制天下,自显庸也⑨,而缩取备物以镇抚百姓,余一人其流辟于裔土⑩,何辞之有与?若犹是姬姓也,尚将列为公侯,以复先王之职,大物其未可改也。叔父其茂昭明德,物将自至,余何敢以私劳变前之大章,以忝天下,其若先王与百姓何?何政令之为也?若不然,叔父有地而隧焉,余安能知之?"

文公遂不敢请,受地而还。

【注释】

①晋文公:春秋五霸之一。襄王:周襄王。郏:今河南洛阳西。②隧:掘墓道安葬。古时天子的葬礼。③甸服:国都近郊之地。不庭:不来进贡。不虞:意料不到的事。④神祇:

天神和地神。⑤百度：各种法令、法度。⑥天降祸灾：周王朝发生内乱。余一人：古代帝王的谦称。⑦不佞：谦词，不才。叔父：天子对同姓诸侯的称呼。⑧更姓改物：改朝换代。⑨显庸：显示功能。⑩流：放逐。辟：受刑罚。

美文共赏

文章记叙的是周襄王对晋文公提出的死后用天子葬礼的要求予以拒绝的言辞。

周襄王是靠晋文公的援助登上王位的，不敢正面拒绝他的要求，可是又不得不拒绝，因为"隧礼"是天子所独享的，这是君臣名分的象征。周襄王从维护宗法制、等级制的角度出发，用"班先王之大物以赏私德"，即我不能拿先王的原则作为交易去酬谢你，来约束想偷窥天子之位的狂妄的晋文公。这句话在今天也有一定的现实意义。通篇没有一句明说不许，但句句都是说不能允许的理由，话语言辞委婉，立意堂堂正正，步步紧逼，让晋文公哑口无言。"王何异之有？"是全文的主旨，帝王并没有什么了不起，他和臣民的区别就是全靠各种礼仪来区分的。

本篇名句

"岂敢厌纵其耳目心腹以乱百度。"
岂敢尽情满足耳目心腹的嗜好，而破坏各种法度。

叔向贺贫（晋语八《国语》）

叔向见韩宣子①，宣子忧贫，叔向贺之。宣子曰："吾有卿之名，而无其实②，无以从二三子，吾是以忧，子贺我何故？"对曰："昔栾武子无一卒之田③，其官不备其宗器,宣其德行,顺其宪则,使越于诸侯,诸侯亲之,戎、狄怀之,以正晋国,行刑不疚,以免于难④。及桓子⑤,骄泰奢侈,贪欲无艺,略则行志⑥,假货居贿,宜及于难,而赖武之德,以没其身。及怀子,改桓之行,而修武之德,可以免于难,而离桓之罪,以亡于楚⑦。夫郤昭子,其富半公室,其家半三军,恃其富宠,以泰于国,其身尸于朝,其宗灭于绛⑧。不然,夫八郤五大夫三卿,其宠大矣,朝而灭,莫之哀也,惟无德也。今吾子有栾武子之贫,吾以为能其德矣,是以贺。若不忧德之不建,而患货之不足,将吊不暇,何贺之有?"

宣子拜稽首焉⑨,曰:"起也将亡,赖子存之。非起也敢专承之,其自桓叔以下嘉吾子之赐。"

【注释】

①叔向:晋国大夫。韩宣子:晋国的正卿。②实:指财产收入。二三子:指同朝的卿大夫。③栾武子:即栾书,晋国的上卿。上卿的待遇是一旅(五百人)之田,即五百顷。一卒之田:一百顷田地。这是上大夫的俸禄。④以免于难:指栾武子杀晋厉公,却未受到弑君的责难。⑤桓子:栾书之子,任下军元帅。"桓"是谥号。⑥略则:无视法度。怀子:栾书之孙栾盈,晋国下卿。其父死后,被诬告将作乱,被驱逐到楚国。后回国,身死族灭。⑦离:通"罹",遭受。亡:逃奔。⑧郤昭子:郤至,晋国正卿。三军:晋国的军事编制:上军、中军、下军。绛:晋国都城,今山西翼城东南。⑨稽首:叩头至地,是最恭敬的礼节。桓叔:韩宣子的祖先。

美文共赏

韩宣子忧贫,叔向反向他贺贫,并且通过栾氏、郤氏两个家族的兴衰作为历史见证,说明一个人应该"忧德不忧穷"的道理。叔向道贺的不是他的忧愁,而是他的贫穷,一个人最为关键的不是他的贫富而是在于他的德行,纵然是一个很富有的人,如果他没有道德,则是越富有越容易招致祸害,而有了德行,则会转祸为福。一个"忧"和一个"贺",强烈的对比和反差,表现了两个性格不同的人和两种不同的生活态度。文中两人,一个真诚劝慰,一个真心不解求问,他们都有值得后人景仰之处。

叔向的主观意图在于为贵族阶级谋划长治久安的对策,并且对栾氏、郤氏之流的腐败的行为予以揭露和批评,这些在当时的社会具有一定的现实意义,并且对后世有一定的警示作用。

> **本篇名句**
>
> "若不忧德之不建，而患货之不足，将吊不暇，何贺之有？"
>
> 如果你不愁自己未能建立德行，却愁自己财产不够；那么，我只怕连哀悼都来不及，又有什么可道贺的呢？

申胥谏许越成（吴语《国语》）

　　吴王夫差乃告诸大夫曰："孤将有大志于齐，吾将许越成，而无拂吾虑①。若越既改，吾又何求？若其不改，反行，吾振旅焉②。"申胥谏曰③："不可许也。夫越非实忠心好吴也，又非慑畏吾甲兵之强也。大夫种勇而善谋，将还玩吴国于股掌之上，以得其志。夫固知君王之盖威以好胜也，故婉约其辞，以从逸王志，使淫乐于诸夏之国，以自伤也④。使吾甲兵钝弊，民人离落，而日以憔悴，然后安受吾烬⑤。夫越王好信以爱民，四方归之，年谷时熟，日长炎炎⑥。及吾犹可以战也，为虺弗摧，为蛇将若何⑦？"吴王曰："大夫奚隆于越⑧，越曾足以为大虞乎⑨？若无越，则吾何以春秋曜吾军士？"乃许之成。

　　将盟，越王又使诸稽郢辞曰："以盟为有益乎？前盟口血未干⑩，足以结信矣。以盟为无益乎？君王舍甲兵之威以临使之，而胡重于鬼神而自轻也。"吴王乃许之，荒成不盟。

【注释】

①成：讲和。无拂：不要违背。②反：同"返"。振旅：兴兵讨伐。③申胥：即伍员，字子胥。④盖：崇尚。婉约：委婉收敛。从：通"纵"，放纵。诸夏之国：指中原各诸侯国。⑤安受吾烬：指越国乘吴国残破时吞灭吴国。⑥日长炎炎：一天天增长。炎炎，气势兴盛。⑦虺：小蛇。若何：怎么办。⑧奚隆于越：为什么对越国这样看重。⑨虞：忧虑。曜：同"耀"，炫耀。⑩口血未干：口边的血酒还没干。指定盟时间不长。

美文共赏

这篇文章和《诸稽郢行成于吴》讲的是同一件事情的另一方——吴国君臣对于越王勾践的请盟议和的不同反应。吴王夫差接受越国议和，而申胥看穿了越国在求和幌子下所掩藏的消耗吴国综合国力的祸心，建议应该一举消灭。申胥对于吴、越双方的国情、君情、民情以及吴越关系，都分析得特别到位。无奈，夫差刚愎自用，不肯听谏，最后灭国丧身。

本文采用了对比和映衬的写法，夫差和申胥是一对对比，夫差和勾践也是一对对比，通过对人物言行的描述，申胥的远见卓识和忠心为国、夫差的狂妄自大和傲慢轻敌、勾践的狡猾奸诈，一一呈现在眼前。

本篇名句

"使吾甲兵钝弊，民人离落，而日以憔悴，然后安受吾烬。"

他知道君王崇尚武力，而且好胜，所以说话特别恭顺，想把君王恭维得神魂颠倒，去对中原诸侯逞威风、享安乐，自取灭亡。

春王正月（隐公元年《公羊传》）

元年者何①？君之始年也。春者何？岁之始也。王者孰谓？谓文王也②。曷为先言"王"而后言"正月③？"王正月也④。何言乎王正月？大一统也。

公何以不言即位？成公意也。何成乎公之意？公将平国而反之桓⑤。曷为反之桓？桓幼而贵，隐长而卑⑥，其为尊卑也微，国人莫知。隐长又贤，诸大夫扳隐而立之⑦。隐于是焉而辞立，则未知桓之将必得立也。且如桓立，则恐诸大夫之不能相幼君也。故凡隐之立，为桓立也。隐长又贤，何以不宜立？立適，以长不以贤；立子，以贵不以长。桓何以贵？母贵也。母贵则子何以贵？子以母贵，母以子贵。

【注释】

①元年：指鲁隐公元年。②文王：周文王。③曷：为什么。正月：阴历每年第一个月。④王正月：指周历正月。古时改朝换代即改正朔（正月的第一天）。周历以建子之月（即夏历的十一月）为岁首。⑤平国而反之桓：隐公打算平治鲁国后，把政权归还桓公。⑥隐长而卑、桓幼而贵：桓公的母亲仲子是鲁惠公的夫人。隐公的母亲声子只是随嫁来的姐妹。⑦扳：拥戴。適：同"嫡"。立子：立庶子。

美文共赏

《公羊传》《谷梁传》《左传》是春秋三传。《春秋》的文字简约，语义晦涩，单读经文，不能明白其中的含义，《公羊传》就是《春秋》的注释本，解释经文中隐微语言的深远意义。它的体例是先引用经文，然后自问自答，逐句解说，解说的重点是儒家的思想。本文就是采用问答的方式对"元年，春，王正月"逐层剖析，揭示经文中所包含的尊周大一统的意义。文章通过"隐公摄政不即位"的这一历史事实，说明"立適，以长不以贤，立子，以贵不以长"的宗法制度和正名思想。文章跌宕起伏，没有说教的沉闷。

本篇名句

"立適，以长不以贤；立子，以贵不以长。"

立夫人所生的嫡子为国君，只凭年长，不凭贤明；立妾的儿子为国君，只凭尊贵，不凭年长。

宋人及楚人平（宣公十五年《公羊传》）

外平不书①，此何以书？大其平乎己也②。何大其平乎己？庄王围宋③，军有七日之粮尔，尽此不胜，将去而归尔。于是使司马子反乘堙而窥宋城，宋华元亦乘堙而出见之④。司马子反曰："子之国何如？"华元曰："惫矣。"曰："何如？"

曰："易子而食之，析骸而炊之⑤。"司马子反曰："嘻！甚矣惫！虽然，吾闻之也，围者柑马而秣之⑥，使肥者应客。是何子之情也？"华元曰："吾闻之：君子见人之厄则矜之，小人见人之厄则幸之。吾见子之君子也，是以告情于子也。"司马子反曰："诺，勉之矣。吾军亦有七日之粮尔，尽此不胜，将去而归尔。"揖而去之。

反于庄王。庄王曰："何如？"司马子反曰："惫矣！"曰："何如？"曰："易子而食之，析骸而炊之。"庄王曰："嘻！甚矣惫！虽然，吾今取此，然后而归尔。"司马子反曰："不可。臣已告之矣，军有七日之粮尔。"庄王怒曰："吾使子往视之，子曷为告之？"司马子反曰："以区区之宋，犹有不欺人之臣，可以楚而无乎？是以告之也。"庄王曰："诺，舍而止⑦。虽然，吾犹取此，然后归尔。"司马子反曰："然则君请处于此，臣请归尔。"庄王曰："子去我而归，吾孰与处于此？吾亦从子而归尔。"引师而去之。故君子大其平乎己也。此皆大夫也，其称"人"何？贬。曷为贬？平者在下也⑧。

【注释】

①外平不书：指鲁宣公十二年，楚庄王攻破郑国，郑伯求降，庄王与他讲和的事。《春秋》中没有记载。外，鲁国之外的国家。平，讲和。书，记载。②大：赞扬。平乎己：主动讲和。③庄王：即楚庄王。④司马子反：楚国大夫，掌管军政。乘：登。堙：小土山。华元：宋国大夫。⑤易子：交换儿子。析骸：劈开尸骨。⑥柑马：给马嘴衔木棍。秣：喂。⑦舍而止：旧注说是筑舍安营驻扎，与当时情况不合。⑧平者在下：讲和的人处在下位。

美文共赏

这篇文章是解释《春秋》中"宋人及楚人平"这一句话的。楚国围困宋国之战，时间长达九个月，两国都到达了极度的疲惫困苦状态。在这种情况下，楚国的大夫子反和宋国的大夫华元坦诚相见，主动言和。"宋人及楚人平"这句话，有褒有贬。褒的是华元和子反两位大夫主动讲和，减轻了宋楚两国人民的战祸；贬的是两人自作主张，背着国君讲和，有越权之嫌。文章充分反映了古代战争的残酷。

作者通过对话刻画人物性格和心理状态，在对话过程的处理上，有场面有布景；在情节的处理上，有巧合有悬念；在写作技巧上有比喻、重复、对比、伏笔等，这一切都使故事情节跌宕起伏，故事内容扣人心弦。

> **本篇名句**
>
> "君子见人之厄则矜之,小人见人之厄则幸之。"
>
> 君子见别人有难就同情,小人见别人有难就幸灾乐祸。

吴子使札来聘（襄公廿九年《公羊传》）

吴无君、无大夫,此何以有君、有大夫①？贤季子也。何贤乎季子？让国也。其让国奈何？谒也、馀祭也、夷昧也,与季子同母者四。季子弱而才,兄弟皆爱之,同欲立之以为君。谒曰:"今若是迮而与季子国,季子犹不受也②。请无与子而与弟,弟兄迭为君,而致国乎季子。"皆曰:"诺。"故诸为君者,皆轻死为勇,饮食必祝曰:"天苟有吴国,尚速有悔于予身③。"故谒也死,馀祭也立；馀祭也死,夷昧也立；夷昧也死,则国宜之季子者也。

季子使而亡焉。僚者,长庶也,即之④。季子使而反,至而君之尔。

阖闾曰:"先君之所以不与子国而与弟者,凡为季子故也⑤。将从先君之命与,则国宜之季子者也。如不从先君之命与,则我宜立者也⑥。僚恶得为君乎？"于是使专诸刺僚,而致国乎季子。季子不受曰:"尔弑吾君⑦,吾受尔国,是吾与尔

为篡也。尔杀吾兄，吾又杀尔，是父子兄弟相杀，终身无已也。"去之延陵⑧，终身不入吴国⑨。故君子以其不受为义，以其不杀为仁。

贤季子，则吴何以有君、有大夫？以季子为臣，则宜有君者也。札者何？吴季子之名也。春秋贤者不名⑩，此何以名？许夷狄者，不壹而足也。季子者，所贤也，曷为不足乎季子？许人臣者必使臣，许人子者必使子也。

【注释】

①吴无君、无大夫：《春秋》记载吴的事，一向只称国，不言及其君与大夫。②迮：仓猝。③有吴国：指保存吴国。祸：灾难。④僚：即吴王僚。长庶：众子中的年长者。即之：即位做国君。⑤阖闾：吴王谒的儿子。派专诸刺杀僚，自立为君。先君：指已去世的吴王谒、馀祭和夷昧。⑥我宜立：按父子继承的原则，阖闾应当继承他父亲的王位。⑦弑：臣下杀死君主或子女杀死父母称"弑"。篡：篡位。⑧延陵：今江苏武进县。⑨吴国：指吴国都城。⑩贤者不名：古代士大夫都有名有字，《春秋》称字，表示褒赞。

美文共赏

这篇文章是解释《春秋》书上"吴子使札来聘"这句话的。本文主要赞扬了季子兄弟让国的事和季子不愿意介入政权纷争的态度。季子的让国行为是"义"的表现；对于侄子的骨肉相残采取"以不杀止杀"的超然态度是"仁"的表现，他的"仁义"行为非常符合正统的儒家思想，因而受到赞扬，千百年来被传为美谈。全文层层设问、步步深入，以事实说明主人公的品格。文中写三位兄长的表现从侧面烘托了季子的高风亮节；写阖闾因为自己的私利制造流血事件和季子面对此事的宽容态度，对比出来季子的明晓大义。文章记述这些事迹的原因就是为了宣扬美德，维持国家和社会的安宁。

本篇名句

"故君子以其不受为义，以其不杀为仁。"

君子认为他不接受君位是正义的行动，认为他不杀害子侄是仁爱的表现。

郑伯克段于鄢（隐公元年《谷梁传》）

克者何？能也。何能也①？能杀也。何以不言杀？见段之有徒众也②。段，郑伯弟也。何以知其为弟也？杀世子、母弟目君，以其目君，知其为弟也③。

段，弟也而弗谓弟，公子也而弗谓公子，贬之也，段失子弟之道矣。贱段而甚郑伯也。何甚乎郑伯？甚郑伯之处心积虑，成于杀也④。于鄢，远也，犹曰取之其母之怀中而杀之云尔，甚之也。然则为郑伯者宜奈何？缓追逸贼，亲亲之道也⑤。

【注释】

①何能：能做到什么。②徒众：士兵和百姓。③世子：古代天子和诸侯的嫡长子。母弟：同一母亲的弟弟。目君：视为国君。④成于杀：置于死地。⑤亲亲：亲爱自己的亲人。

美文共赏

本篇与《左传》的《郑伯克段于鄢》记述的是同一历史事件。但是本篇重在义理说明，《左传》的文章重在史实叙述。本文是对《春秋·隐公元年》中"郑伯克段于鄢"这句经文的解释。谴责了共叔段的不义，更加谴责郑伯的不仁。文章从"克"字开始，层层剖析，逐渐揭露郑庄公兄弟相残的事实。笔锋犀利，言简意赅。但是他的议论又多是主观推测，牵强附会。

《谷梁传》又称《春秋谷梁传》，与《公羊传》的性质一样，是解释《左传》的。两处文章互相参照阅读，既了解"大义"，又把握史实，有助于了解"经学""史学"的不同，了解古代经学的本质。

本篇名句

"缓追逸贼，亲亲之道也。"

减缓追赶逃逸的贼子（段）这才是爱护亲人的做法啊。

虞师晋师灭夏阳（僖公二年《谷梁传》）

非国而曰"灭"，重夏阳也①。虞无师，其曰"师"，何也？以其先晋，不可以不言师也。其先晋何也②？为主乎灭夏阳也。夏阳者，虞、虢之塞邑也，灭夏阳而虞、虢举矣。

虞之为主乎灭夏阳，何也？晋献公欲伐虢，荀息曰③："君何不以屈产之乘、垂棘之璧，而借道乎虞也④？"公曰："此晋国之宝也。如受吾币⑤，而不借吾道，则如之何？"荀息曰："此小国之所以事大国也。彼不借吾道，必不敢受吾币。如受吾币，而借吾道，则是我取之中府而藏之外府，取之中厩置之外厩也。"公曰："宫之奇存焉，必不使受之也。"荀息曰："宫之奇之为人也，达心而懦，又少长于君⑥。达心则其言略，懦则不能强谏，少长于君，则君轻之。且夫玩好在耳目之前，而患在一国之后，此中知以上乃能虑之；臣料虞君，中知以下也。"公遂借道而伐虢。

宫之奇谏曰："晋国之使者，其辞卑而币重，必不便于虞。"虞公弗听。遂受其币而借之道。宫之奇又谏曰："语曰：'唇亡则齿寒。'其斯之谓与？"挈其妻子以奔曹。

献公亡虢——五年——而后举虞。荀息牵马操璧而前曰："璧则犹是也，而马齿加长矣。"

【注释】

①夏阳：地名，今山西平陆。②先：先导。虞国起了引导晋国的作用。③荀息：晋国大夫。④屈：地名，今山西吉县，盛产良马。乘：马。垂棘：晋地名。⑤币：礼品。指上文所说的良马、美玉。⑥宫之奇：虞国大夫。达心：心里明白通晓。懦：怯懦，胆小。

美文共赏

本文是解释《春秋》经文中的"虞师、晋师灭夏阳"一句。这篇文章可与《左传》中《宫之奇谏假道》对照来读。从中可以看出，同一个历史事件在不同的作者笔下被再现出来的不同面貌。《左传》那篇着重写宫之奇，而本篇着重写荀息，写他献计时老谋深算，胜利时谈笑风生，结尾更妙，荀息"牵马操璧"的潇洒动作，话语"璧则犹是也，而马齿加长矣！"就是"玉璧还是老样子，只是马儿老了几岁啦"的幽默，表现了荀息活泼的性格，因为印证了荀息当初的判断，也反映了荀息胜利者的自得，凸显了荀息本人深谙韬略，精通计谋的政治家形象。《谷梁传》也用简练的语言述评了这一历史事件，深刻地说明了"唇亡齿寒"的道理。

全文内容紧凑，一气呵成。选取极富形象的场面和个性化的对话，也是本文的一大特点。除了荀息这个人物传神之外，虞公的昏庸和短见、宫之奇的明理和懦弱，晋献公的纳谏从流，这些形象也都栩栩如生。

本篇名句

"语曰：'唇亡则齿寒。'"
俗语说："嘴唇没有了，牙齿就要受寒。"

晋献公杀世子申生（檀弓上《礼记》）

晋献公将杀其世子申生。公子重耳谓之曰①："子盖言子之志于公乎？"世子曰："不可。君安骊姬，是我伤公之心也。"曰："然则盖行乎？"世子曰："不可。君谓我欲弑君也，天下岂有无父之国哉？吾何行如之？"

使人辞于狐突曰②："申生有罪，不念伯氏之言也③，以至于死，申生不敢爱其死。虽然，吾君老矣，子少④，国家多难⑤。伯氏不出而图吾君⑥，伯氏苟出而图吾君，申生受赐而死。"再拜稽首乃卒。是以为恭世子也⑦。

【注释】

①晋献公：春秋晋国国君。他听信后妻的谗言，将要杀死嫡子申生。公子重耳：申生之异母弟，回国后为晋文公。②狐突：申生的师傅，姓狐名突，字伯。③伯氏：指狐突。他曾

劝申生逃走。④子少：指骊姬的儿子奚齐年纪还小。⑤国家多难：指申生死后，其弟兄将因争君位而互相残杀。⑥图：谋划。⑦为：谓。恭：申生的谥号。

美文共赏

本篇选自《礼记·檀弓上》。《礼记》是儒家《五经》之一，主要记叙儒家有关礼制的言论，也包括一些小故事。这些故事大多写得简练而生动。本篇写的是晋国太子申生受后母陷害，被迫自杀之前的心理状态。文中申生含冤而死，他面对自己的死亡坦然自若，却在为父亲和国家担忧，"吾君老矣，子少，国家多难"（君主老了，弟弟年幼，国家会多灾多难），这几个字饱含感情，可谓是一字一泪。作者的本意可能是宣扬愚忠愚孝，但也从侧面暴露了君主制度的黑暗。

本篇名句

"吾君老矣，子少，国家多难，伯氏不出而图吾君，伯氏苟出而图吾君，申生受赐而死。"

我们的君王年纪老了，幼子年纪小，国家又多灾多难。伯氏不出来替我们的君王筹划国事便罢，伯氏如果出来替我们的君王筹划国事，申生蒙受您的恩惠，甘愿一死。

公子重耳对秦客（檀弓下《礼记》）

晋献公之丧，秦穆公使人吊公子重耳①，且曰："寡人闻之，亡国恒于斯，得国恒于斯。'虽吾子俨然在忧服之中②，丧亦不可久也③，时亦不可失也，孺子其图之。"以告舅犯④。

舅犯曰："孺子其辞焉。丧人无宝，仁亲以为宝。父死之谓何？又因以为利，而天下其孰能说之⑤？孺子其辞焉。"

公子重耳对客曰："君惠吊亡臣重耳，身丧父死，不得与于哭泣之哀，以为君忧。父死之谓何？或取有他志，以辱君义⑥！"稽颡而不拜⑦，哭而起，起而不私。

子显以致命于穆公⑧。穆公曰："仁夫，公子重耳！夫稽颡而不拜，则未为后也，故不成拜。哭而起，则爱父也。起而不私，则远利也。"

【注释】

①吊：慰问。②吾子：对人相亲爱的称呼。俨然：庄重的样子。③丧：失位流亡。④舅犯：即狐偃，重耳的舅父。⑤因：乘机。利：私利，指父死时回国即位。说：解说，说明。⑥他志：指回国即位的野心。⑦稽颡：古代拜客时的一种礼节，叩拜直至额触地。拜：拜客受吊。不拜：不敢以继承人身份完成拜谢。⑧子显：使者。致命：回报。

美文共赏

晋献公去世，秦穆公派人去慰问正流亡在外的公子重耳，并且暗示重耳，可以援助他回国谋求君位。重耳也想回国继承君位，但重耳舅父狐偃觉得时机还不成熟，就训导重耳注重仁义亲情，争取人心，提高自己的品德威望。重耳严守丧礼，做得非常到位，例如文中写重耳的行为时，说他"稽颡而不拜，哭而起，起而不私"，就是伏在地上叩头，但不拜谢秦客；他哭着站起来，也不和秦客私下交谈，由此赢得了秦穆公对他的极大赞扬，为自己日后登基和称霸打下了一个很好的形象基础。重耳不管什么时候都不把自己表现得卑鄙，是因为任何人都不想和品质恶劣的人合作。我们看到文中的重耳，态度谦逊，尊长从谏，狐偃足智多谋，秦穆公狡猾、善变。这些都是通过个性化人物的语言和行为表现出来的。本文客观上也从侧面反映了古代丧礼的情况。

本篇名句

"丧人无宝，仁亲以为宝。"

出亡在外的人没有可宝贵的东西，唯有敬爱父母才是可宝贵的。

晋献文子成室（檀弓下《礼记》）

晋献文子成室①，晋大夫发焉②。张老曰③："美哉轮焉，美哉奂焉④。歌于斯，哭于斯，聚国族于斯⑤。"文子曰："武也⑥，得歌于斯、哭于斯、聚国族于斯，是全要领以从先大夫于九京也⑦。"北面再拜稽首。君子谓之善颂、善祷⑧。

【注释】

①晋献文子：赵武，晋国大夫，献文是他的谥号。成室：新居落成。②发：发礼恭贺。③张老：晋国大夫。④轮：高大。奂：华丽。⑤歌：唱诗。古代祭祀时奏乐唱诗。哭：死丧哭泣。聚国族：宴请国宾，会集宗族。⑥武：文子自称名。⑦全要领：犹言保全身躯。要：同"腰"。领，脖子。先大夫：文子的父亲和祖父。九京：即九原。春秋晋国卿大夫的墓地。后世泛称墓地为九京。⑧善颂：善于祝颂。善祷：善于祈祷。

美文共赏

献文子的新屋落成本来是一桩好事情，而张老却说这是给你开追悼会的好地方，这样不吉利的话都说了出来。看着令人吃惊，实际张老祝词和献文子答词都是围绕赵氏的血泪历史而来的，家门的不幸，生存的艰辛，身负的恩仇，所有这一切，都使献文子变得智慧而深沉，面对不顺耳的大实话，能够迅速分辨善恶，给予最真诚的回答。如果能够在这里去世，说明我得以善终，不辱没先人，不愧对祖宗啊！随后身为执政大夫的献文子把传统文化界定的生活方式，即平平安安度日，当作祈祷的内容。本篇反映了献文子居安思危的思想意识和封建社会统治阶级内部令人胆颤的斗争。文中"美轮美奂"成为一句成语。

本篇名句

"美哉,轮焉,美哉,奂焉。"

美啊,这样高大!美啊,这样富丽堂皇!

秦文　卷四

苏秦以连横说秦（《国策》）

苏秦始将连横说秦惠王①曰："大王之国，西有巴、蜀、汉中之利，北有胡貉、代马之用，南有巫山、黔中之限，东有殽、函之固②。田肥美，民殷富，战车万乘③，奋击百万，沃野千里，蓄积饶多，地势形便，此所谓天府，天下之雄国也。以大王之贤，士民之众，车骑之用，兵法之教，可以并诸侯，吞天下，称帝而治。愿大王少留意，臣请奏其效。"

秦王曰："寡人闻之，毛羽不丰满者不可以高飞，文章不成者④不可以诛罚，道德不厚者不可以使民，政教不顺者不可以烦大臣。今先生俨然不远千里而庭教之，愿以异日。"

苏秦曰："臣固疑大王之不能用也。昔者神农伐补遂，黄帝伐涿鹿而禽蚩尤，尧伐驩兜，舜伐三苗，禹伐共工，汤伐有夏，文王伐崇，武王伐纣，齐桓任战而霸天下⑤。由此观之，恶有不战者乎？古者使车毂击驰⑥，言语相结，天下为一；约从连横⑦，兵革不藏，文士并饬，诸侯乱惑，万端俱起，不可胜理；科条既备，民多伪态；书策稠浊，百姓不足；上下相愁，民无所聊；明言章理，兵甲愈起；辩言伟服，战攻不息；繁称文辞，天下不治；舌敝耳聋，不见成功；行义约信，天下不亲。于是，乃废文任武，厚养死士，缀甲厉兵⑧，效胜于战场。夫徒处而致利，安坐而广地，虽古五帝、三王、五霸，明主贤君，常欲坐而致之，其势不能，故以战续之。宽则两军相攻，迫则杖戟相撞，然后可建大功。是故兵胜于外，义强于内；威立于上，民服于下。今欲并天下，凌万乘，诎敌国，制海内，子元元，臣诸侯，非兵不可⑨！今之嗣主，忽于至道，皆惛于教，乱于治，迷于言，惑于语，沉于辩，溺于辞。以此论之，王固不能行也。"

说秦王书十上而说不行。黑貂之裘敝，黄金百斤尽，资用乏绝。去秦而归。赢縢履蹻⑩，负书担囊，形容枯槁，面目犁黑，状有愧色。归至家，妻不下纴，嫂不为炊，父母不与言。苏秦喟然叹曰："妻不以我为夫，嫂不以我为叔，父母不以我为子，是皆秦之罪也。"乃夜发书，陈箧数十，得太公《阴符》之谋，伏而诵之，简练以为揣摩。读书欲睡，引锥自刺其股，血流至足。曰："安有说人主不能出其金玉锦绣，取卿相之尊者乎？"期年，揣摩成，曰："此真可以说当世之君矣!"

于是乃摩燕乌集阙,见说赵王于华屋之下,抵掌而谈⑪。赵王大悦,封为武安君,受相印。革车百乘,锦绣千纯,白璧百双,黄金万镒,以随其后。约从散横,以抑强秦。故苏秦相于赵而关不通⑫。

当此之时,天下之大,万民之众,王侯之威,谋臣之权,皆欲决于苏秦之策。不费斗粮,未烦一兵,未战一士,未绝一弦,未折一矢,诸侯相亲,贤于兄弟。夫贤人在而天下服,一人用而天下从。故曰:式于政,不式于勇;式于廊庙之内,不式于四境之外。当秦之隆,黄金万镒为用,转毂连骑,炫煌于道,山东之国,从风而服,使赵大重。且夫苏秦,特穷巷掘门、桑户棬枢之士耳⑬,伏轼撙衔⑭,横历天下,庭说诸侯之主,杜左右之口,天下莫之伉。

将说楚王,路过洛阳,父母闻之,清宫除道,张乐设饮,郊迎三十里。妻侧目而视,侧耳而听;嫂蛇行匍伏,四拜自跪而谢。苏秦曰:"嫂,何前倨而后卑也?"嫂曰:"以季子之位尊而多金。"苏秦曰:"嗟乎!贫穷则父母不子,富贵则亲戚畏惧。人生世上,势位富厚,盖可以忽乎哉!"

【注释】

①苏秦:字季子,战国时洛阳人。纵横家代表人物。②巴:今四川西部。汉中:今陕西南部。胡貉:匈奴族居住地区出产的貉皮。貉形似狸,毛皮可制裘。代:今山西省北部。巫山:在今四川。黔中:今贵州省。殽,山名,在今河南洛宁县。③乘:古代战车,一车四马

叫一乘。④文章：礼乐法度。⑤补遂：上古部落名。涿鹿：山名，今河北涿鹿县。蚩尤：传说中的九黎部落首领。驩兜：尧的臣子，因作乱而被放逐。三苗：古部落名。共工：古代传说人物。崇：指崇侯虎。传说他助纣为虐，被文王诛杀。⑥车毂：车轮中心插轴的部分。⑦约从：即"合纵"，南北为纵。东方六国从南至北结成联盟共同御秦称为"合纵"。⑧死士：敢死的勇士。缀甲厉兵：缝制盔甲，磨砺兵器。意即做好战争准备。⑨诎：同"屈"，使屈服。子：把……当作儿子，即统治的意思。元元：老百姓。⑩赢：同"缧"，缠裹。滕：绑腿布。蹻：草鞋。⑪摩：走到。燕乌集阙：赵都的关塞名。赵王：赵肃侯，公元前349～前326年在位。华屋：华丽的宫室。⑫关：函谷关。关不通，秦与东方六国断绝了来往。⑬掘门：挖墙洞为门。掘，通"窟"。桑户：用桑木做的门。棬枢：用弯木枝做的门轴。⑭伏轼撙衔：意即坐着高车大马，扬扬得意。轼，车前横木。撙，控制，勒住。衔，马勒口。

美文共赏

　　这篇文章选自《战国策》。《战国策》是战国时代十二国史料的汇编，记载二百四十五年间的历史，文史价值很高，对后世影响很大。本文记叙的是战国时期一批谋臣策士四处周旋，朝秦暮楚，逞其智能，获取功名。本文记载的苏秦是其中谋士之一。起初苏秦以"连横"之策游说秦国，失败后落魄潦倒，于是发愤读书，又以"合纵"游说赵王，成为赵国的相国，终于一举成名，身佩六国相印，衣锦还乡。文章生动地刻画了当时具有代表性的谋士形象，从中可以看到中国谋士在中国历史演进中的作用。

　　文章多处采用了对比手法，如苏秦的前后境遇；秦王和赵王对苏秦的态度；苏秦家人在他发迹前后态度的不同，更加突出了主人公的形象。文章的语言铺陈夸张，大量地使用了排偶句式，更加增强了气势奔放、震撼人心的力量。

本篇名句

"引锥自刺其股，血流至足。"

　　苏秦把头发束住吊在房梁上，用锥子刺自己的腿，血流到脚上，振作精神，苦心攻读。

司马错论伐蜀 《国策》

司马错与张仪争论于秦惠王前①。司马错欲伐蜀，张仪曰："不如伐韩。"王曰："请闻其说。"

对曰："亲魏善楚，下兵三川②，塞轘辕、缑氏之口③，当屯留之道④，魏绝南阳，楚临南郑，秦攻新城、宜阳，以临二周之郊，诛周主之罪，侵楚、魏之地。周自知不救，九鼎宝器必出。据九鼎⑤，按图籍，挟天子以令天下，天下莫敢不听，此王业也。今夫蜀，西僻之国，而戎狄之长也⑥，敝兵劳众不足以成名，得其地不足以为利。臣闻：'争名者于朝，争利者于市。'今三川、周室，天下之市朝也，而王不争焉，顾争于戎狄，去王业远矣。"

司马错曰："不然。臣闻之，欲富国者，务广其地；欲强兵者，务富其民；欲王者，务博其德。三资者备，而王随之矣。今王之地小民贫，故臣愿从事于易。夫蜀，西僻之国也，而戎狄之长也，而有桀、纣之乱。以秦攻之，譬如使豺狼逐群羊也。取其地，足以广国也；得其财，足以富民；缮兵不伤众，而彼已服矣。故拔一国，而天下不以为暴；利尽西海⑦，诸侯不以为贪。是我一举而名实两附，而又有禁暴止乱之名。今攻韩，劫天子，劫天子，恶名也，而未必利也，又有不义之名，而攻天下之所不欲，危！臣请谒其故：周，天下之宗室也；韩，周之与国也⑧。周自知失九鼎，韩自知亡三川，则必将二国并力合谋，以因乎齐、赵，而求解乎楚、魏。以鼎与楚，以地与魏，王不能禁。此臣所谓'危'，不如伐蜀之完也。"

惠王曰："善！寡人听子。"卒起兵伐蜀。十月取之，遂定蜀。蜀主更号为侯，而使陈庄相蜀。蜀既属，秦益强富厚，轻诸侯。

【注释】

①司马错：战国时秦将。张仪：战国时魏国人，纵横家的代表人物，曾任秦相，主张用"连横"之策分化各诸侯国。②三川：今河南洛阳一带，因境内有洛水、黄河、伊水而得名。③轘辕：山名，今河南偃师东南，地势险要，为军事要地。缑氏：山名，今河南偃师东南，地势险要，为军事要地。④屯留：韩地，今山西屯留南部。⑤九鼎：传说夏禹铸造，夏、商、

周三朝传授政权的国宝。图籍：地图和户籍。⑥戎狄：泛指少数民族。⑦西海：指蜀国。⑧宗室：宗庙。指周天子是天下的宗主。与国：友邦，盟国。

美文共赏

本文是记叙战国时秦国关于外交军事的一次论争，是秦惠王进行军事扩张，推进王业的军事论辩。秦相张仪主张"伐韩"，秦将司马错则主张"伐蜀"。二人针锋相对，各陈己见。名臣张仪主张伐韩，认为得名得利；武将司马错就此和他展开了一场争论，他主张灭蜀，可得实际利益，理由是伐韩不仅得恶名、无实利，还会让秦国处于被动的危险地位。并且列举出成就霸业的三个前提条件，全面兼顾了眼前利益与长远目标，获得了秦王的首肯。双方针锋相对，句句紧逼，在情在理，精彩动人。从中可以看出二人的论辩风格大相径庭，张仪急功近利，但是只有唯心的空想；司马错能够知己知彼，有着军事家思维缜密和稳妥务实的特点，形象突出。

本篇名句

"欲富国者，务广其地；欲强兵者，务富其民；欲王者，务博其德。三资者备，而王随之矣。"

要想富国，多占地盘；要想强兵，先富百姓；要王天下，广施恩德。这三条具备，王业自然成就。

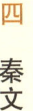

范雎说秦王 《国策》

范雎至，秦王庭迎范雎①，敬执宾主之礼。范雎辞让。是日见范雎，见者无不变色易容者。秦王屏左右，宫中虚无人，秦王跪而进曰："先生何以幸教寡人？"范雎曰："唯唯。"有间，秦王复请。范雎曰："唯唯。"若是者三。秦王跽曰②："先生不幸教寡人乎？"

范雎谢曰："非敢然也。臣闻始时吕尚之遇文王也，身为渔父而钓于渭阳之滨耳。若是者，交疏也。已一说而立为太师，载与俱归者，其言深也。故文王果收功于吕尚，卒擅天下，而身立为帝王。即使文王疏吕望而弗与深言，是周无天子之德，而文武无与成其王也。今臣，羁旅之臣也，交疏于王，而所愿陈者，皆匡君臣之事、处人骨肉之间③，愿以陈臣之陋忠，而未知王心也，所以王三问而不对者是也。

"臣非有所畏而不敢言也，知今日言之于前，而明日伏诛于后，然臣弗敢畏也。大王信行臣之言，死不足以为臣患，亡不足以为臣忧，漆身而为厉，被发而为狂，不足以为臣耻④。五帝之圣而死，三王之仁而死，五霸之贤而死，乌获之力而死，奔、育之勇而死⑤。死者，人之所必不免，处必然之势；可以少有补于秦，此臣之所大愿也，臣何患乎？

"伍子胥橐载而出昭关，夜行而昼伏，至于菱水⑥，无以糊其口，膝行蒲伏，乞食于吴市，卒兴吴国，阖闾为霸。使臣得进谋如伍子胥，加之以幽囚不复见，是臣说之行也，臣何忧乎？箕子、接舆⑦，漆身而为厉，被发而为狂，无益于殷、楚。使臣得同行于箕子、接舆，可以补所贤之主，是臣之大荣也，臣又何耻乎？

"臣之所恐者，独恐臣死之后，天下见臣尽忠而身蹶也，是以杜口裹足，莫肯即秦耳。足下上畏太后之严，下惑奸臣之态；居深宫之中，不离保傅之手⑧；终身暗惑，无与照奸；大者宗庙灭覆，小者身以孤危，此臣之所恐耳！若夫穷辱之事，死亡之患，臣弗敢畏也。臣死而秦治，贤于生也。"

秦王跪曰："先生是何言也！夫秦国僻远，寡人愚不肖，先生乃幸至此，此天以寡人慁先生⑨，而存先王之庙也。寡人得受命于先生，此天所以幸先生而不弃其孤也。先生奈何而言若此？事无大小，上及太后，下至大臣，愿先生悉以教寡人，无疑寡人也。"

范雎再拜，秦王亦再拜。

【注释】

①范雎：魏人，曾随须贾使齐，私受齐王赏赐，因此被魏相鞭笞，装死逃脱，后任秦相。王：秦昭王，公元前324—前251年在位。②跽：长跪。古人坐姿是双膝着席，臀部贴着脚后跟；臀部离开脚跟，挺直上身，表示恭敬或警觉，就叫"跽"。③处人骨肉之间：指自己处在秦王与太后、穰侯之间，也就是秦王与舅舅之间。④漆身：用漆涂身。厉：通"癞"，因中漆毒而生肿癞。被：同"披"（头发散乱）披在身上。⑤乌获：秦武王时候的大力士。奔、育：即孟奔和夏育，古代的勇士。⑥菱水：今江苏溧阳县。亦称溧水。⑦箕子：殷商太师，名胥余，封于箕。因劝谏纣王而被囚，佯狂为奴。接舆：春秋时楚国人，曾经披发佯狂避世。⑧保傅：指宫内女官。⑨慁：同"溷"，污浊，此处有烦扰之意。

美文共赏

秦昭王在位时，大权操在太后和她的弟弟魏冉（封穰侯）手中。秦王感觉大权旁落，急于重振朝纲。范雎巧妙地利用这一点游说秦王，取得相位，帮助秦王收回大权，巩固了秦王室。文中范雎论证有力，说理透彻，从"何患乎""何忧乎""何耻乎"的层层叙述中，可以看到范雎处事严谨，具有雄奇胆略和论辩之才的谋士形象。而文中"秦王跽曰：'先生不幸教寡人乎？'"又让我们看到了秦昭王恳切的心理，体现了秦昭王欲建霸业，礼贤下士的风范。还有范雎智慧地谋求相位"足下上畏太后之严,下惑奸臣之态……大者宗庙灭覆,小者身以孤危,此臣之所恐耳",表面上强调秦国与秦王的危险,实际上是为自己被重用做了铺垫,展现了范雎的谨慎、精明、老练的政治家形象。

本篇名句

"足下上畏太后之严,下惑奸臣之态;居深宫之中,不离保傅之手;终身暗惑,无与照奸;大者宗庙灭覆,小者身以孤危,此臣之所恐耳。"

大王上怕太后的严厉,下受奸臣的伪装迷惑,居住在深宫之中,离不开辅臣的手,终身受到蒙蔽,没法洞察奸佞,大则王室覆灭,小则自身陷于孤立危险的境地。

邹忌讽齐王纳谏（《国策》）

邹忌修八尺有余①,而形貌昳丽②。朝服衣冠,窥镜,谓其妻曰:"我孰与城北徐公美?"其妻曰:"君美甚,徐公何能及君也!"城北徐公,齐国之美丽者也。忌不自信,而复问其妾曰:"吾孰与徐公美?"妾曰:"徐公何能及君也?"旦日,客从外来,与坐谈,问之:"吾与徐公孰美?"客曰:"徐公不若君之美也!"

明日,徐公来。熟视之,自以为不如;窥镜而自视,又弗如远甚。暮,寝而思之,曰:"吾妻之美我者,私我也;妾之美我者,畏我也;客之美我者,欲有求于我也。"

于是入朝见威王,曰:"臣诚知不如徐公美。臣之妻私臣,臣之妾畏臣,臣之客欲有求于臣,皆以美于徐公。今齐地方千里,百二十城,宫妇左右莫不私王③,朝廷之臣莫不畏王,四境之内莫不有求于王。由此观之,王之蔽甚矣!"王曰:"善。"乃下令:"群臣吏民能面刺寡人之过者④,受上赏;上书谏寡人者,受中赏;能谤议于市朝⑤,闻寡人之耳者,受下赏。"令初下,群臣进谏,门庭若市;数月之后,时时而间进;期年之后,虽欲言,无可进者。燕、赵、韩、魏闻之,皆朝于齐。此所谓战胜于朝廷。

【注释】

①邹忌:战国时人。齐威王时任齐相,辅助威王改革朝政。"修",长,指身高。②昳丽:潇洒美丽。③宫妇:后宫的妃子和宫女。左右:身边侍从。④刺:指责,批评。⑤谤议:公开批评议论。市朝:指公共场所。市,街市,做买卖的地方。朝,朝廷。

美文共赏

邹忌不如徐公美,但是妻、妾、客都哄他徐公不如他美,邹忌朝思暮想寻找赞美自己的原因。然后以小悟大,将自身受蒙蔽的事情和国家大事用类比和联想的方式联系起来,规劝君王广开言路,虚心纳谏,齐国得以声名远扬,在朝廷上征服了他国。本文一个"讽"字抓住了全篇的主要特点。就是用委婉的方式暗示和劝告,使对方自己觉悟,这里充分体现了邹忌智慧的进谏艺术和娴熟的从政谋略。同时也赞扬了齐王虚怀若谷的胸襟。本文表现人物的手法着重于对人物举止的细节进行刻画。例如邹忌"朝服衣冠,窥镜","窥镜而自视"这两句话把人物私下品评自己容貌的内心世界生动地再现了出来。从全文看来,邹忌本人无论是外表还是内心都气度非凡,给今人留下了深刻印象。文章措辞委婉,情节生动,语言极富个性特色。像用"门庭若市"形容人来人往的热闹景象,已经成为众口相传的成语。

本篇名句

"吾妻之美我者,私我也;妾之美我者,畏我也;客之美我者,欲有求于我也。"

我妻之认为我美,是偏爱我;妾认为我美,是害怕我;客人认为我美,是有求于我。

颜斶说齐王 (《国策》)

齐宣王见颜斶,曰①:"斶前!"斶亦曰:"王前!"宣王不说。左右曰:"王,人君也;斶,人臣也;王曰'斶前',斶亦曰'王前',可乎?"斶对曰:"夫前为慕势,王前为趋士②。与斶使为慕势,不如使王为趋士。"王忿然作色曰:"王者贵乎?士贵乎?"对曰:"士贵耳,王者不贵。"王曰:"有说乎?"斶曰:"有。昔者秦攻齐,令曰:'有敢去柳下季垄五十步而樵采者,死不赦③。'令曰:'有能得齐王头者,封万户侯,赐金千镒。'由是观之,生王之头,曾不若死士之垄也。"

宣王曰:"嗟乎!君子焉可侮哉?寡人自取病耳!愿请受为弟子。且颜先生与寡人游,食必太牢,出必乘车,妻子衣服丽都④。"颜斶辞去曰:"夫玉生于山,制则破焉,非弗宝贵矣,然太璞不完⑤。士生乎鄙野,推选则禄焉,非不得尊遂也⑥,然而形神不全。斶愿得归,晚食以当肉,安步以当车,无罪以当贵,清净贞正以自虞⑦。"则再拜而辞去。

君子曰:"斶知足矣,归真反璞,则终身不辱。"

【注释】

①齐宣王:战国时齐国国君。公元前316—前301年在位。颜斶(chù):齐国隐士。②趋士:接近士人。③柳下季:又名柳下惠,春秋时鲁国贤士。垄:指坟丘。④太牢:古代帝王、诸侯祭祀时,牛、羊、豕(猪)三牲齐备,称作太牢。丽都:华丽,华美。⑤太璞:未经雕琢的玉石。完:完整。⑥尊遂:尊贵显达。⑦虞:通"娱",愉快。

美文共赏

颜斶与齐宣王在争论国君与士人谁尊贵与卑微的问题上，运用辩证的思维，说明了贵贱、上下、君臣之间相互依靠、衬托、转化的辩证关系，在论述璞石与美玉、显贵与归隐的关系时，颜斶也同样对社会和人生进行了哲理思考。美玉雕琢后失去了璞石的天然和本真，人显贵后就要依附于身份、爵位，形神就不再属于真正的自我，这不是幸运而是可悲，不是显达而是沦落。通过这样全面地、从正反角度来阐释问题，颜斶的论辩具有无庸置疑的说服力。他在对话中的语言艺术和揭示的真理，是本文得以千古流传的原因。君王以大臣和民众为根本，百姓和贤臣是君王们显贵的根基。这一切对现代社会的领导者也有很大的启发意义。

文中对齐宣王的塑造也很成功。"斶前""忿然作色""食必太牢，出必乘车，妻子衣服丽都"这些词语把君王的傲慢和用物质引诱的惯用手段表现得非常充分。

成语"安步当车"出自本文。

本篇名句

"无罪以当贵，清净贞正以自虞。"

无罪无尤，最为尊贵；清净正直，自得其乐。

冯谖客孟尝君 《国策》

齐人有冯谖者[①]，贫乏不能自存，使人属孟尝君，愿寄食门下。孟尝君曰："客何好？"曰："客无好也。"曰："客何能？"曰："客无能也。"孟尝君笑而受之曰："诺。"

左右以君贱之也，食以草具。居有顷，倚柱弹其剑，歌曰："长铗归来乎[②]！

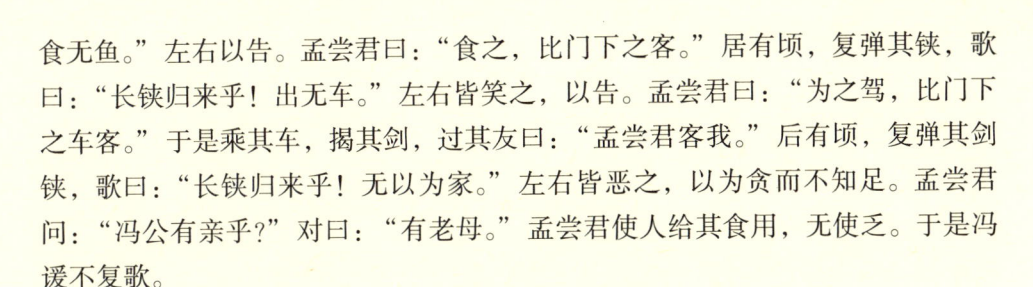

食无鱼。"左右以告。孟尝君曰："食之，比门下之客。"居有顷，复弹其铗，歌曰："长铗归来乎！出无车。"左右皆笑之，以告。孟尝君曰："为之驾，比门下之车客。"于是乘其车，揭其剑，过其友曰："孟尝君客我。"后有顷，复弹其剑铗，歌曰："长铗归来乎！无以为家。"左右皆恶之，以为贪而不知足。孟尝君问："冯公有亲乎？"对曰："有老母。"孟尝君使人给其食用，无使乏。于是冯谖不复歌。

后孟尝君出记，问门下诸客："谁习计会，能为文收责于薛者乎③？"冯谖署曰："能。"孟尝君怪之，曰："此谁也？"左右曰："乃歌夫'长铗归来'者也！"孟尝君笑曰："客果有能也，吾负之，未尝见也。"请而见之，谢曰："文倦于事，愦于忧，而性懧愚，沉于国家之事，开罪于先生。先生不羞，乃有意欲为收责于薛乎？"冯谖曰："愿之。"于是约车治装，载券契而行④，辞曰："责毕收，以何市而反？"孟尝君曰："视吾家所寡有者。"

驱而之薛，使吏召诸民当偿者，悉来合券⑤。券遍合，起矫命以责赐诸民，因烧其券，民称万岁。

长驱到齐，晨而求见。孟尝君怪其疾也，衣冠而见之，曰："责毕收乎？来何疾也？"曰："收毕矣。""以何市而反？"冯谖曰："君云'视吾家所寡有者'。臣窃计，君宫中积珍宝，狗马实外厩，美人充下陈⑥。君家所寡有者以义耳，窃以为君市义。"孟尝君曰："市义奈何？"曰："今君有区区之薛，不拊爱子其民，因而贾利之⑦。臣窃矫君命，以责赐诸民，因烧其券，民称万岁，乃臣所以为君市义也。"孟尝君不说，曰："诺。先生休矣！"

后期年，齐王谓孟尝君曰："寡人不敢以先王之臣为臣。"孟尝君就国于薛，未至百里，民扶老携幼，迎君道中终日。孟尝君顾谓冯谖："先生所为文市义者，乃今日见之。"

冯谖曰："狡兔有三窟，仅得免其死耳。今君有一窟，未得高枕而卧也。请为君复凿二窟。"孟尝君予车五十乘，金五百斤。西游于梁⑧，谓梁王曰："齐放其大臣孟尝君于诸侯，先迎之者，富而兵强。"于是，梁王虚上位，以故相为上将军，遣使者，黄金千斤，车百乘，往聘孟尝君。冯谖先驱诫孟尝君曰："千金，重币也；百乘，显使也。齐其闻之矣。"梁使三反，孟尝君固辞不往也。

齐王闻之，君臣恐惧，遣太傅赍黄金千斤，文车二驷⑨，服剑一，封书谢孟尝君曰："寡人不祥，被于宗庙之祟，沉于谄谀之臣⑩，开罪于君，寡人不足为也。愿君顾先王之宗庙，姑反国统万人乎！"冯谖诫孟尝君曰："愿请先王之祭器，立宗庙于薛。"庙成，还报孟尝君曰："三窟已就，君姑高枕为乐矣。"

孟尝君为相数十年，无纤介之祸者⑪，冯谖之计也。

【注释】

①冯谖：孟尝君的门客。②长铗：长的剑把，指剑。来：语助词。③记：古代一种文告。计会：即会计。责：同"债"。薛：孟尝君的封地。④券契：借债的契约。用竹片做成，旁边刻有细齿，剖成两半，借、贷双方各执一份，以便合契验证。即下文说的"合券"。⑤合券：验对债券。⑥窃计：私下里考虑。下陈：台阶下面。⑦拊爱：抚爱。子：把……当作儿女。因：凭借。贾利：像商贾一样谋利。⑧游：游说。梁：即魏国。因魏惠王迁都大梁，故又称梁。⑨赍：携带。文车：饰有纹彩的车。驷：四匹马拉的车，相当于"乘（shèng）"。⑩祟：祸乱。诣谀：逢迎，溜须拍马。⑪纤介：细小，一点点。介，同"芥"，小草。

美文共赏

战国时期各国盛行养士之风，士成为社会上一种特殊势力。孟尝君是战国时期著名的四公子之一，功高震主，受到齐王的疑忌。冯谖看清了这点，替他经营"三窟"。"矫命焚烧债券"使他有安身之地，"结交梁王"使他复位，"使齐王立宗庙于薛"让他长久安宁。这一切都展现了冯谖这位深谙政治、外交，运筹帷幄的谋士形象。文章客观上反映了谋士在当时的政治生活中的作用。

本文最大的特点是悬念四起。冯谖自称无能，同时又要鱼、要车、要养老母，看似无赖一般，这样的人孟尝君如何接受？再如，贸然矫命焚烧债券，惹下这样的大祸，回去如何交代？这些曲折的情节引人入胜。文章也写出了孟尝君的纳士雅量，爱才诚意，表现了孟尝君是一位重视人才、善于接受意见和教训的贤明政治家。这一做法被历代雅士效仿。

文章情节曲折生动，形象鲜明，结构完整，被后人推崇为"纪传体"的雏形。由此产生的成语至今被人们流传，如"高枕而卧""狡兔三窟""焚券市义"等，为后人留下一笔宝贵的财富。

本篇名句

"狡兔有三窟，仅得免其死耳。今君有一窟，未得高枕而卧也。"

狡猾机灵的兔子有三个洞才能免遭死患，现在您只有一个洞，还不能高枕无忧。这句话比喻人要做好充足的准备才能避免祸患。

触詟说赵太后① 《国策》

赵太后新用事，秦急攻之。赵氏求救于齐。齐曰："必以长安君为质，兵乃出②。"太后不肯，大臣强谏。太后明谓左右："有复言令长安君为质者，老妇必唾其面。"

左师触詟愿见。太后盛气而揖之。入而徐趋，至而自谢，曰："老臣病足，曾不能疾走，不得见久矣，窃自恕，恐太后玉体之有所郄也，故愿望见。"太后曰："老妇恃辇而行。"曰："日食饮得无衰乎？"曰："恃鬻耳。"曰："老臣今者殊不欲食，乃自强步，日三四里，少益嗜食，和于身。"曰："老妇不能。"太后之色少解。

左师公曰："老臣贱息舒祺，最少，不肖③。而臣衰，窃爱怜之。愿令得补黑衣之数，以卫王宫④，没死以闻！"太后曰："敬诺。年几何矣？"对曰："十五岁矣。虽少，愿及未填沟壑而托之⑤。"太后曰："丈夫亦爱怜其少子乎？"对曰："甚于妇人。"太后曰："妇人异甚。"对曰："老臣窃以为媪之爱燕后，贤于长安君⑥。"曰："君过矣，不若长安君之甚。"

左师公曰："父母之爱子，则为之计深远。媪之送燕后也，持其踵为之泣⑦，念悲其远也，亦哀之矣。已行，非弗思也，祭祀必祝之，祝曰：'必勿使反⑧。'岂非计久长，有子孙相继为王也哉？"太后曰："然。"

左师公曰："今三世以前，至于赵之为赵⑨，赵王之子孙侯者，其继有在者乎？"曰："无有。"曰："微独赵，诸侯有在者乎？"曰："老妇不闻也。""此其近者祸及身，远者及其子孙。岂人主之子孙则必不善哉？位尊而无功，奉厚而无劳，而挟重器多也。今媪尊长安君之位，而封以膏腴之地，多予之重器，而不及今令有功于国。一旦山陵崩⑩，长安君何以自托于赵？老臣以媪为长安君计短也，故以为其爱不若燕后。"太后曰："诺，恣君之所使之⑪。"于是为长安君约车百乘，质于齐，齐兵乃出。

子义闻之⑫，曰："人主之子也，骨肉之亲也，犹不能恃无功之尊，无劳之奉，以守金玉之重也，而况人臣乎！"

81

【注释】

①原文为触詟,长沙马王堆三号汉墓出土《战国策》及《史记·赵世家》均作"触龙言",故此人名应为触龙。②长安君:赵太后幼子的封号。质:人质。左师:官名。③息:儿子。不肖:不成才,不贤。④黑衣:王宫卫士都穿黑衣,故代称卫士。没死:冒死。⑤填沟壑:指死,委婉的修辞方法。⑥媪:老年妇女的尊称。贤:超过。⑦踵:脚后跟。⑧必勿使反:一定不要让她回来。反:同"返",指回国。古代诸侯之女嫁到别国,只有亡国或被废时才返回父母之国。⑨赵之为赵:指赵烈侯开始建立赵国。⑩山陵崩:称帝王死的委婉说法。指赵太后死。⑪恣:任凭。⑫子义:赵国贤士。

美文共赏

触龙在强敌压境,赵太后又强烈拒谏的危急情形下,从拉家常说起,因势利导,以柔克刚,用"爱子则为之计深远"的道理,说服赵太后,让她的爱子长安君到齐国为质,换取救兵,从而解救了国家的危难。文章赞扬了触龙以国家利益为重的品格和善于进谏的才能。

本文生动传神地描写了赵太后由拒谏到纳谏的转变过程。文章开始写她:"明谓左右,有复言长安君为质者,老妇必唾其面"摆出一副强横的面孔;随着触龙劝谏的深入,她的情绪慢慢改变了,在表情上,由"盛气"而"色少解",而"笑";在语言上,先是冷冰冰地"恃辇而行",后是说客气话"敬诺",再是说心里话"妇人异甚",再是被动应答"然""无有",最后说出"诺,恣君之所使之",完全接受劝谏。赵太后的情绪是随着触龙的劝谏一步步地改变的。这两个人物被刻画得栩栩如生,主要是由于作者能通过语言和行动,将人物放在具体的矛盾冲突中去表现,所以能给人以深刻的印象。

触龙提出的"爱子则为之计深远"的观点,和把"爱子"与"爱国"结合起来,使子女有功于国,能自托于国的做法,在今天仍然有着深刻的现实意义。

本篇名句

"父母之爱子,则为之计深远。"

父母疼爱自己的孩子,就必须为他考虑长远的利益。

鲁仲连义不帝秦 《国策》

　　秦围赵之邯郸。魏安釐王使将军晋鄙救赵。畏秦，止于荡阴，不进①。魏王使客将军辛垣衍间入邯郸②，因平原君谓赵王曰③："秦所以急围赵者，前与齐闵王争强为帝，已而复归帝，以齐故。今齐闵王益弱。方今唯秦雄天下，此非必贪邯郸，其意欲求为帝。赵诚发使尊秦昭王为帝，秦必喜，罢兵去。"平原君犹豫未有所决。

　　此时鲁仲连适游赵，会秦围赵，闻魏将欲令赵尊秦为帝，乃见平原君曰："事将奈何矣？"平原君曰："胜也何敢言事？百万之众折于外，今又内围邯郸而不去④。魏王使客将军辛垣衍令赵帝秦。今其人在是。胜也何敢言事？"鲁连曰："始吾以君为天下之贤公子也，吾乃今然后知君非天下之贤公子也。梁客辛垣衍安在⑤？吾请为君责而归之。"平原君曰："胜请为召而见之于先生。"

　　平原君遂见辛垣衍，曰："东国有鲁连先生，其人在此，胜请为绍介，而见之于将军。"辛垣衍曰："吾闻鲁连先生，齐国之高士也。衍，人臣也，使事有职。吾不愿见鲁连先生也。"平原君曰："胜已泄之矣。"辛垣衍许诺。

　　鲁连见辛垣衍而无言。辛垣衍曰："吾视居此围城之中者，皆有求于平原君者也。今吾视先生之玉貌，非有求于平原君者，曷为久居此围城之中而不去也？"鲁连曰："世以鲍焦无从容而死者，皆非也⑥。今众人不知，则为一身。彼秦，弃礼仪、上首功之国也。权使其士，虏使其民。彼则肆然而为帝，过而遂正于天下，则连有赴东海而死耳，吾不忍为之民也！所为见将军者，欲以助赵也。"辛垣衍曰："先生助之奈何？"鲁连曰："吾将使梁及燕助之。齐、楚固助之矣。"辛垣衍曰："燕则吾请以从矣。若乃梁，则吾乃梁人也，先生恶能使梁助之耶？"鲁连曰："梁未睹秦称帝之害故也，使梁睹秦称帝之害，则必助赵矣。"辛垣衍曰："秦称帝之害将奈何？"鲁仲连曰："昔齐威王尝为仁义矣，率天下诸侯而朝周。周贫且微，诸侯莫朝，而齐独朝之。居岁余，周烈王崩，诸侯皆吊，齐后往。周怒，赴于齐曰：'天崩地坼，天子下席，东藩之臣田婴齐后至，则斮之⑦。'威王勃然怒曰：'叱嗟！而母，婢也！'卒为天下笑。故生则朝周，死则叱之，诚不忍其求也。彼天子固然，其无足怪！"

　　辛垣衍曰："先生独未见夫仆乎？十人而从一人者，宁力不胜，智不若邪？

畏之也。"鲁仲连曰："然梁之比于秦若仆邪？"辛垣衍曰："然。"鲁仲连曰："然则吾将使秦王烹醢梁王。"辛垣衍怏然不悦，曰："嘻！亦太甚矣，先生之言也！先生又恶能使秦王烹醢梁王？"鲁仲连曰："固也。待吾言之：昔者鬼侯、鄂侯、文王，纣之三公也。鬼侯有子而好，故入之于纣，纣以为恶，醢鬼侯。鄂侯争之急，辨之疾，故脯鄂侯。文王闻之，喟然而叹，故拘之于羑里之库百日⑧，而欲令之死。曷为与人俱称帝王，卒就脯醢之地也？齐闵王将之鲁，夷维子执策而从，谓鲁人曰：'子将何以待吾君？'鲁人曰：'吾将以十太牢待子之君。'夷维子曰：'子安取礼而来待吾君？彼吾君者，天子也。天子巡狩，诸侯避舍，纳筦键，摄衽抱几，视膳于堂下，天子已食，退而听朝也⑨。'鲁人投其籥，不果纳，不得入于鲁。将之薛，假途于邹。当是时，邹君死，闵王欲入吊，夷维子谓邹之孤曰：'天子吊，主人必将倍殡柩⑩，设北面于南方，然后天子南面吊也。'邹之群臣曰：'必若此，吾将伏剑而死。'故不敢入于邹。邹、鲁之臣，生则不得事养，死则不得饭含⑪。然且欲行天子之礼于邹、鲁之臣，不果纳。今秦万乘之国，梁亦万乘之国。俱据万乘之国，交有称王之名，睹其一战而胜，欲从而帝之，是使三晋之大臣⑫不如邹、鲁之仆妾也。且秦无已而帝，则且变易诸侯之大臣，彼将夺其所谓不肖，而予其所谓贤，夺其所憎，而予其所爱；彼又将使其子女谗妾为诸侯妃姬，处梁之宫，梁王安得晏然而已乎？而将军又何以得故宠乎？"于是，辛垣衍起，再拜谢曰："始以先生为庸人，吾乃今日而知先生为天下之士也。吾请去，不敢复言帝秦。"秦将闻之，为却军五十里。适会公子无忌夺晋鄙军以救赵击秦，秦军引而去。于是平原君欲封鲁仲连。鲁仲连辞让者三，终不肯受。平原君乃置酒，酒酣，起、前、以千金为鲁连寿⑬。鲁连笑曰："所贵于天下之士者，为人排患、释难、解纷乱而无所取也。即有所取者，是商贾之人也，仲连不忍为也。"遂辞平原君而去，终身不复见。

【注释】

①邯郸：赵国都城，今河北邯郸市。晋鄙：魏国大将。荡阴：地名，今河南汤阴。②客将军：原籍不在某国而任该国将军。间入：潜入。③因：通过。平原君：赵国公子赵胜，封平原君，时为赵相。④胜：平原君赵胜自称名。百万之众折于外：前260年，秦将白起在长平大破赵兵，坑杀赵降兵40余万人。⑤梁：梁国，即魏国。⑥鲍焦：春秋时隐士，因对现实不满，抱树而死。无从容：心胸不开阔。⑦赴：同"讣"，报丧。天崩地坼：比喻天子死。坼：裂。下席：新君走下坐席，寝于草席上守丧，以示哀悼。东藩：指齐国。斮：斩⑧羑里：地名，今河南汤阴北。库：监狱。⑨巡狩：天子出巡。避舍：宫室让给天子。管键：钥匙。衽：衣襟。几：座旁的小桌子。⑩主人必将倍殡柩：古代丧礼，主人在东，灵柩在西，正面对着灵柩。天子来吊，主人就要背着灵柩。倍，同"背"。⑪饭含：人死后，把饭放死人口中

称"饭",把珠玉放死人口中称"含"。⑫三晋:晋国原是春秋强国,后被韩、赵、魏三家瓜分,后因称韩、赵、魏为三晋。⑬为鲁连寿:祝鲁仲连长寿。

美文共赏

赵国的都城邯郸被强大的秦军包围。魏王惧怕秦国就派使者辛垣衍潜入邯郸,想通过赵相平原君说服赵孝成王一起尊秦为帝,以屈辱换和平,解除邯郸的燃眉之急。在这种紧急的情形下,赵国君臣进退维谷。鲁仲连通过平原君,和辛垣衍会见,并和他就"抗秦"和"帝秦"展开了一场辩论,用大量的历史事实义正词严地指出向秦国称臣、以秦国为帝的巨大危害,从而救了赵国之围。鲁仲连救了赵国之后又不图回报飘然而去。从整个事件来看,鲁仲连表现出了齐之高士的爱国、清廉、仗义的高尚德操,显示了他过人的胆识、高超的智慧和鞭辟入里的论辩艺术,真可谓智勇双全、德才兼备。在辩术方面,鲁仲连善用譬喻,善于举例,善于分析形势,善于把握说话人心理。思维逻辑缜密,语言环环相扣,给后世留下了很珍贵的语言财富。本文歌颂了鲁仲连的见义勇为,不畏强暴;讽刺了平原君国难当头的懦弱和只图名利、毫无政治远见的辛垣衍。

本篇名句

"所贵于天下之士者,为人排患、释难、解纷乱而无所取也。即有所取者,是商贾之人也,仲连不忍为也。"

人们尊重天下之士,就因为他能为人家排难消灾,解除纷乱,而不取任何酬报。如果要什么酬报,那就是做买卖的商人了,我不屑做这种人。

鲁共公择言 (《国策》)

梁王魏婴觞诸侯于范台,酒酣,请鲁君举觞①。鲁君兴,避席择言曰②:"昔者,帝女令仪狄作酒而美,进之禹③,禹饮而甘之,遂疏仪狄,绝旨酒,曰:'后世必有以酒亡其国者。'齐桓公夜半不嗛,易牙乃煎、熬、燔、炙,和调五味而进之④,桓公食之而饱,至旦不觉,曰:'后世必有以味亡其国者。'晋文公得南之威⑤,三日不听朝,遂推南之威而远之,曰:'后世必有以色亡其国者。'楚王登强台而望崩山,左江而右湖,以临彷徨,其乐忘死,遂盟强台而弗登,曰:'后世必有以高台、陂池亡其国者⑥。'今主君之尊,仪狄之酒也;主君之味,易牙之调也;左白台而右闾须,南威之美也;前夹林而后兰台,强台之乐也。有一于此,足以亡其国。今主君兼此四者,可无戒与?"梁王称善相属。

【注释】

①梁王魏婴:即梁惠王。觞:古代喝酒用的器物。用作动词,设酒宴款待。②避席:离开坐席。择言:择取善言。③帝女:传说是夏禹的女儿。仪狄:传说是夏禹的酿酒人。④嗛:满足。易牙:名雍巫,齐桓公的厨师。煎:炸。熬:煮。燔:烧。炙:烤。五味:酸、甜、苦、辣、咸。⑤南之威:美女名。⑥楚王:楚庄王。强台:章华台,今湖北潜江。崩山:即荆山,今湖北武当山东南。江:长江。湖:洞庭湖。陂(bēi)池:池塘。高台陂池,泛指宫殿园林。

美文共赏

战国时期,强大的诸侯国经常将朝见他的附庸国的国君召集在一起,设宴娱乐,显示强大,增加影响。本文是梁惠王在范台大宴诸侯的时候,鲁共公作的一段祝酒辞。

本文主要是运用比喻来说理,用排比的句式说明事情。鲁共公刻意引用大禹、齐桓公、晋文公、楚庄王的话来劝诫君王,过度关注酒、味、色、乐容易导致亡国。这样的道理在今天也有现实意义。文章将道理寓意于故事当中,让人易于接受;排比的形式增强了说服的气势,很有力度。鲁共公在席上祝酒,不说恭维的话,而说警戒的话,既赢得了赞扬,也提高了国格。

本篇名句

"后世必有以酒亡其国者。""后世必有以味亡其国者。""后世必有以色亡其国者。""后世必有以高台陂池亡其国者。"

后世一定会有因饮酒而亡国的君主。后世一定会有因贪吃美味而亡国的君主。后世一定会有因迷恋女色而亡国的君主。后世一定会有因登高台、观湖泽、流连风景而亡国的君主。

唐雎不辱使命 《国策》

秦王使人谓安陵君曰①："寡人欲以五百里之地易安陵，安陵君其许寡人！"安陵君曰："大王加惠，以大易小，甚善。虽然，受地于先王，愿终守之，弗敢易。"秦王不说。安陵君因使唐雎使于秦。

秦王谓唐雎曰："寡人以五百里之地易安陵，安陵君不听寡人，何也？且秦灭韩亡魏，而君以五十里之地存者，以君为长者，故不错意也。今吾以十倍之地，请广于君，而君逆寡人者，轻寡人与？"

唐雎对曰："否，非若是也。安陵君受地于先王而守之，虽千里不敢易也，岂直五百里哉？"秦王怫然怒②，谓唐雎曰："公亦尝闻天子之怒乎？"唐雎对曰："臣未尝闻也。"秦王曰："天子之怒，伏尸百万，流血千里。"唐雎曰："大王尝闻布衣之怒乎③？"秦王曰："布衣之怒，亦免冠徒跣④，以头抢地耳。"唐雎曰："此庸夫之怒也，非士之怒也。夫专诸之刺王僚也，彗星袭月⑤；聂政之刺韩傀也，白虹贯日⑥；要离之刺庆忌也，苍鹰击于殿上⑦。此三子皆布衣之士也，怀怒未发，休祲降于天，与臣而将四矣⑧。若士必怒，伏尸二人，流血五步，天下缟素，今日是也⑨。"挺剑而起。

秦王色挠，长跪而谢之曰："先生坐，何至于此！寡人谕矣。夫韩、魏灭亡，而安陵以五十里之地存者，徒以有先生也。"

【注释】

①秦王：秦始皇嬴政。未统一中国前称秦王。安陵君：安陵的君主。魏国分封的一个小邑，今河南鄢陵县西北。②怫然：愤怒的样子。③布衣：平民。古代平民穿粗布，故称布衣。④徒跣：不穿鞋袜，光脚。抢：碰，撞。⑤专诸之刺王僚也：王僚，春秋时的吴王，公子光欲夺君位，派专诸刺死王僚。彗星袭月：扫帚星袭击月亮。⑥聂政：战国时齐国勇士。韩傀：韩国丞相。白虹贯日：有白虹贯穿太阳。⑦要离：春秋时吴国勇士。庆忌：吴王僚的儿子。吴王僚死后，庆忌逃到卫国，吴王阖闾（即公子光）怕他借卫兵复国，派要离将他刺死。苍鹰击于殿上：要离刺杀庆忌时，突然苍鹰飞到殿上搏斗。⑧休：吉兆，吉祥。祲：凶兆，灾祸。⑨缟：未染色的绢。素：白绸。"缟素"指戴孝。

美文共赏

《唐雎不辱使命》是一篇经典的古代文学作品，出自《战国策》。唐雎是一个有胆有识的谋臣。从文中不难看出他对秦王的阴险狡诈是早有认识的，如何应付也早已成竹在胸，因此，在这场面对面的交锋中，他不为秦王的谎言所动，也不为他的威胁所屈，始终处于主动的地位。唐雎为维护安陵主权与尊严，面对骄横的秦王，据理力争，寸土不让，即使面对威胁也大义凛然、宁死不屈。在文章中，唐雎和秦王的形象是互为衬托的，它们共同构成了这正义与非正义间拼死较量的一幕。

全篇善用对比。"匹夫之怒"对"天子之怒"、"伏尸二人，流血五步"对"伏尸百万，流血千里"，似乎可笑，但这可笑的"匹夫之怒"却可当场兑现，使秦王不得不"长跪而谢"，这与他当初不可一世的骄傲，也是一种对照。这一场斗争，充分表现了唐雎的凛然正气和不畏强暴的布衣精神。

本篇名句

"若士必怒，伏尸二人，流血五步，天下缟素。"

壮士果真发怒，横尸两具，流血五步，天下人都戴孝。

李斯谏逐客书（《秦文》）

秦宗室大臣皆言秦王曰："诸侯人来事秦者，大抵为其主游间于秦耳，请一切逐客①。"李斯议亦在逐中。

斯乃上书曰："臣闻吏议逐客，窃以为过矣。"

"昔穆公求士，西取由余于戎，东得百里奚于宛，迎蹇叔于宋，求丕豹、公孙支于晋②。此五子者，不产于秦，而穆公用之，并国二十，遂霸西戎。孝公用商鞅之法，移风易俗，民以殷盛，国以富强，百姓乐用，诸侯亲服，获楚、魏之师③，举地千里，至今治强。惠王用张仪之计，拔三川之地④，西并巴蜀，北收上郡，南取汉中，包九夷，制鄢、郢，东据成皋之险，割膏腴之壤，遂散六国之从，使之西面事秦，功施到今。昭王得范雎，废穰侯⑤，逐华阳，强公室，杜私门，蚕食诸侯，使秦成帝业。此四君者，皆以客之功。由此观之，客何负于秦哉！向使四君却客而不内，疏士而不用，是使国无富利之实，而秦无强大之名也。

"今陛下致昆山之玉，有随、和之宝，垂明月之珠，服太阿之剑，乘纤离之马，建翠凤之旗，树灵鼍之鼓⑥。此数宝者，秦不生一焉，而陛下说之，何也？必秦国之所生然后可，则是夜光之璧不饰朝廷，犀象之器不为玩好，郑、魏之女不充后宫，而骏马駃騠不实外厩⑦，江南金锡不为用，西蜀丹青不为采。所以饰后宫、充下陈、娱心意、说耳目者，必出于秦然后可，则是宛珠之簪、傅玑之珥、阿缟之衣、锦绣之饰，不进于前，而随俗雅化、佳冶窈窕赵女不立于侧也。夫击瓮叩缶，弹筝搏髀，而歌呼呜呜、快耳目者，真秦之声也⑧；郑、卫、桑间、韶虞、武象者⑨，异国之乐也。今弃击瓮而就郑卫，退弹筝而取韶虞，若是者何也？快意当前，适观而已矣。今取人则不然。不问可否，不论曲直，非秦者去，为客者逐。然则是所重者在乎色乐珠玉，而所轻者在乎人民也。此非所以跨海内、制诸侯之术也。"

"臣闻地广者粟多，国大者人众，兵强则士勇。是以泰山不让土壤，故能成其大；河海不择细流，故能就其深；王者不却众庶，故能明其德。是以地无四方，民无异国，四时充美，鬼神降福，此五帝、三王之所以无敌也。今乃弃黔首以资敌国⑩，却宾客以业诸侯，使天下之士退而不敢西向，裹足不入秦，此所谓'藉寇兵赍而盗粮'者也。"

"夫物不产于秦，可宝者多；士不产于秦，而愿忠者众。今逐客以资敌国，损民以益仇，内自虚而外树怨于诸侯，求国之无危，不可得也。"

秦王乃除逐客之令，复李斯官。

【注释】

①宗室：帝王的家族。游间：游说离间。②穆公：即秦穆公，春秋五霸之一，秦国霸业的开创者。由余：春秋时晋人，西戎王派他出使秦国，秦穆公用计使他归秦，并采纳他的计谋，统一了西戎各个部落。百里奚：本虞大夫，虞亡被俘，逃入楚被捉。穆公用五张羊皮赎回，任为大夫。宛：楚地，今河南南阳市。蹇叔：经百里奚推荐，任上大夫。丕豹：晋人，其父被杀，奔秦，穆公用为将。公孙支：秦国谋臣。③获楚、魏之师：公元前340年，商鞅攻魏，俘获魏军主将，占领河西。同年秦军又南侵楚。④三川：指今河南洛阳一带，因境内有黄河、伊水、洛阳三条河，故称"三川"。⑤穰侯：魏冉的封号，封于穰。曾为秦相，专朝政三十年。华阳：即华阳君，封于华阳。⑥明月之珠：即夜光珠。太阿之剑：即太阿剑，相传是春秋时吴国巧匠铸造。纤离：骏马名。鼍：鳄鱼类动物。⑦駃騠：古代北方名马。⑧瓮：装汲水的瓦器。缶：瓦钵。秦国把这两种乐器当作打击乐器。筝：秦国的弦乐器。髀：大腿。⑨郑、卫：指郑国、卫国的民间音乐。桑间：在卫国濮水边上。相传那里的音乐很有名。韶虞：相传是歌颂虞舜的乐舞。武象：周初的一种乐舞。⑩黔首：秦称百姓为黔首。黔：黑色。

美文共赏

韩国畏秦强大，派水工郑国来秦，劝秦王大兴水利，企图借此消耗秦的国力，以免对韩国用兵。此事被发觉后，秦国即决定驱逐所有的客卿。李斯此文，先说客卿对秦的重大贡献，再说逐客的无理有害。论证有力，比喻生动，文字多用排比，读起来音节铿锵。"泰山不让土壤"数语，尤其值得深思。

本篇名句

"泰山不让土壤，故能成其大；河海不择细流，故能就其深。"

泰山不嫌弃泥土，所以成就了它的伟大；河海不挑剔细流，所以成就了它的深广。

卜居（《楚辞》①）

屈原既放，三年不得复见。竭智尽忠，而蔽障于谗；心烦虑乱，不知所从。乃往见太卜郑詹尹②曰："余有所疑，愿因先生决之。"詹尹乃端策拂龟曰："君将何以教之？"

屈原曰："吾宁悃悃款款，朴以忠乎③？将送往劳来，斯无穷乎？宁诛锄草茅以力耕乎？将游大人以成名乎？宁正言不讳以危身乎？将从俗富贵以媮生乎？宁超然高举以保真乎？将哫訾栗斯，喔咿嚅唲，以事妇人乎④？宁廉洁正直以自清乎？将突梯滑稽，如脂如韦，以絜楹乎⑤？宁昂昂若千里之驹乎？将氾氾若水中之凫乎？与波上下，偷以全吾躯乎？宁与骐骥亢轭乎？将随驽马之迹乎？宁与黄鹄比翼乎？将与鸡鹜争食乎⑥？此孰吉孰凶？何去何从？世混浊而不清：蝉翼为重，千钧为轻；黄钟毁弃，瓦釜雷鸣；谗人高张，贤士无名⑦。吁嗟默默兮，谁知吾之廉贞？"

詹尹乃释策而谢曰："夫尺有所短，寸有所长；物有所不足，智有所不明；数有所不逮，神有所不通。用君之心，行君之意。龟策诚不能知此事！"

【注释】

①《楚辞》：诗歌总集名。西汉刘向辑。收战国时楚人屈原、宋玉及汉代淮南小山、东方朔、王褒、刘向等人的作品十六篇，其中以屈原的作品为主。这些作品的风格、形式是一致的或者相近的，并且运用了楚地的文学样式、方言声韵和风土物产，具有浓厚的地方色彩，所以名叫《楚辞》。②太卜：官名。③悃悃款款：忠心耿耿，无二心的样子。④哫訾：阿谀奉承。栗斯：小心献媚。喔咿：强笑声。嚅唲：屈从。妇人：指楚怀王的宠妃郑袖。⑤突梯滑稽：圆滑狡诈。脂：脂膏。韦：熟皮革。絜：用绳围绕圆柱形物体。楹：堂前圆柱。⑥昂昂：

气度不凡。汜汜：漂浮。凫：野鸭。亢：通"伉"，匹敌。轭：车辕前面用来驾马的马具。驽马：劣马。⑦黄鹄：天鹅。鹜：鸭子。黄钟：乐器。瓦釜：陶土制的锅。

美文共赏

屈原忠诚而见疑，才高而被逐，满腔义愤，借问卜来发泄。一连串的询问，正反对照，爱憎分明，层层递进，有如长江大河，一泻千里，就是铁石心肠，也为之感动。

《卜居》并非真的问卜决疑之作，只不过设为问答之语，以宣泄作者的愤世嫉俗之意而已。篇中多用譬喻，如"蝉翼为重，千钧为轻。黄钟毁弃，瓦釜雷鸣"等，形象鲜明，而且音节嘹亮，对比强烈，体现了激愤的情绪。屈原对人生道路的坚定选择，显示了一位伟大志士身处黑暗世道的铮铮风骨。

就形式而言，《卜居》全篇用对问体，凡提八问，重重叠叠而错落有致，决无呆板凝滞之感。后世辞赋杂文中宾主问答的写法，大都效仿这种文体。

本篇名句

"夫尺有所短，寸有所长；物有所不足，智有所不明；数有所不逮，神有所不通。"

尺有所短，寸有所长；事物各有不足之处，人的智慧也有不明的时候；占卜也有不能解答的问题，神灵有时也无法通晓。

宋玉对楚王问（《楚辞》）

楚襄王问于宋玉曰："先生其有遗行与①？何士民众庶不誉之甚也②？"

宋玉对曰："唯，然。有之。愿大王宽其罪，使得毕其辞。

"客有歌于郢中者③，其始曰《下里》《巴人》④，国中属而和者数千人；其为《阳阿》《薤露》⑤，国中属而和者数百人；其为《阳春》《白雪》⑥，国中属而和者不过数十人；引商刻羽，杂以流徵，国中属而和者不过数人而已⑦。是其曲弥高，其和弥寡。"

"故鸟有凤而鱼有鲲⑧。凤凰上击九千里，绝云霓，负苍天，足乱浮云，翱翔乎杳冥之上；夫藩篱之鷃⑨，岂能与之料天地之高哉！鲲鱼朝发昆仑之墟，暴鬐于碣石，暮宿于孟诸；夫尺泽之鲵，岂能与之量江海之大哉⑩！"

"故非独鸟有凤而鱼有鲲也，士亦有之。夫圣人瑰意琦行⑪，超然独处，世俗之民，又安知臣之所为哉！"

【注释】

①其：大概，或许。遗行：不检点的行为。②不誉：批评。誉：称赞，赞誉。③郢：楚国都城，今湖北江陵市。④《下里》《巴人》：楚国的通俗曲名。国：国都。属：接续。和：应和。⑤《阳阿》《薤露》：楚国比较高雅的曲名。⑥《阳春》《白雪》：楚国高雅的曲名。⑦引商刻羽：古代以宫、商、角、徵、羽为五音。引商，引高而为商音。刻羽，降低而为羽音。流徵：流动的徵音，其声抑扬递续。⑧鲲：传说中的大鱼。⑨鷃：一种小鸟。⑩昆仑之墟：即昆仑山，我国西北地区的著名大山。暴：同"曝"，晒。鬐：鱼脊。碣石：山名，今河北昌黎北。孟诸：大泽名。今河南商丘东北。尺泽：一尺来深的池塘。鲵：小鱼。⑪瑰意琦行：指卓越的思想和不平凡的行为。

美文共赏

面对楚王的诘问，宋玉不从正面答复楚王的疑问，而是先用唱歌比喻，再用凤凰与小雀、鲲鱼与小鱼作对比，说明了自己才高被妒忌的事情。本文全篇均用比喻，宋玉没有直接为自己申辩，但是其中的缘由不言自明，既委婉回答了君王的责难，又展示了宋玉广博的学识和卓越的才华。

全文气势宏伟，语言优美。作品富有想象力，且有浪漫主义色彩。如说到凤凰的凌云壮志时，用到"凤凰上击九千里，绝云霓，负苍天，足乱浮云，翱翔乎杳冥之上"，意思是"凤凰展翅上飞九千里，穿过云彩，背靠青天，两只脚搅动浮云，翱翔在那杳杳茫茫的高空"，立刻让人感觉到凤凰那直傲云天的气势和壮美。同时本文还保存了重要的音乐史料。

本篇名句

"故非独鸟有凤而鱼有鲲也,士亦有之。夫圣人瑰意琦行,超然独处,世俗之民,又安知臣之所为哉!"

不光是鸟中有凤凰、鱼中有鲲鱼,士人也一样有啊。圣人的伟大志向、美好品德,超出常人而特立独行,世俗之人怎么能够理解臣的作为呢!

卷五　汉文

五帝本纪赞（《史记》）

太史公曰：学者多称五帝，尚矣①。然《尚书》独载尧以来，而百家言黄帝，其文不雅驯，荐绅先生难言之②。孔子所传《宰予问五帝德》及《帝系姓》，儒者或不传③。余尝西至空峒，北过涿鹿，东渐于海，南浮江淮矣，至长老皆各往往称黄帝、尧、舜之处，风教固殊焉④。总之，不离古文者近是⑤。予观《春秋》《国语》，其发明《五帝德》《帝系姓》章矣，顾弟弗深考，其所表见皆不虚⑥。

《书》缺有间矣，其轶乃时时见于他说。非好学深思，心知其意，固难为浅见寡闻道也。余并论次，择其言尤雅者，故著为本纪书首。

【注释】

①太史公：司马迁自称，因其世代担任太史令。《史记》各篇之后多有司马迁的评论，"赞"字是《古文观止》编者加的。五帝：黄帝、颛顼（zhuān xū）、帝喾（kù）、尧、舜。尚：同"上"，久远。②驯：同"训"。雅训：事有根据，言辞优美。荐绅：同"缙绅"，指士大夫。③宰予：孔子弟子。《宰予问五帝德》《帝系姓》：见《大戴礼》及《孔子家语》。④空峒：山名，又作崆峒，在今甘肃平凉县。涿鹿：山名，在今河北涿鹿县。⑤古文：指《尚书》。是：事实，正确。⑥弟：同"第"。顾弟：只是。

美文共赏

本篇是《史记》第一篇《五帝本纪》的最后一段，用以说明"本纪"的史料来源和作者的见解，主要是对《五帝本纪》的写作情况作说明，表达了司马迁对历史文献和古代传说的求实精神和严肃谨慎的态度。文章言简意赅，清晰明了。司马迁在文中连续运用转折句式，用以表达其感慨和体会。这些转折，有的表达困扰，有的表达喜悦，有的体现自信，有的体现哀叹，充分道出了司马迁写作的甘苦，文章寄托了他深厚的感情。

本篇名句

"非好学深思，心知其意，固难为浅见寡闻道也。"

如果不是喜好钻研，深入思考，领会这些记载中的含义，是很难向那些见识不深，阅历甚少的人作介绍的。

项羽本纪赞（《史记》）

太史公曰：吾闻之周生曰"舜目盖重瞳子"，又闻项羽亦重瞳子[1]。羽岂其苗裔邪？何兴之暴也！夫秦失其政，陈涉首难，豪杰蜂起，相与并争，不可胜数。然羽非有尺寸，乘势起陇亩之中，三年，遂将五诸侯灭秦[2]，分裂天下而封王侯，政由羽出，号为"霸王"。位虽不终，近古以来未尝有也。及羽背关怀楚，放逐义帝而自立[3]，怨王侯叛己，难矣。自矜功伐，奋其私智而不师古，谓霸王之业欲以力征经营天下，五年卒亡其国，身死东城，尚不觉寤而不自责，过矣。乃引"天亡我，非用兵之罪也"，岂不谬哉！

【注释】

①周生：汉代儒生。盖，表示揣测。重瞳子：两个瞳仁。项羽（前232—前202）：名籍，字羽，楚贵族。前209年从叔父项梁起兵反秦。钜鹿一战，大败秦军。秦亡，自立为西楚霸王，在五年的楚汉战争中，被刘邦击败，自杀。②将：统率。五诸侯：指齐、赵、韩、魏、燕。当时五国诸侯的后裔，都起兵称王。③义帝：楚怀王之孙，原为牧童，项羽起兵时立为王，尊为义帝，不久又将他放逐杀害。

美文共赏

《项羽本纪》是《史记》中最为精彩的杰作之一。"本纪"本来是记载历代帝王治国的事情,司马迁把项羽列入本纪,当作帝王看待,可见他肯定项羽的文治武功,对项羽充满偏爱与同情,但同时也严肃批评了项羽的刚愎自用和武力征伐的残酷。这篇赞语对于项羽的一生做了历史性的总结,反映了司马迁对于历史的明辨力,很具权威性。

本篇名句

"自矜功伐,奋其私智而不师古,谓霸王之业欲以力证经营天下,五年卒亡其国,身死东城,尚不觉寤而不自责,过矣。乃引'天亡我,非用兵之罪也',岂不谬哉!"

项羽自以为功劳大,骄傲自大,只凭个人的才智,不师法古人,以为只靠武力征伐,就可一统天下,完成霸业,结果五年就亡国,身死东城,还不觉悟,不肯自责,实在错了!临死还说"上天亡我,并非我用兵之罪",岂不荒谬吗?

秦楚之际月表（《史记》）

太史公读秦楚之际,曰:初作难,发于陈涉;虐戾灭秦,自项氏;拨乱诛暴,平定海内,卒践帝祚,成于汉家①。五年之间,号令三嬗,自生民以来,未始有受命若斯之亟也。

昔虞、夏之兴,积善累功数十年,德洽百姓,摄行政事,考之于天,然后在位。汤、武之王,乃由契、后稷,修仁行义十余世,不期而会孟津八百诸侯,犹以为未可②;其后乃放弑③。秦起襄公,章于文、穆、献、孝之后,稍以蚕食六国;百有余载,至始皇乃能并冠带之伦④。以德若彼,用力如此,盖一统若斯之难也。

秦既称帝，患兵革不休，以有诸侯也，于是无尺土之封，堕坏名城，销锋镝，鉏豪杰，维万世之安⑤。然王迹之兴，起于闾巷，合从讨伐，轶于三代，乡秦之禁，适足以资贤者为驱除难耳⑥。故愤发其所为天下雄，安在无土不王？此乃传之所谓大圣乎！岂非天哉？岂非天哉？非大圣孰能当此受命而帝者乎！

【注释】

①陈涉：即陈胜，阳城（今河南登封东南）人，农民，秦二世二年（前209年）被征入伍，在蕲县大泽乡（今安徽宿县东南）发动同行戍卒九百人起义，众至数万，被推为王，不久失败。祚：帝位。②孟津：地名，今河南孟津市东，孟县西南。相传周武王伐纣时曾在此会八百诸侯。③放：指商汤放逐夏桀。弑：指周武王杀商纣。④襄公：秦襄公。因护送周平王东征有功，被平王封为诸侯。章：同"彰"。文、穆、献、孝：都是秦国的君主。秦穆公始称霸，秦孝公变法富强。⑤锋：刀刃。镝：箭头。维：希望。⑥合从：同"合纵"。此处即指联合。轶：超越。乡：同"向"，以前。

美文共赏

"表"是《史记》独创的一种体例，就是以表格的形式编写某一时期的历史事件，或为大事表，或为人物表，便于读者通览全局，大多按年记述。因为秦汉之际，风云变化很快，因此按月记述，称为月表。在这篇序言当中，司马迁概括了这段历史的风云变幻，陈涉起义，项羽灭秦，刘邦称帝，又进一步概括了古代帝王统一天下的艰难。这篇文章有豪放与曲折、阳刚与阴柔结合之美，文意深远，言简情长。这种行文笔法成为后人如韩愈、欧阳修效仿的楷模。

本篇名句

"昔虞、夏之兴，积善累功数十年，德洽百姓，摄行政事，考之于天，然后在位。"

当初虞舜和夏禹的兴起，积累善事和功劳达数十年之久，恩德普及百姓身上。他们先是代理王政，又接受了上天的考验，然后才登帝位。

高祖功臣侯年表 《史记》

太史公曰：古者人臣功有五品，以德立宗庙、定社稷曰勋，以言曰劳，用力曰功，明其等曰伐，积日曰阅①。封爵之誓曰："使河如带，泰山若厉，国以永宁，爰及苗裔②。"始未尝不欲固其根本，而枝叶稍陵夷衰微也③。

余读高祖侯功臣，察其首封，所以失之者，曰：异哉所闻！《书》曰"协和万国"，迁于夏、商，或数千岁。盖周封八百，幽、厉之后，见于《春秋》。《尚书》有唐、虞之侯伯，历三代千有余载，自全以蕃卫天子，岂非笃于仁义，奉上法哉？汉兴，功臣受封者百有余人，天下初定，故大城名都散亡，户口可得而数者十二三，是以大侯不过万家，小者五六百户。后数世，民咸归乡里，户益息，萧、曹、绛、灌之属或至四万④，小侯自倍，富厚如之。子孙骄溢，忘其先，淫嬖⑤。至太初，百年之间，见侯五，余皆坐法陨命亡国，耗矣。罔亦少密焉，然皆身无兢兢于当世之禁云。

居今之世，志古之道，所以自镜也，未必尽同。帝王者各殊礼而异务，要以成功为统纪，岂可绲乎⑥？观所以得尊宠及所以废辱，亦当世得失之林也，何必旧闻？于是谨其终始，表见其文，颇有所不尽本末，著其明，疑者阙之。后有君子，欲推而列之，得以览焉。

【注释】

①伐：同"阀"，功绩。阅：经历。②厉：同"砺"，磨刀石。③枝叶：指后世子孙。陵夷：衰落。④萧、曹、绛、灌：指萧何、曹参、周勃、灌婴，都是汉初的大功臣。⑤嬖：宠爱，也指被宠爱的婢妾。⑥绲：原意为绳，捆，这里是混合、等同的意思。

美文共赏

刘邦分封了一百四十三名功臣为侯，年表记载了他们及其后继者的情况，这些人后果大都不佳，到司马迁执笔时，只剩下了五位侯爵。汉朝法律固然太严，根本原因还是功臣的子孙们因富贵而骄奢淫乱，自投法网。文章开头介绍了建功立业的五种方式，有的以德行，有的以言论，有的以武功，有的以政绩，有的以

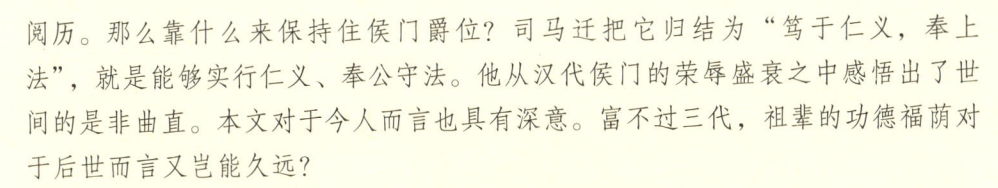

阅历。那么靠什么来保持住侯门爵位？司马迁把它归结为"笃于仁义，奉上法"，就是能够实行仁义、奉公守法。他从汉代侯门的荣辱盛衰之中感悟出了世间的是非曲直。本文对于今人而言也具有深意。富不过三代，祖辈的功德福荫对于后世而言又岂能久远？

本篇名句

"古者人臣功有五品，以德立宗庙、定社稷曰勋，以言曰劳，用力曰功，明其等曰伐，积日曰阅。"

古时候人臣的功劳有五个级别：凭德行开创基业、安邦定国的叫作"勋"；出谋献策的叫作"劳"；凭勇力而有建树的叫作"功"；分别他们功劳的等差叫作"伐"；计算他们任事的时日叫作"阅"。

孔子世家赞（《史记》）

太史公曰：《诗》有之，"高山仰止，景行行止[1]。"虽不能至，然心乡往之[2]。余读孔氏书，想见其为人。适鲁，观仲尼庙堂、车服、礼器，诸生以时习礼其家，余低回留之[3]，不能去云。天下君王至于贤人众矣，当时则荣，没则已焉。孔子布衣[4]，传十余世，学者宗之。自天子王侯，中国言《六艺》者[5]折中于夫子[6]，可谓至圣矣！

【注释】

①止：语助词。高山：比喻道德高尚。景行：大路，比喻光明正大。②乡：同"向"。③低回：徘徊。④布衣：平民。⑤六艺：六经，即《诗》《书》《礼》《易》《乐》《春秋》。⑥折中：作为判断事物的准则。

美文共赏

这篇文章是《史记·孔子世家》的结束语。孔子不是王侯将相，但是司马迁却把他列入世家,在这里司马迁是把孔子当作精神领袖来看待的。在写作手段方面,本文采用虚实结合的方法。开篇以《诗经》"高山仰止,景行行止"的话语抒发自己对孔子的仰慕,中间叙述自己在孔子故居的见闻感受,结尾用"至圣矣"对孔子进行了直接的评论。高度赞扬了孔子以道德和学问受到后人的景仰,真挚表达了作者对孔子的无比崇敬。

本篇名句

"太史公曰:《诗》有之,'高山仰止,景行行止。'虽不能至,然心乡往之。余读孔氏书,想见其为人。"

太史公说:《诗经·小雅·车辖》中有这样的句子:"仰望巍巍的高山,它令人崇敬;走上平坦的大道,才好阔步前进。"虽然不能人人都能登上那高山绝顶,踏上那大路坦途,但心总是向往着它。我读着孔子的书,好像是见到了他本人,感悟着他人格的伟大。

外戚世家序 (《史记》)

自古受命帝王及继体守文之君,非独内德茂也,盖亦有外戚之助焉①。夏之兴也以涂山,而桀之放也以妹喜;殷之兴也以有娀,纣之杀也嬖妲己;周之兴也以姜原及大任,而幽王之禽也淫于褒姒②。故《易》基《乾》《坤》,《诗》始《关雎》,《书》美厘降,《春秋》讥不亲迎③。夫妇之际,人道之大伦也。礼之用,唯婚姻为兢兢。夫乐调而四时和。阴阳之变,万物之统也,可不慎与?人能弘道,无如命何。甚哉,妃匹之爱④,君不能得之于臣,父不能得之于子,况卑下乎!既驩合矣,或不能成子姓⑤;能成子姓矣,或不能要其终,岂非命也哉?孔子罕称命,盖难言之也。非通幽明之变,恶能识乎性命哉⑥?

【注释】

①继体:继位。守文:遵守先帝的法度。②涂山:国名,传说禹娶涂山氏女为妻。妹喜:夏桀之妃,有施氏之女。有娀:国名。传说帝喾次妃为有娀氏之女。姜原:周始祖后稷之母。

大任：又作太任，周文王之母。禽：同擒。褒姒：周幽王宠妃。③乾、坤：《周易》两个卦名，乾为天为阳，坤为地为阴。关雎：《诗经》第一篇。厘：料理。降：下，指尧把二女娥皇、女英嫁给舜。④妃：同"配"。妃匹：配偶。⑤子姓：子孙。⑥幽明：指天地间可见和不可见、有形和无形的各种事物。

美文共赏

本文是《史记·外戚世家》开头的一段序言。《史记》中的"外戚"指的是帝王的后妃及其亲族。这篇序言是作者有感于外戚的荣辱兴衰而发的。作者先后论述了夏、商、周三代的兴衰和得失都与外戚有着密切关系，按照正反的原则对比罗列，说明了外戚在国家政治生活中的重要性，进而强调婚姻对人是极其重要的，要谨慎对待。这篇序言写得委婉曲折。汉代自惠帝时起，后妃、外戚专权反复造成祸乱，因此作者本文大概是有所指的。行文吞吞吐吐，有不便明言的苦衷。

本篇名句

"夫妇之际，人道之大伦也。礼之用，唯婚姻为兢兢。"

夫妇的结合，存在着人伦道德的大纲常。所以礼的应用，在婚姻嫁娶之上尤为慎重。

伯夷列传（《史记》）

夫学者载籍极博，犹考信于六艺①。《诗》《书》虽缺，然虞、夏之文可知也②。尧将逊位，让于虞舜。舜、禹之间，岳牧咸荐③，乃试之于位，典职数十年，功用既兴，然后授政，示天下重器。王者大统，传天下若斯之难也。而说者曰："尧让天下于许由，许由不受④，耻之逃隐。及夏之时，有卞随、务光者⑤。此何以称焉？太史公曰：余登箕山，其上盖有许由冢云。孔子序列古之仁圣贤人，如吴太伯、伯夷之伦详矣⑥。余以所闻由、光义至高，其文辞不少概见，何哉？

孔子曰："伯夷、叔齐，不念旧恶，怨是用希。""求仁得仁，又何怨乎？"余悲伯夷之意，睹轶诗可异焉。

其传：伯夷、叔齐，孤竹君之二子也⑦。父欲立叔齐，及父卒，叔齐让伯夷。伯夷曰："父命也。"遂逃去。叔齐亦不肯立而逃之。国人立其中子。于是伯夷、叔齐闻西伯昌善养老⑧，"盍往归焉！"及至，西伯卒，武王载木主，号为文王，东伐纣。伯夷、叔齐叩马而谏曰："父死不葬，爰及干戈，可谓孝乎？以臣弑君，可谓仁乎？"左右欲兵之，太公曰⑨："此义人也。"扶而去之。武王已平殷乱，天下宗周，而伯夷、叔齐耻之，义不食周粟，隐于首阳山，采薇而食之⑩。及饿且死，作歌。其辞曰："登彼西山兮，采其薇矣。以暴易暴兮，不知其非矣。神农、虞、夏忽焉没兮，我安适归矣？于嗟徂兮，命之衰矣⑪！"遂饿死于首阳山。

由此观之，怨邪非邪？

或曰："天道无亲，常与善人。"若伯夷、叔齐，可谓善人者非邪？积仁絜行如此而饿死！且七十子之徒，仲尼独荐颜渊为好学⑫。然回也屡空，糟糠不厌，而卒蚤夭。天之报施善人，其何如哉？盗跖日杀不辜，肝人之肉，暴戾恣睢，聚党数千人，横行天下，竟以寿终，是遵何德哉⑬？此其尤大彰明较著者也。若至近世，操行不轨，专犯忌讳，而终身逸乐，富厚累世不绝；或择地而蹈之，时然后出言，行不由径，非公正不发愤，而遇祸灾者，不可胜数也⑭。余甚惑焉，傥所谓天道，是邪非邪？

子曰："道不同，不相为谋。"亦各从其志也。故曰："富贵如可求，虽执鞭之士，吾亦为之。如不可求，从吾所好。""岁寒，然后知松柏之后凋。"举世混浊，清士乃见。岂以其重若彼，其轻若此哉？

"君子疾没世而名不称焉"。贾子曰："贪夫徇财，烈士徇名，夸者死权，众庶冯生。⑮"同明相照，同类相求。"云从龙，风从虎，圣人作而万物睹。⑯"伯夷、叔齐虽贤，得夫子而名益彰；颜渊虽笃学，附骥尾而行益显。岩穴之士，趋舍有时⑰，若此类名堙灭而不称，悲夫！闾巷之人，欲砥行立名者，非附青云之士，恶能施于后世哉⑱！

【注释】

①载籍：书籍。②虞、夏之文：指《尚书》中的《尧典》《舜典》《大禹谟》等篇。③岳牧：四岳和十二州牧。四岳，传说为尧舜时四方部落的首领。④许由：传说尧让帝位给许由，

不受，死后葬在箕山，也叫许由山。⑤卞随、务光：传说商汤要征伐夏桀，向他俩先征求意见，都说不知道。后来，商汤又要让帝位于他们，他们拒绝，投水而死。⑥吴太伯：周太王的长子。太王有三子：太伯、仲雍、季历。季历的儿子就是周文王姬昌。周太王预见到姬昌的圣德，有意传位给幼子。太伯即同仲雍出走吴国，故称吴太伯。⑦孤竹：在今河北省卢龙县。⑧西伯昌：指周文王姬昌。⑨太公：武王军师姜太公，名尚，字子牙。⑩宗周：尊奉周王朝为宗主国。首阳山：即下文的西山。今山西省永济县西南。薇：巢菜，又称野豌豆，嫩茎、叶可食。⑪于嗟：表悲叹。徂：通"殂"，死亡。⑫七十子：孔子有三千学生贤人七十。颜渊：即颜回，孔子最得意的门生。⑬跖：古时大盗。肝人之肉：《史记会注考证》说，肝疑为脍之误。脍：切割。暴戾恣睢：残暴凶狠，任意横行。⑭择地而蹈之：选好地方才落步，意为不轻举妄动。时然后出言：该说的时候才说。行不由径：走路不抄小道，办事正大光明。⑮贾子：贾谊。引语见其《服鸟赋》。⑯都是引自《易·乾·文言》。⑰岩穴之士：指隐士。趋舍有时：出山和退隐，有合适的时机。⑱闾巷之人：平民百姓。砥行：磨炼德行。青云之士：德行高尚或名位显著的人。施：延续，引申为流传。

美文共赏

　　《伯夷列传》是伯夷和叔齐的合传，是《史记》列传之首。"列传"是司马迁首创的一种记载人物事迹的文体。后世史家一直沿用这种体例。这种以议论为主，以叙事为辅的写法是本文独具特色的地方。在这篇列传中，作者以"考信于六艺，折中于孔子"的史料处理原则，在大量的论赞之中，夹叙了伯夷、叔齐的事迹。他们拒绝王位，让国出逃；然后又以仁义叩马而谏武王伐纣；天下宗周，耻食周粟，采薇而食，作歌明志，饿死在首阳山上。作者颂扬了封建时代知识分子坚守道义、洁身自好、宁折不弯的人格理想。司马迁对伯夷的歌颂和同情，也包含了对自己的激励。

　　文章把伯夷、叔齐的善行和暴戾凶残的盗跖做对比；以操行不轨，违法乱纪的人和审慎小心、有正义感的人做比照，指出恶者安逸享乐，累世不绝，而善者遭遇的灾祸却不可胜数。从而抒发了天道与人事相违背的现实，有力地抨击了"天道无亲，常与善人"的谎言，对天道赏善罚恶的报应论提出了大胆的怀疑，表现了作者的无神论观点。

　　文章除了夹叙夹议外，还有着浓重的抒情色彩。抒情方法有两个特点：其一为大量使用疑问句，增强了感情色彩；其二是引用古代歌谣、古语和名人名言，借以抒发感情。

> **本篇名句**
>
> "岁寒,然后知松柏之后凋。"
> 冬天寒冷,才知道松柏是最后凋谢的。
> "举世混浊,清士乃见。"
> 正因为整个世界污浊,清高之士才会显现。

管晏列传（《史记》）

管仲夷吾者,颍上人也①。少时常与鲍叔牙游,鲍叔知其贤。管仲贫困,常欺鲍叔,鲍叔终善遇之,不以为言。已而鲍叔事齐公子小白,管仲事公子纠。及小白立为桓公,公子纠死,管仲囚焉②。鲍叔遂进管仲。管仲既用,任政于齐,齐桓公以霸,九合诸侯,一匡天下,管仲之谋也。

管仲曰:"吾始困时,尝与鲍叔贾,分财利多自与,鲍叔不以我为贪,知我贫也。吾尝为鲍叔谋事而更穷困,鲍叔不以我为愚,知时有利不利也。吾尝三仕三见逐于君,鲍叔不以我为不肖,知我不遭时也。吾尝三战三走,鲍叔不以我为怯,知我有老母也。公子纠败,召忽死之③,吾幽囚受辱,鲍叔不以我为无耻,知我不羞小节而耻功名不显于天下也。生我者父母,知我者鲍子也。"

鲍叔既进管仲,以身下之。子孙世禄于齐,有封邑者十余世,常为名大夫。天下不多管仲之贤而多鲍叔能知人也。

管仲既任政相齐,以区区之齐在海滨,通货积财,富国强兵,与俗同好恶。故其称曰:"仓廪实而知礼节,衣食足而知荣辱,上服度则六亲固④。""四维不张,国乃灭亡⑤。""下令如流水之源,令顺民心。"故论卑而易行。俗之所欲,因而予之;俗之所否,因而去之。其为政也,善因祸而为福,转败而为功。贵轻重,慎权衡⑥。桓公实怒少姬,南袭蔡,管仲因而伐楚,责包茅不入贡于周室,桓公实北征山戎,而管仲因而令燕修召公之政⑦。于柯之会,桓公欲背曹沫之约,管仲因而信之,诸侯由是归齐⑧。故曰:"知与之为取,政之宝也。"

管仲富拟于公室,有三归、反坫,齐人不以为侈⑨。管仲卒,齐国遵其政,常强于诸侯。后百余年而有晏子焉。

晏平仲婴者，莱之夷维人也⑩。事齐灵公、庄公、景公，以节俭力行重于齐。既相齐，食不重肉，妾不衣帛。其在朝，君语及之，即危言；语不及之，即危行。国有道，即顺命；无道，即衡命。以此三世显名于诸侯。

越石父贤，在缧绁中⑪。晏子出，遭之途，解左骖赎之⑫，载归。弗谢，入闺，久之。越石父请绝。晏子惧然，摄衣冠谢曰："婴虽不仁，免子于厄，何子求绝之速也？"石父曰："不然。吾闻君子诎于不知己，而信于知己者。方吾在缧绁中，彼不知我也。夫子既已感寤而赎我，是知己；知己而无礼，固不如在缧绁之中。"晏子于是延入为上客。

晏子为齐相，出，其御之妻从门间而窥其夫。其夫为相御，拥大盖，策驷马，意气扬扬，甚自得也。既而归，其妻请去，夫问其故，妻曰："晏子长不满六尺⑬，身相齐国，名显诸侯。今者妾观其出，志念深矣，常有以自下者。今子长八尺，乃为人仆御，然子之意自以为足，妾是以求去也。"其后夫自抑损。晏子怪而问之，御以实对。晏子荐以为大夫。

太史公曰：吾读管氏《牧民》《山高》《乘马》《轻重》《九府》及《晏子春秋》，详哉其言之也。既见其著书，欲观其行事，故次其传。至其书，世多有之，是以不论，论其轶事。

管仲世所谓贤臣，然孔子小之⑭。岂以为周道衰微，桓公既贤，而不勉之至王，及称霸哉？语曰"将顺其美，匡救其恶，故上下能相亲也"。岂管仲之谓乎？方晏子伏庄公尸，哭之，成礼然后去，岂所谓'见义不为，无勇'者邪？至其谏说，犯君之颜，此所谓"进思尽忠，退思补过"者哉！假令晏子而在，余虽为之执鞭，所忻慕焉。

【注释】

①管仲（？—前645）：春秋初期政治家。颍上：今属安徽。②桓公：春秋五霸之首。公元前685—前643年在位。③召忽：与管仲同事公子纠。④上：君王。服度：遵守法度。六亲：即父、母、兄、弟、妻、子。⑤四维：礼、义、廉、耻。⑥轻重：古代一种经济理论。认为"币重而万物轻，币轻而万物重"；"谷重而万物轻，谷轻而万物重"。由国家运用货币及谷物以调节物价，发展生产。《管子》有《轻重篇》。⑦袭蔡：少姬（蔡姬）与桓公乘舟，故意摇荡，桓公惊怒，送她回蔡。蔡将她另嫁。桓公怒，公元前656年伐蔡。管仲因而伐楚。山戎：古族名，在今河北北部，公元前663年，北戎伐燕，齐桓公救燕。召公：燕国始祖，文王庶子，与周公同辅成王。⑧柯之会：公元683年，齐桓公与鲁庄公会于柯邑。鲁人曹沫在会上劫持桓公，逼他归还汶阳之地。⑨三归：台名。今人杨伯峻考证，说是向集市征收租税，坫：古代放置酒杯的土台，反坫：即将酒杯倒置坫上，原是诸侯宴会时的礼节。⑩晏婴：齐

大夫，晚于管仲约百年。今存《晏子春秋》，记他的事迹。莱：小国名，为齐所灭。夷维为莱属邑。⑪缧绁：捆绑犯人的绳索。引申为监狱。⑫左骖：车子左边的马。⑬尺：古时一尺约合现在七寸。⑭孔子小之：孔子曾说："管仲之器小哉。"

美文共赏

这是管仲、晏婴两位政治家的合传。管仲辅佐桓公，一匡天下，使桓公成为春秋时期第一个霸主。晏婴事齐三世，节俭力行，严于律己，三世显名于诸侯。二人虽然相隔百余年，但他们都是齐国人，又都是名相，都为齐国做出了卓越的贡献，合传为一。在这篇列传中，作者对他们采取了赞美和褒扬的态度。

本文通过鲍叔和晏子知贤、荐贤和让贤的故事，刻意探索了如何对待贤才的问题。司马迁极力赞美鲍叔和晏子，正是慨叹自己未遇知己。所以，他在赞语中说："假令晏子而在，余虽为之执鞭，所忻慕焉。"就是说，"假使晏子今天还在，就是为他执鞭驾车，我也高兴啊！"这是本传所要表达的真意。

本文善于通过典型细节，以借宾形主的手法刻画人物。作者抓住车夫妻子从门间窥视的细节来揭示一个女子的内心隐秘。从瞬间的窥视到提出离婚，御妻的神色、姿态、心理已然活现，不仅闪耀着个性的光芒，也表现了她的心计、意念和独特的看人标准。然而写石父、写御妻、写御者，又是为了写晏子，这种借宾形主的手法，使晏子的形象更加丰满了。

本篇名句

"仓廪实而知礼节，衣食足而知荣辱。"

仓库储备充实了，百姓才懂得礼节；衣食丰足了，百姓才能分辨荣辱。

屈原列传（《史记》）

屈原者，名平，楚之同姓也①。为楚怀王左徒②。博闻强志，明于治乱，娴于辞令。入则与王图议国事，以出号令；出则接遇宾客，应对诸侯。王甚任之。

上官大夫与之同列，争宠而心害其能。怀王使屈原造为宪令，屈平属草稿未定。上官大夫见而欲夺之，屈平不与，因谗之曰："王使屈平为令，众莫不知，每一令出，平伐其功曰：以为'非我莫能为'也③。"王怒而疏屈平。

屈平疾王听之不聪也，谗谄之蔽明也，邪曲之害公也，方正之不容也，故忧愁幽思而作《离骚》。离骚者，犹离忧也。夫天者，人之始也；父母者，人之本也。人穷则反本，故劳苦倦极，未尝不呼天也；疾痛惨怛，未尝不呼父母也。屈平正道直行，竭忠尽智以事其君，谗人间之，可谓穷矣！信而见疑，忠而被谤，能无怨乎？屈平之作《离骚》④，盖自怨生也。《国风》好色而不淫，《小雅》怨诽而不乱⑤。若《离骚》者，可谓兼之矣！上称帝喾⑥，下道齐桓，中述汤、武，以刺世事。明道德之广崇，治乱之条贯，靡不毕见。其文约，其辞微，其志洁，其行廉。其称文小而其指极大，举类迩而见义远。其志洁，故其称物芳。其行廉，故死而不容。自疏濯淖污泥之中，蝉蜕于浊秽，以浮游尘埃之外，不获世之滋垢，皭然泥而不滓者也⑦。推此志也，虽与日月争光可也。

屈平既绌，其后秦欲伐齐。齐与楚从亲。惠王患之，乃令张仪详去秦，厚币委质事楚，曰："秦甚憎齐，齐与楚从亲，楚诚能绝齐，秦原献商、于之地六百里⑧。"楚怀王贪而信张仪，遂绝齐。使使如秦受地。张仪诈之曰："仪与王约六里，不闻六百里。"楚使怒去，归告怀王。怀王怒，大兴师伐秦。秦发兵击之，大破楚师于丹、淅，斩首八万，虏楚将屈匄，遂取楚之汉中地⑨。怀王乃悉发国中兵，以深入击秦，战于蓝田。魏闻之，袭楚至邓⑩。楚兵惧，自秦归。而齐竟怒不救楚，楚大困。

明年，秦割汉中地与楚以和。楚王曰："不愿得地，愿得张仪而甘心焉。"张仪闻，乃曰："以一仪而当汉中地，臣请往如楚。"如楚，又因厚币用事者臣靳尚，而设诡辩于怀王之宠姬郑袖。怀王竟听郑袖，复释去张仪。是时屈平既疏，不复在位，使于齐，顾反，谏怀王曰："何不杀张仪？"怀王悔，追张仪不及。

其后，诸侯共击楚，大破之，杀其将唐眜。

时秦昭王与楚婚，欲与怀王会。怀王欲行，屈平曰："秦，虎狼之国，不可信，不如无行。"怀王稚子子兰劝王行："奈何绝秦欢！"怀王卒行。入武关⑪，秦伏兵绝其后，因留怀王，以求割地。怀王怒，不听。亡走赵，赵不内。复之秦，竟死于秦而归葬。

长子顷襄王立⑫，以其弟子兰为令尹。楚人既咎子兰以劝怀王入秦而不反也。

屈平既嫉之，虽放流，眷顾楚国，系心怀王，不忘欲反。冀幸君之一悟，俗之一改也。其存君兴国，而欲反覆之。一篇之中三致意焉。然终无可奈何，故不可以反，卒以此见怀王之终不悟也。

人君无愚智、贤不肖，莫不欲求忠以自为，举贤以自佐，然亡国破家相随属，而圣君治国累世而不见者，其所谓忠者不忠，而所谓贤者不贤也。怀王以不知忠臣之分，故内惑于郑袖，外欺于张仪，疏屈平而信上官大夫、令尹子兰。兵挫地削，亡其六郡，身客死于秦，为天下笑。此不知人之祸也。《易》曰："井渫不食，为我心恻，可以汲。王明，并受其福。"王之不明，岂足福哉！

令尹子兰闻之大怒，卒使上官大夫短屈原于顷襄王。顷襄王怒而迁之。

屈原至于江滨，被发行吟泽畔，颜色憔悴，形容枯槁。渔父见而问之曰："子非三闾大夫欤[13]？何故而至此？"屈原曰："举世混浊而我独清，众人皆醉而我独醒，是以见放。"渔父曰："夫圣人者，不凝滞于物而能与世推移。举世混浊，何不随其流而扬其波？众人皆醉，何不餔其糟而啜其醨[14]？何故怀瑾握瑜而自令见放为？"屈原曰："吾闻之，新沐者必弹冠，新浴者必振衣。人又谁能以身之察察，受物之汶汶者乎！宁赴常流而葬乎江鱼腹中耳。又安能以皓皓之白而蒙世俗之温蠖乎[15]！"乃作《怀沙》之赋。于是怀石，遂自投汨罗以死。

屈原既死之后，楚有宋玉、唐勒、景差之徒者，皆好辞而以赋见称。然皆祖屈原之从容辞令，终莫敢直谏。其后楚日以削，数十年竟为秦所灭。

自屈原沉汨罗后百有余年，汉有贾生，为长沙王太傅，过湘水，投书以吊屈原。

太史公曰：余读《离骚》《天问》《招魂》《哀郢》[16]，悲其志。适长沙，观屈原所自沉渊，未尝不垂涕，想见其为人。及见贾生吊之，又怪屈原以彼其材，游诸侯，何国不容，而自令若是！读《服鸟赋》[17]，同生死，轻去就，又爽然自失矣！

【注释】

①屈原（约前340—约前278），我国最早的大诗人。②左徒：官名，次于令尹（宰相）。③"曰"与"以为"重复，疑传抄之误。④《离骚》：屈原代表作，为我国古代最长的抒情诗。⑤国风：《诗经》的第一部分，多写男女爱情，但不过分。小雅：《诗经》的第二部分，多政治讽刺诗，但不过激。⑥帝喾：传说中的上古帝王。⑦皭然：洁白。滓：污黑。⑧绌：同"黜"。委：呈献。质：同"贽"，礼物。详：同"佯"。张仪（？—前310）：秦相，主张"连横"，游说六国事秦，破坏"合纵"。此事在公元前313年。商于：今陕西省东南部。⑨丹、淅：均汉江支流。汉中：陕西南部。⑩蓝田：今西安市东南。邓：今邓州市，河南省西南部。⑪武关：今陕西省商县东。⑫顷襄王：名熊横，公元前298年～前263年在位。⑬三闾大夫：楚国官名，掌管楚国王族三姓（屈、景、昭）事务。⑭餔：吃。啜：喝。醨：淡酒。

⑮察察：清洁的样子。汶汶：昏暗的样子。温蠖：尘渣累积。⑯《天问》《招魂》《哀郢》，均屈原作。《招魂》一说为宋玉作。⑰《服鸟赋》，贾谊作。

美文共赏

　　本文是《史记·屈原贾生列传》中有关屈原的部分，也是《史记》的名篇之一。这是现存关于屈原最早的完整的史料，是研究屈原生平的重要依据。

　　司马迁与屈原遭遇都很不幸，都是"信而见疑，忠而被谤"，因此在写屈原时融入了自己浓厚的感情。全文像一篇抒情诗，不过其情调极为凄凉。文中用了很大的篇幅叙述楚国和齐、秦的关系，从历史的教训来证明屈原联齐抗秦的主张的正确。当楚怀王重用屈原任为左徒的时候，秦国不敢侵犯。等到楚怀王听信了毁谤而疏远屈原之后，楚竟终为秦所灭。司马迁不仅赞成屈原贤能的政治主张，并且认为屈原就是德才兼备的人，推崇其高尚人格和斗争精神，认为《离骚》之作正体现了屈原的斗争精神。是故本文以强烈的感情歌颂了屈原卓越超群的才华和他对理想执着追求的精神。虽然事迹简略，但文笔沉郁顿挫，夹叙夹议，是一篇极有特色的评传式散文。

本篇名句

"众人皆醉而我独醒。"

众人都是沉醉的而唯独我是清醒的。

游侠列传序（《史记》）

　　韩子曰①："儒以文乱法，而侠以武犯禁。"二者皆讥，而学士多称于世云。至如以术取宰相、卿、大夫，辅翼其世主，功名俱著于春秋②，固无可言者。及若季次、原宪，闾巷人也，读书怀独行君子之德，义不苟合当世，当世亦笑之③。故季次、原宪终身空室蓬户，褐衣疏食不厌。死而已四百余年，而弟子志之不倦。今游侠，其行虽不轨于正义，然其言必信，其行必果，已诺必诚，不爱其躯，赴士之厄困，既已存亡死生矣④，而不矜其能，羞伐其德，盖亦有足多者焉⑤。

且缓急，人之所时有也。太史公曰：昔者虞舜窘于井廪，伊尹负于鼎俎，傅说匿于傅险，吕尚困于棘津，夷吾桎梏，百里饭牛，仲尼畏匡，菜色陈、蔡⑥。此皆学士所谓有道仁人也，犹然遭此灾，况以中材而涉乱世之末流乎？其遇害何可胜道哉！

鄙人有言曰："何知仁义，已飨其利者为有德。"故伯夷丑周，饿死首阳山，而文、武不以其故贬王；跖、蹻暴戾⑦，其徒诵义无穷。由此观之，"窃钩者诛，窃国者侯；侯之门，仁义存"，非虚言也。

今拘学或抱咫尺之义，久孤于世，岂若卑论侪俗，与世沉浮而取荣名哉！而布衣之徒，设取予然诺，千里诵义，为死不顾世，此亦有所长，非苟而已也。故士穷窘而得委命，此岂非人之所谓贤豪间者邪？诚使乡曲之侠，予季次、原宪比权量力，效功于当世，不同日而论矣。要以功见言信，侠客之义又曷可少哉！

古布衣之侠，靡得而闻已。近世延陵、孟尝、春申、平原、信陵之徒⑧，皆因王者亲属，借于有土卿相之富厚，招天下贤者，显名诸侯，不可谓不贤者矣。比如顺风而呼，声非加疾，其势激也。至如闾巷之侠，修行砥名⑨，声施于天下，莫不称贤，是为难耳。然儒、墨皆排摈不载。自秦以前，匹夫之侠，湮灭不见，余甚恨之。以余所闻，汉兴有朱家、田仲、王公、剧孟、郭解之徒，虽时扞当世之文罔，然其私义，廉洁退让，有足称者。名不虚立，士不虚附。至如朋党宗强，比周设财役贫，豪暴侵凌孤弱，恣欲自快，游侠亦丑之。余悲世俗不察其意，而猥以朱家、郭解等令与暴豪之徒同类而共笑之也⑩。

【注释】

①韩子：韩非（约前280—前233），战国末期哲学家，为我国古代"法家"代表。②春秋：泛指历史。③季次、原宪：皆孔子门生。季次不肯在权贵门下做家臣。原宪居陋巷，子贡做了卫国丞相，见他穷苦，问他是否有病，他说："无财是贫，有道不能实行，才是病。我是贫，不是病。"子贡有愧色。④存亡死生：使亡者存，使生者死。指解人危难。⑤伐：自我夸耀。多：赞美。⑥廪：仓库。舜在修仓凿井时受困。鼎：锅。俎：砧板。伊尹曾为奴隶，做厨子。傅说：商朝大臣，曾在傅险为奴筑路。吕尚：即姜尚，齐国始祖。棘津，在今河南延津县，已湮没。夷吾：即管仲。桎梏：脚镣手铐。百里：百里奚，秦国大臣，曾为奴隶，喂牛。畏匡：孔子路过匡，曾被围困。菜色：饥色。孔子曾在陈、蔡之间断粮。⑦跖：盗跖；蹻：庄蹻；均春秋时大盗。⑧延陵：春秋时吴国公子季札。孟尝：孟尝君田文，齐相。春申：

春申君黄歇，楚相。平原：平原君赵胜，赵王弟。信陵：信陵君魏无忌，魏王弟。⑨修行砥名：修养和磨炼自己的品行。⑩猥：随便，苟且。朱家、郭解：西汉著名游侠，《游侠列传》记载了他们的事迹。

美文共赏

《游侠列传》是一篇专门记载汉代游侠的传记。"游侠"，指的是那些轻生重义、勇于救人急困的人。太史公说，遇到急难之事是任何人也免不了的。就算是大圣贤，有道的仁人也有遇到倒霉之事的时候！从前虞舜曾经在井底和米仓中受过危难，伊尹曾经背着铁锅和砧板当过厨子，傅说曾经隐匿在傅险为人筑路，吕尚曾经在棘津受穷困，管夷吾曾经披枷戴锁，百里奚曾经喂过牛，孔仲尼曾在匡地受到惊骇，又曾在陈国、蔡国饿得面黄如菜色，还险些送了性命。文章先从正面对于"言必信，行必果"的游侠给予肯定，然后又把儒家和侠客相互对照，用以儒衬侠的方式，再次给予侠客充分的赞扬。

汉代封建统治者和士大夫对游侠多持否定的态度，司马迁却给他们立传，并且给予了很高的评价，为他们在史书中留下浓墨重彩的一笔。在这篇序文里，作者对他们反复赞扬，抑扬顿挫，激情昂扬。

本篇名句

"窃钩者诛，窃国者侯，侯之门，仁义存。"

偷了衣带钩的人被杀头，窃取了国家的人却被封侯，只有那侯门之内才有所谓仁义吧。

滑稽列传（《史记》）

孔子曰："六艺于治一也。《礼》以节人，《乐》以发和，《书》以道事，《诗》以达意，《易》以神化，《春秋》以道义①。"太史公曰：天道恢恢，岂不大哉！谈言微中，亦可以解纷②。

淳于髡者，齐之赘婿也③。长不满七尺，滑稽多辩，数使诸侯，未尝屈辱。齐威王之时，喜隐，好为淫乐长夜之饮，沉湎不治，委政卿大夫。百官荒乱，诸侯并侵，国且危亡，在于旦暮。左右莫敢谏。淳于髡说之以隐曰④："国中有大鸟，止王之庭，三年不蜚又不鸣，王知此鸟何也？"王曰："此鸟不蜚则已，一蜚冲天；不鸣则已，一鸣惊人。"于是乃朝诸县令长七十二人，赏一人，诛一人，奋兵而出⑤。诸侯振惊，皆还齐侵地。威行三十六年。语在《田完世家》中⑥。

威王八年，楚大发兵加齐。齐王使淳于髡之赵请救兵，赍金百斤，车马十驷。淳于髡仰天大笑，冠缨索绝。王曰："先生少之乎？"髡曰："何敢！"王曰："笑岂有说乎？"髡曰："今者臣从东方来，见道傍有禳田者，操一豚蹄，酒一盂，而祝曰：'瓯窭满篝，污邪满车，五谷蕃熟，穰穰满家⑦。'臣见其所持者狭而所欲者奢，故笑之。"于是齐威王乃益赍黄金千溢，白璧十双，车马百驷。髡辞而行，至赵。赵王与之精兵十万，革车千乘。楚闻之，夜引兵而去。

威王大说，置酒后宫，召髡赐之酒。问曰："先生能饮几何而醉？"对曰："臣饮一斗亦醉，一石亦醉。"威王曰："先生饮一斗而醉，恶能饮一石哉！其说可得闻乎？"髡曰："赐酒大王之前，执法在傍，御史在后⑧，髡恐惧俯伏而饮，不过一斗径醉矣。若亲有严客，髡帣韝鞠䠯⑨，侍酒于前，时赐余沥，奉觞上寿，数起，饮不过二斗径醉矣。若朋友交游，久不相见，卒然相睹，欢然道故，私情相语，饮可五六斗径醉矣。若乃州闾之会，男女杂坐，行酒稽留，六博投壶，相引为曹，握手无罚，目眙不禁，前有堕珥，后有遗簪，髡窃乐此，饮可八斗而醉二参⑩。日暮酒阑，合尊促坐，男女同席，履舄交错，杯盘狼藉，堂上烛灭，主人留髡而送客，罗襦襟解。微闻芗泽，当此之时，髡心最欢，能饮一石。故曰酒极则乱，乐极则悲，万事尽然，言不可极，极之而衰。"以讽谏焉。齐王曰："善！"乃罢长夜之饮，以髡为诸侯主客。宗室置酒，髡尝在侧。

【注释】

①节人：节制人的行动、言论。道事，记述前人的事迹，供今人借鉴。神化：参透天地万物的玄妙变化。②天道：自然的道理。恢恢：非常广大。谈言微中：谈笑之间，委婉巧妙地切中事理。③淳于髡：淳于，复姓。髡，名。赘婿：住到女方家为婿，古代地位极低。④喜隐：爱好隐语。隐语：用别的事物来暗示本意。⑤县令长：掌管全县的官，大县的叫令，小县叫长。赏一人，诛一人：封赏即墨大夫，烹杀阿大夫。⑥《田完世家》：即《史记·田敬仲完世家》。⑦瓯窭：贫瘠狭小的高坡地。污邪：低洼易涝之地。蕃：繁茂。穰穰：丰盛。⑧执法、御史：均官名。径：即、就。⑨帣韝鞠䠯：卷起袖套，弯着身跪着敬酒。⑩州闾：乡里。稽留：停留，迟延，不按时。六博：一种博戏。投壶：把箭投到壶里比赛胜负。相引为

曹：招引同伴，分组比赛。眙：目不转睛地看，直视。

美文共赏

《滑稽列传》出自史记。滑稽，形容圆转自如。亦指能言善辩，机智多谋，思维敏捷，而后世则用为诙谐幽默之意。《史记》专为滑稽人物列传，因为他们地位虽然低微，但都有超常的智慧，善于用诙谐的言辞，委婉地令对方乐于接受批评，改正错误，或者解决疑难问题。他们都有好品质，能够为了国家与黎民的利益，仗义执言，灵活巧妙地批评残暴荒淫的统治者，从而给国家和黎民百姓带来好处。本文节录的关于淳于髡的三个小故事，很充分地显示了他的机智。尤其是饮酒一节，在谈笑中含劝诫，在轻松中含哲理，让人兴味盎然。司马迁对他们给予了热情的歌颂，同时也有对汉武帝时代满朝唯唯诺诺保官保命的苟合者的不满。

本传有别于其他传记的最大特点，就是轻松幽默，寓庄于谐。作者似乎不是在写严肃的史实，而是在写小说，在写故事，但深刻的思想就寄寓其中。

本篇名句

"酒极则乱，乐极则悲。"

喝酒到了最大极限，则会乱事，欢乐到了最大极限，反而会引出悲哀。

货殖列传序（《史记》）

《老子》曰："至治之极，邻国相望，鸡狗之声相闻，民各甘其食，美其服，安其俗，乐其业，至老死不相往来①。"必用此为务，挽近世涂民耳目，则几无行矣②。

太史公曰：夫神农以前，吾不知已。至若《诗》《书》所述虞、夏以来，耳目欲极声色之好，口欲穷刍豢之味，身安逸乐，而心夸矜③。势能之荣，使俗之渐民久矣。虽户说以眇论，终不能化④。故善者因之，其次利道之，其次教诲之，其次整齐之，最下者与之争⑤。

夫山西饶材、竹、榖、纑、旄、玉石，山东多鱼、盐、漆、丝、声色，江南出楠、梓、姜、桂、金、锡、连、丹、沙、犀、瑇瑁、珠玑、齿、革，龙门、碣石北多马、牛、羊、旃、裘、筋、角，铜、铁则千里往往山出棋置⑥。此其大较也，皆中国人民所喜好，谣俗被服饮食、奉生送死之具也。故待农而食之，虞而出之⑦，工而成之，商而通之。此宁有政教发徵期会哉？人各任其能，竭其力，以得所欲。故物贱之征贵，贵之征贱，各劝其业，乐其事，若水之趋下，日夜无休时，不召而自来，不求而民出之⑧。岂非道之所符而自然之验邪⑨？

《周书》曰："农不出则乏其食，工不出则乏其事，商不出则三宝绝⑩，虞不出则财匮少。"财匮少而山泽不辟矣。此四者，民所衣食之原也。原大则饶，原小则鲜。上则富国，下则富家：贫富之道，莫之夺予，而巧者有余，拙者不足。故太公望封于营丘，地潟卤，人民寡⑪。于是太公劝其女功，极技巧，通鱼盐，则人物归之，繦至而辐凑。故齐冠带衣履天下，海岱之间敛袂而往朝焉⑫。其后齐中衰，管子修之，设轻重九府，则桓公以霸，九合诸侯，一匡天下⑬；而管氏亦有三归，位在陪臣，富于列国之君，是以齐富强至于威、宣也⑭。

故曰："仓廪实而佑礼节，衣食足而佑荣辱⑮。"礼生于有而废于无。故君子富，好行其德；小人富，以适其力。渊深而鱼生之，山深而兽往之，人富而仁义附焉。富者得势益彰，失势则客无所之，以而不乐。谚曰："千金之子，不死于市。"此非空言也。故曰："天下熙熙，皆为利来；天下攘攘，皆为利往。"夫千乘之王主、万家之侯、百室之君，尚犹患贫，而况匹夫编户之民乎！

【注释】

①《老子》又称《道德经》。所引文句在《老子》第八十章。至治：治理得最好的社会。②则几无行矣：那就几乎行不通。③刍：吃草的牲畜等。豢：吃粮食的牲畜，刍豢指各种牲畜的肉。夸矜：夸张，炫耀。④户说：挨家挨户劝说。眇论：精微玄妙之理论，即老子小国寡民的理论。⑤善者：最好的方法。因之：顺其自然。利道之：顺道加以引导。道，同"导"。整齐：使整齐，指用法律制度加以约束。⑥山西：指崤山或华山以西的广大地区。榖：楮树，皮为造纸原料。纑：野麻一类的植物。旄：旄牛尾，可做饰物。连：未炼的铅，后作"链"。丹沙：即朱砂，炼汞的主要矿物，可作药物和颜料。犀：犀牛，其角可作器物又可入药。瑇瑁：爬行动物，壳可作装饰品。珠玑：珍珠之类。齿：某些动物的牙齿，如象牙。革：皮革。龙门：山名，今山西河津县城西北黄河两岸。碣石：今河北昌黎县西北。旃：毡子。裘：皮衣。筋、角：兽筋兽角，制造弓弩的材料。山出：山山出产。棋置：如棋子一样安排（到处

都是)。⑦虞：掌管山泽的官员。⑧物贱之征贵：这里价钱低贱，就寻价钱高贵的地方卖出。贵之征贱：价钱昂贵，就到价钱低贱的地方去买进。⑨道之所符：符合规律。⑩《周书》：《尚书》中的一部分。三宝：指食、事（器物）、财。⑪太公望：即姜太公。因其先人封在吕，故又称吕尚。营丘：古邑名，今山东淄博市东北。地潟卤：盐碱地。⑫海岱之间：东海和泰山之间的诸侯国。敛袂：整理衣袖，表示肃敬。⑬管子：指管仲。轻重：政府运用货币调剂物价。九府：掌管钱币的官府。⑭陪臣：诸侯之臣，对天子言叫陪臣。大夫的家臣，对诸侯叫陪臣。是以：以是，因为。威：齐威王。宣：齐宣王。⑮引语见《管子·牧民》。

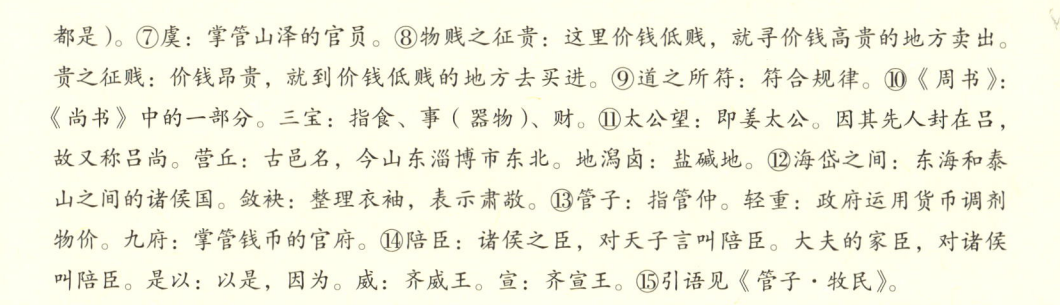

美文共赏

　　本文是《史记·货殖列传》的序言。货殖，就是靠贸易来生财求富的意思。司马迁在《货殖列传》里，详细介绍了有关货殖的各种情况，以及各地货物、人民生活和社会风气等，是关于古代社会经济的重要文献。

　　社会分工有农、虞、工、商，并且是明确的："农而食之""虞而出之""工而成之""商而通之"，司马迁清晰地说明组织这种分工的没有政府的行政干涉，也没有家族势力的操纵，却能够有效地保证社会的运转。本文反映了司马迁的义利观。他把患贫趋富看作人的本性，人的身份无论高低贵贱，基本都是如此。因为这样，利益成为驱动人的有力杠杆。人的趋利是自然的规律，是人力无法改变的。每个人参与到社会经济组织中来，主观为了自己，在客观上保证了自己对社会的贡献。文章从社会发展的角度总结了历代工商业的发展状况，概括出一条条的经济发展规律，指出工商业在利国强民方面的作用，并且为卓越的工商业者立传。

本篇名句

　　"农不出则乏其食，工不出则乏其事，商不出则三宝绝，虞不出则财匮少。"

　　农民不生产，就缺乏粮食；工人不生产，就缺乏器物；商人不做买卖，食、事、财这"三宝"就会断绝；虞人不生产，就缺乏财货。

卷五　汉文

太史公自序（《史记》）

太史公曰①："先人有言②：'自周公卒五百岁而有孔子。孔子卒后至于今五百岁，有能绍明世，正《易传》，继《春秋》，本《诗》《书》《礼》《乐》之际。'意在斯乎！意在斯乎！小子何敢让焉③。"

上大夫壶遂曰④："昔孔子何为而作《春秋》哉？"太史公曰："余闻董生曰⑤：'周道衰废，孔子为鲁司寇，诸侯害之，大夫壅之，孔子知言之不用、道之不行也，是非二百四十二年之中⑥，以为天下仪表。贬天子，退诸侯，讨大夫，以达王事而已矣。'子曰：'我欲载之空言，不如见之于行事之深切著明也。'夫《春秋》，上明三王之道，下辨人事之纪，别嫌疑，明是非，定犹豫，善善恶恶，贤贤贱不肖，存亡国⑦，继绝世，补敝起废，王道之大者也。《易》著天地、阴阳、四时、五行，故长于变。《礼》经纪人伦，故长于行；《书》记先王之事，故长于政；《诗》记山川、谿谷、禽兽、草木、牝牡、雌雄，故长于风；《乐》乐所以立⑧，故长于和；《春秋》辨是非，故长于治人。是故《礼》以节人，《乐》以发和，《书》以道事，《诗》以达意，《易》以道化，《春秋》以道义。拨乱世反之正，莫近于《春秋》。《春秋》文成数万，其指数千，万物之散聚皆在《春秋》。《春秋》之中，弑君三十六，亡国五十二，诸侯奔走不得保其社稷者，不可胜数。察其所以，皆失其本已。故《易》曰'失之豪厘，差以千里。'故曰'臣弑君，子弑父，非一旦一夕之故也，其渐久矣。'故有国者不可以不知《春秋》，前有谗而弗见，后有贼而不知。为人臣者不可以不知《春秋》，守经事而不知其宜，遭变事而不知其权。为人君父而不通于《春秋》之义者，必蒙首恶之名。为人臣子而不通于《春秋》之义者，必陷篡弑之诛，死罪之名。其实皆以为善，为之不知其义，被之空言而不敢辞。夫不通礼义之旨，至于君不君，臣不臣，父不父，子不子。君不君则犯，臣不臣则诛，父不父则无道，子不子则不孝。此四行者，天下之大过也。以天下之大过予之，则受而弗敢辞。故《春秋》者，礼义之大宗也。夫礼禁未然之前，法施已然之后；法之所为用者易见，而礼之所为禁者难知。"

壶遂曰："孔子之时，上无明君，下不得任用，故作《春秋》，垂空文以断礼义，当一王之法。今夫子上遇明天子，下得守职，万事既具，咸各序其宜，夫子所论，欲以何明？"

太史公曰："唯唯，否否，不然⑨。余闻之先人曰：'伏羲至纯厚，作《易》八卦；尧、舜之盛，《尚书》载之，礼乐作焉；汤、武之隆，诗人歌之。《春秋》采善贬恶，推三代之德，褒周室，非独刺讥而已也。'汉兴以来，至明天子，获符瑞，建封禅，改正朔，易服色，受命于穆清，泽流罔极⑩。海外殊俗，重译款塞，请来献见者，不可胜道。臣下百官力诵圣德，犹不能宣尽其意。且士贤能而不用，有国者之耻；主上明圣而德不布闻，有司之过也。且余尝掌其官，废明圣盛德不载，灭功臣、世家、贤大夫之业不述，堕先人所言，罪莫大焉！余所谓述故事，整齐其世传，非所谓作也，而君比之于《春秋》，谬矣。"于是论次其文。七年而太史公遭李陵之祸，幽于缧绁，乃喟然而叹曰："是余之罪也夫！是余之罪也夫！身毁不用矣。"退而深惟曰："夫《诗》《书》隐约者，欲遂其志之思也。昔西伯拘羑里，演《周易》⑪；孔子厄陈、蔡，作《春秋》；屈原放逐，著《离骚》；左丘失明，厥有《国语》；孙子膑脚，而论兵法；不韦迁蜀，世传《吕览》；韩非囚秦，《说难》、《孤愤》；《诗》三百篇，大抵贤圣发愤之所为作也。此人皆意有所郁结，不得通其道也，故述往事，思来者。"于是卒述陶唐以来，至于麟止，自黄帝始⑫。

【注释】

①太史公：司马迁自称。②先人：司马迁的父亲司马谈（？—前110）西汉史学家、思想家，夏阳（今陕西韩城南）人，官至太史令。③小子：司马迁谦称自己。④上大夫：汉代中央的高级顾问官。壶遂：司马迁的同事。⑤董生：董仲舒（前179—前104），西汉学者，建

议汉武帝"独崇儒术，罢黜百家"。司马迁少时曾拜他为师。⑥是非：评论。二百四十二年：指《春秋》一书所记的历史时期。⑦存亡国：《春秋》中保存已亡国家的史迹。⑧前一乐：指《乐经》或《乐记》。后一乐：指乐理乐谱、和乐的社会风尚等。⑨唯唯，否否，不然：啊啊，不不，不是那样。⑩封禅：封是在泰山上筑坛祭天；禅是在泰山下立坛祭山川。改正朔：修改历法。正，一年第一个月；朔，一月第一天。穆清：天。泽流：恩泽流布。⑪西伯：周文王。羑里：古地名，今河南汤阴县北。⑫陶唐：唐尧。至于麟止：武帝元狩元年冬十月，巡幸雍地，获一怪兽，只有一只角，据说是麒麟。《史记》的第一句是"黄帝者，少典之子，姓公孙，名曰轩辕。"

美文共赏

　　《太史公自序》是司马迁为《史记》一书所作的序文，排在全书的最后。本文明述了作书的宗旨，概述了各篇的写作旨趣。全文分三部分，本文只节选第二部分。这即是《史记》的自序，《史记》的纲领，也是司马迁的自传，而且司马迁一生的经历详述文中，人们常称为司马迁自作的列传。文章气势浩瀚，宏伟深厚，是研究司马迁及《史记》的重要资料。

　　《自序》历述了太史公世谱家学的本末，从重黎氏到司马氏的千余年家世，其父司马谈重视老庄学术思想，司马迁本人的成长经历，继父志为太史公，及其著述《史记》的始末，作者娓娓道来，错落有致。特别是作者用了相当的篇幅写六家的要旨，论道六经的要义，充分而深刻地反映了司马父子的学术思想。对儒、墨、名、法、道及阴阳六家的分析精辟透彻，入木三分，指陈得失，有若案断，后世无可比拟。

本篇名句

　　"君不君则犯，臣不臣则诛，父不父则无道，子不子则不孝。此四行者，天下之大过也。"

　　君不像君，就会受到臣下的冒犯；臣不像臣，就会因犯上而被杀；父不像父，就会破坏人伦之道；子不像子，就会成为不孝之徒。这四种都是天下的重大过错。

报任少卿书（司马迁）

太史公牛马走司马迁再拜言，少卿足下：曩者辱赐书，教以慎于接物，推贤进士气为务①。意气勤勤恳恳，若望仆不相师，而用流俗人之言。仆非敢如是也！仆虽罢驽，亦尝侧闻长者遗风矣。顾自以为身残处秽，动而见尤，欲益反损，是以独抑郁而谁与语②。谚曰："谁为为之？孰令听之？"盖锺子期死，伯牙终身不复鼓琴。何则？士为知己者用，女为悦己者容。若仆大质已亏缺矣，虽才怀随、和，行若由、夷，终不可以为荣，适足以见笑而自点耳③。书辞宜答，会东从上来，又迫贱事，相见日浅，卒卒无须臾之间得竭志意。今少卿抱不测之罪，涉旬月，迫季冬，仆又薄从上雍，恐卒然不可为讳。是仆终已不得舒愤懑以晓左右，则长逝者魂魄私恨无穷。请略陈固陋。阙然久不报，幸勿为过。

仆闻之：修身者，智之符也；爱施者，仁之端也；取予者，义之表也；耻辱者，勇之决也；立名者，行之极也④，士有此五者，然后可以托于世，列于君子之林矣。故祸莫憯于欲利，悲莫痛于伤心，行莫丑于辱先，诟莫大于宫刑⑤。刑余之人，无所比数⑥，非一世也，所从来远矣。昔卫灵公与雍渠同载，孔子适陈；商鞅因景监见，赵良寒心；同子参乘，袁丝变色：自古而耻之⑦。夫中材之人，事有关于宦竖，莫不伤气，而况于慷慨之士乎？如今朝庭虽乏人，奈何令刀锯之余荐天下豪俊哉！仆赖先人绪业，得待罪辇毂下⑧，二十余年矣。所以自惟：上之，不能纳忠效信，有奇策材力之誉，自结明主；次之，又不能拾遗补阙，招贤进能，显岩穴之士⑨；外之，不能备行伍，攻城野战，有斩将搴旗之功；下之，不能积日累劳，取尊官厚禄，以为宗族交游光宠。四者无一遂，苟合取容，无所短长之效，可见于此矣。向者仆亦尝厕下大夫之列，陪奉外廷末议，不以此时引纲维，尽思虑，今已亏形为扫除之隶，在阘茸之中，乃欲卬首伸眉，论列是非，不亦轻朝廷、羞当世之士邪⑩！嗟乎！嗟乎！如仆尚何言哉！尚何言哉！

且事本末未易明也。仆少负不羁之材，长无乡曲之誉⑪，主上幸以先人之故，使得奉薄伎，出入周卫之中。仆以为戴盆何以望天，故绝宾客之知⑫，亡室家之业，日夜竭其不肖之才力，务一心营职，以求亲媚于主上。而事乃有大谬不然者。

夫仆与李陵俱居门下，素非能相善也，趋舍异路，未尝衔杯酒、接殷勤之余欢。然仆观其为人自守奇士，事亲孝，与士信，临财廉，取与义，分别有让，恭俭下人，常思奋不顾身以殉国家之急。其素所蓄积也，仆以为有国士之风。夫人臣出万死不顾一生之计，赴公家之难，斯已奇矣。今举事一不当，而全躯保妻子之臣随而媒孽其短[13]，仆诚私心痛之。且李陵提步卒不满五千，深践戎马之地，足历王庭，垂饵虎口，横挑强胡，仰亿万之师，与单于连战十有余日[14]，所杀过当，虏救死扶伤不给。旃裘之君长咸震怖，乃悉征其左右贤王，举引弓之人，一国共攻而围之[15]。转斗千里，矢尽道穷，救兵不至，士卒死伤如积。然陵一呼劳军，士无不起，躬自流涕，沫血饮泣，更张空弮，冒白刃，北向争死敌者。陵未没时，使有来报，汉公卿王侯皆奉觞上寿。后数日，陵败书闻，主上为之食不甘味，听朝不怡。大臣忧惧，不知所出。仆窃不自料其卑贱，见主上惨怆怛悼，诚欲效其款款之愚[16]。以为李陵素与士大夫绝甘分少，能得人之死力，虽古之名将，不能过也。身虽陷败，彼观其意，且欲得其当而报于汉。事已无可奈何，其所摧败，功亦足以暴于天下矣。仆怀欲陈之，而未有路，适会召问，即以此指推言陵之功，欲以广主上之意，塞睚眦之辞。未能尽明，明主不晓，以为仆沮贰师，而为李陵游说，遂下于理，拳拳之忠，终不能自列，因为诬上，卒从吏议。家贫，货赂不足以自赎，交游莫救视；左右亲近不为一言。身非木石，独与法吏为伍，深幽囹圄之中，谁可告诉者！此真少卿所亲见，仆行事岂不然乎？李陵既生降，隤其家声，而仆又佴之蚕室，重为天下观笑。悲夫！悲夫！事未易一二为俗人言也。

仆之先非有剖符丹书之功，文、史、星、历近乎卜祝之间，固主上所戏弄，倡优所畜，流俗之所轻也[17]。假令仆伏法受诛，若九牛亡一毛，与蝼蚁何以异？而世俗又不与能死节者次比，特以为智穷罪极，不能自免，卒就死耳。何也？素所自树立使然也。人固有一死，死或重于泰山，或轻于鸿毛，用之所趣异也。太上不辱先，其次不辱身，其次不辱理色，其次不辱辞令，其次诎体受辱，其次易服受辱，其次关木索、被箠楚受辱，其次剔毛发、婴金铁受辱，其次毁肌肤、断肢体受辱，最下腐刑极矣！传曰："刑不上大夫。"此言士节不可不勉励也，猛虎在深山，百兽震恐，及在槛阱之中，摇尾而求食，积威约之渐也。故士有画地为牢，势不可入，削木为吏，议不可对，定计于鲜也。今交手足，受木索，暴肌肤，受榜箠，幽于圜墙之中。当此之时，见狱吏则头抢地，视徒隶则心惕息。何者？积威约之势也。及以至是，言不辱者，所谓强颜耳，曷足贵乎！且西伯，伯

也，拘于羑里；李斯，相也，具于五刑；淮阴，王也，受械于陈；彭越、张敖，南面称孤，系狱抵罪；绛侯诛诸吕，权倾五伯，囚于请室；魏其，大将也，衣赭衣，关三木；季布为朱家钳奴；灌夫受辱于居室。此人皆身至王侯将相，声闻邻国，及罪至罔加，不能引决自裁，在尘埃之中。古今一体，安在其不辱也？由此言之，勇怯，势也；强弱，形也。审矣，何足怪乎？夫人不能早自裁绳墨之外，以稍陵迟，至于鞭箠之间，乃欲引节，斯不亦远乎！古人所以重施刑于大夫者，殆为此也。夫人情莫不贪生恶死，念父母，顾妻子。至激于义理者不然，乃有所不得已也。今仆不幸早失父母，无兄弟之亲，独身孤立，少卿视仆于妻子何如哉？且勇者不必死节，怯夫慕义，何处不勉焉？仆虽怯懦欲苟活，亦颇识去就之分矣，何至自沉溺缧绁之辱哉[18]！且夫臧获婢妾，犹能引决，况仆之不得已乎？所以隐忍苟活，幽于粪土之中而不辞者，恨私心有所不尽，鄙陋没世，而文采不表于后世也。

　　古者富贵而名摩灭，不可胜记，唯倜傥非常之人称焉[19]。盖文王拘而演《周易》；仲尼厄而作《春秋》；屈原放逐，乃赋《离骚》；左丘失明，厥有《国语》；孙子膑脚，兵法修列；不韦迁蜀，世传《吕览》；韩非囚秦，《说难》《孤愤》；《诗》三百篇，大抵贤圣发愤之所为作也。此人皆意有所郁结，不得通其道，故述往事，思来者。及如左丘明无目，孙子断足，终不可用，退而论书策，以舒其愤，思垂空文以自见。仆窃不逊，近自托于无能之辞，网罗天下放失旧闻，略考其事，综其终始，稽其成败兴坏之纪，上计轩辕，下至于兹，为十表、本纪十二、书八章、世家三十、列传七十，凡百三十篇。亦欲以究天人之际[20]，通古今之变，成一家之言。草创未就，会遭此祸，惜其不成，是以就极刑而无愠色。仆诚已著此书，藏之名山，传之其人通邑大都，则仆偿前辱之责，虽万被戮，岂有悔哉！然此可为智者道，难为俗人言也。

且负下未易居，下流多谤议。仆以口语遇遭此祸，重为乡党所戮笑[21]，以污辱先人，亦何面目复上父母之丘墓乎？虽累百世，垢弥甚耳！是以肠一日而九回，居则忽忽若有所亡，出则不知其所往。每念斯耻，汗未尝不发背沾衣也！身直为闺阁之臣，宁得自引深藏岩穴邪？故且从俗浮沉，与时俯仰，以通其狂惑，今少卿乃教之以推贤进士，无乃与仆私心剌谬乎？今虽欲自彫琢，曼辞以自饰，无益，于俗不信，适足取辱耳。要之，死日然后是非乃定。书不能悉意，略陈固陋。谨再拜。

【注释】

①牛马走：像牛马一样被驱使的走卒，谦称。少卿：任安字。曩者：过去。辱：承蒙，谦词。②顾：但是。身残：身遭宫刑。处秽：处境污秽可耻。见尤：被指责。③大质：身体。隋侯珠：传说随侯救活一条大蛇，蛇从江中衔起一颗大珍珠来报答他。和：和氏璧。春秋时楚卞和得一璞玉，先后献给两代楚王，都被认为是石头，以欺君之罪砍去双足，及至楚文王时才治璞得玉。由：许由。尧要把天下让给他，躲避不受。夷：伯夷。由夷：借代品质高尚之士。点：同"玷"，污辱。④极：指智仁勇是立身的准则。⑤诟：耻辱。宫刑：古代阉割男子生殖器的酷刑，又叫腐刑。⑥刑余之人：指受过宫刑的人。无所比数：没有放在同一类计

算。意即被歧视。⑦雍渠：卫灵公宠信的宦官。卫灵公与雍渠同车出游，孔子的车在后面，孔子以为耻辱，离卫去陈。商鞅：战国时政治家。景监：秦孝公宠信的太监。赵良：秦孝公的贤士，曾劝商鞅引退。寒心：担心，惧其祸必至。同子：汉文帝时宦官赵谈，司马迁因避其父司马谈讳而称同子。参乘：坐在车上陪同赶车。袁丝：即袁盎，字丝，汉文帝时大臣。汉文帝外出，赵谈陪坐在车右。袁盎当面直谏，赵谈哭着下了车。⑧待罪：供职，做官，谦词。古代官吏常怕失职获罪，故称做官为待罪。辇毂：皇帝的车驾。辇毂下：代指京都。⑨拾遗补阙：拾取遗漏，补救缺失。指向皇帝谏诤以纠正过失。阙，通"缺"。岩穴之士：隐士。⑩亏形：受了宫刑，身体残疾。扫除之隶：只做扫除之事的奴隶，谦词。闒茸：卑微、下贱的人。卬首信眉：昂首伸眉，形容意气昂扬。羞：使（当世之士）羞辱。邪：同"耶"，语气词。⑪负：前人有三解：颜师古解作"无"；王先谦解作"恃"，杨树达解作"抱"。都可通。不羁之才：高远而不受束缚的才能。⑫戴盆何以望天：戴盆和望天不能同时做，比喻自己既任职宫中，不可能再管私事。绝宾客之知：指和朋友断绝了来往。⑬媒蘖：用以酿酒的酵母，比喻诬陷。⑭卬：同"仰"，仰攻。卬，一说通"迎"，迎击。单于：古代匈奴的君主。所杀过当：所杀的敌人超过本军的数目。⑮旃裘之君长：匈奴的首领。左右贤王：地位仅次于大单于，分别统治匈奴的东、西地区。引弓之人：弓箭手。⑯惨怆怛悼：悲哀伤心。款款之愚：恳切的愚见。⑰剖符：帝王分封功臣，以竹符为信证，剖分为二，君臣各持其一。又叫剖竹。丹书：帝王赐给世袭的享有免罪等特权的证件。星、历：天文和历法这两项也归太史掌管。倡优畜之：像乐师和优伶（戏剧演员）一样畜养起来。⑱沉溺：深陷。缧绁：捆人的绳索。引申为牢狱。⑲摩灭：同"磨灭"。傥傥：同"倜傥"，豪爽。称：称道。⑳究天人之际：探究天地自然和人类社会的关系。㉑重：极。乡党：乡里。古代一万二千五百家为一乡，五百家为一党。戮笑：耻笑。

美文共赏

　　在这封信中，司马迁怀着悲愤的心情，陈述自己蒙受的冤屈和耻辱，倾吐内心的痛苦。说明自己隐忍苟活的原因，表达身处绝境也要坚持完成《史记》的决心，同时也反映了他的文学观和生死观。这封信是一篇研究《史记》和司马迁的生活、思想的重要文章。

　　司马迁发现，在历史上有不少富贵的人，但是只有"倜傥非常之人"，即对历史和文化做出贡献的人，才能不朽。他认为，文王、孔子、屈原、左丘明、孙膑、吕不韦、韩非等人的著述以及《诗经》都是古代圣贤发愤所作的。都是作者把历尽磨难苦苦思索得到的知识，呕心沥血著书成文，从而为人类做出了很大贡献。司马迁正是从历史和文化发展的历程中找到了自己的榜样和前驱者，找到了人生的方向和进取的道路。

　　《报任少卿书》见识深远，是篇诚挚感人的至情之作。文中叙事、议论、抒情，交融一体，用以表情达意。大量的疑问、感叹；长句、短句等各式句式和排比句式的运用，体现了作者高超的语言艺术，充分地把两位好友在生死诀别之际用文字作的心灵沟通中蕴含的情感表达了出来，感人肺腑。

本篇名句

　　"人固有一死，死或重于泰山，或轻于鸿毛，用之所趣异也。"

　　人总是要死的，不过，有的死比泰山还重，有的死比鸿毛还轻，因为死的价值不同啊！

卷六　汉魏文

高帝求贤诏（《西汉文》）

盖闻王者莫高于周文，伯者莫高于齐桓①，皆待贤人而成名。今天下贤者智能，岂特古之人乎？患在人主不交故也，士奚由进②？今吾以天之灵、贤士大夫定有天下，以为一家，欲其长久，世世奉宗庙亡③绝也。贤人已与我共平之矣，而不与吾共安利之，可乎？贤士大夫有肯从我游者④，吾能尊显之。布告天下，使明知朕意。御史大夫昌下相国，相国酂侯下诸侯王，御史中执法下郡守⑤，其有意称明德者⑥，必身劝，为之驾，遣诣相国府，署行、义、年⑦。有而弗言，觉免。年老癃病⑧，勿遣。

【注释】

①王（wàng）者。周文：指周文王。伯（bà）：同"霸"。②奚：如何。③亡：无。④游：交游，交朋友。⑤相国酂（zàn）侯：指萧何。御史中执法：官名，即御史大夫的副手御史中丞。下：向下传达。⑥意称明德：确实具美德。⑦义：同"仪"，即仪容。⑧癃（lóng）病：手足不灵活的病。

美文共赏

本文选自《汉书·高帝纪》。这是汉高祖刘邦颁布的一项求贤诏令。文中主要是讲刘邦扫灭群雄建立汉朝之后，为了巩固政权而在全国范围内征召贤士。他先是从古代帝王谈起，引出了举荐贤才的重要性。然后又把天下的兴衰与贤才能够重用联系起来，层层展开，提出了自己昭告天下任用贤才的旨意。本文表现了刘邦思贤若渴的心情，也表现了这位帝王的治国方略。这份诏书奠定了西汉举贤任能的基本国策。

本篇名句

"盖闻王者莫高于周文,伯者莫高于齐桓,皆待贤人而成名。今天下贤者智能,岂特古之人乎?患在人主不交故也,士奚由进?"

听说古代圣王中没有能超过周文王的,霸主中没有高出齐桓公的,周文王、齐桓公都是依靠贤人的帮助而成名,现在天下贤人的智慧才能,难道不及古时候的人才吗?只怕是君主不去和他们结交,不去结交,贤士怎么能够来呢?

文帝议佐百姓诏（《西汉文》）

间者数年比不登①,又有水旱疾疫之灾,朕甚忧之。愚而不明,未达其咎。意者朕之政有所失而行有过与②?乃天道有不顺、地利或不得、人事多失和、鬼神废不享与?何以致此?将百官之奉养或费,无用之事或多与?何其民食之寡乏也?大度田非益寡③,而计民未加益,以口量地,其于古犹有余,而食之甚不足者,其咎安在?无乃百姓之从事于末,以害农者蕃④,为酒醪以靡谷者多⑤,六畜之食焉者众与?细大之义,吾未能得其中。其与丞相、列侯、吏二千石⑥、博士议之,有可以佐百姓者,率意远思,无有所隐!

【注释】

①间:近来。比:频。登:五谷成熟。②与:同"欤",疑问词。③度(duó):估量。④末:指工商业。蕃:繁。⑤醪(láo):浊酒。靡:同"糜"。⑥二千石:指郡守,因其俸禄为二千石。

美文共赏

汉文帝是汉初"文景之治"的君王之一,是封建社会中一位比较能体贴民间疾苦的皇帝。这份诏书是说,近年来灾害频发,百姓的粮食缺乏,不知道什么原因,希望群臣和他一起解决这个问题。文章表达了这位封建帝王忧国忧民的心情。这份诏书的新奇之处在于通篇都是用疑惑和提问的语气写成,这就造成了紧迫的气势和低沉的格调,和当时的社会氛围相协调。文中反复设问,想真正解决问题的诚恳跃然纸上。

本篇名句

"愚而不明,未达其咎。意者朕之政有所失而行有过与?乃天道有不顺、地利或不得、人事多失和、鬼神废不享与?何以致此?"

自己愚笨,不明事理,不知道弊病出在什么地方。朕想,是不是朕施政有什么失误,行为有什么过错?还是天时不顺,地利没有发挥,或者人事失和,鬼神也不来享受祭祀呢?怎么弄到这个地步?

贾谊过秦论上① 《西汉文》

秦孝公据殽函之固,拥雍州之地,君臣固守,以窥周室。有席卷天下、包举宇内,囊括四海之意,并吞八荒之心②。当是时也,商君佐之,内立法度,务耕织,修守战之具;外连衡而斗诸侯③。于是秦人拱手而取西河之外。

孝公既没,惠文、武、昭,蒙故业④,因遗策,南取汉中,西举巴蜀,东割膏腴之地,收要害之郡。诸侯恐惧,会盟而谋弱秦,不爱珍器、重宝、肥饶之地,以致天下之士,合从缔交,相与为一⑤。当此之时,齐有孟尝,赵有平原,楚有春申,魏有信陵。此四君者,皆明智而忠信,宽厚而爱人,尊贤而重士。约从离横,兼韩、魏、燕、赵、宋、卫、中山之众⑥。于是六国之士,有宁越、徐尚、苏秦、杜赫之属为之谋,齐明、周最、陈轸、召滑、楼缓、翟景、苏厉、乐毅之徒通其意,吴起、孙膑、带佗、儿良、王廖、田忌、廉颇、赵奢之伦制其兵。尝以什倍之地,百万之众,叩关而攻秦。秦人开关而延敌,九国之师遁逃而不敢进。秦无亡矢遗镞之费,而天下诸侯已困矣。于是从散约解,争割地而赂秦。秦有余力而制其弊,追亡逐北,伏尸百万,流血漂橹⑦。因利乘便,宰割天下,分裂河山。强国请服,弱国入朝。

施及孝文王、庄襄王，享国之日浅，国家无事。

及至始皇，奋六世之余烈，振长策而御宇内，吞二周而亡诸侯，履至尊而制六合，执敲扑以鞭笞天下，威振四海⑧。南取百越之地，以为桂林、象郡，百越之君俛首系颈，委命下吏。乃使蒙恬北筑长城而守藩篱⑨，却匈奴七百余里，胡人不敢南下而牧马，士不敢弯弓而报怨。于是废先王之道，燔百家之言，以愚黔首。隳名城，杀豪俊，收天下之兵聚之咸阳，销锋镝，铸以为金人十二，以弱天下之民⑩。然后践华为城，因河为池，据亿丈之城，临不测之溪以为固。良将劲弩，守要害之处；信臣精卒，陈利兵而谁何。天下已定，始皇之心，自以为关中之固，金城千里，子孙帝王万世之业也。

始皇既没，余威震于殊俗。然而陈涉，瓮牖绳枢之子，甿隶之人，而迁徙之徒也⑪；材能不及中庸，非有仲尼、墨翟之贤，陶朱、猗顿之富⑫，蹑足行伍之间，俛起阡陌之中，率罢弊之卒，将数百之众，转而攻秦。斩木为兵，揭竿为旗，天下云集而响应，赢粮而景从，山东豪俊遂并起而亡秦族矣⑬。

且夫天下非小弱也，雍州之地，殽函之固，自若也；陈涉之位不尊于齐、楚、燕、赵、韩、魏、宋、卫、中山之君也；锄櫌、棘矜，不銛于钩、戟、长铩也；谪戍之众，非抗于九国之师也；深谋远虑，行军用兵之道，非及曩时之士也⑭。然而成败异变，功业相反。试使山东之国，与陈涉度长絜大，比权量力，则不可同年而语矣。然秦以区区之地，致万乘之权，招八州而朝同列⑮，百有余年矣。然后以六合为家,殽函为宫。一夫作难而七庙隳⑯,身死人手,为天下笑者,何也?仁义不施,而攻守之势异也。

【注释】

①贾谊:(前200—前168):洛阳人,西汉思想家、文学家。②席卷:像卷席子全部卷走。包举:全部裹走。囊括:全部装走。八荒:八方极偏远处。③连衡:即"连横"。秦国与太行山以东个别国家连接起来,分化六国。拱手:形容轻而易举。西河之外:当时魏国在黄河以西一带的土地。④惠文、武、昭:秦惠文王、武王、昭王,三王在位共86年。⑤合从:即"合纵"。南北为纵。战国时,苏秦游说六国诸侯,要他们联合起业西向抗秦。⑥宋、卫、中山:都是战国时期的小国。宋、卫在今河南、中山在今河北。⑦制其弊:控制其弱点。北:军败曰北。橹:大盾牌。⑧二周:东周王朝在最后分裂为东、西周。西周都洛(今河南洛阳市),东周都巩(今河南巩县),史称西周君、东周君。履:登上。至尊:指皇位。六合:上、下、东、西、南、北,指天下。敲扑:棍棒。长者曰敲,短者曰扑。⑨蒙恬:秦将。藩篱:篱笆或围栅,比喻边境的屏障。⑩燔:焚烧。黔首:平民。周称"黎民",秦始皇二十六年"更名民曰黔首"。隳:毁坏。镝:同"镝",箭头。⑪陈涉(?—前208),前209年最先起义反秦。不久兵败被杀。瓮牖绳枢:用瓦瓮做窗户,用绳子缚着门枢,形容家里非常贫穷。氓隶:古代统治者对卑贱者的称呼。⑫陶朱;即范蠡,本为春秋时越王勾践的大夫,后弃官到陶地(今山东定陶县)经商,成为巨富,自称陶朱公。猗顿;春秋时鲁人,因经营盐业成为巨富。⑬俛起:崛起。俛:通"勉"。阡陌:田间小路。指田野。罢弊:疲惫困顿。罢,通"疲"。赢:担负。景从:如影随形。山东:殽山以东原来六国的广大地区。⑭曩时:从前。⑮八州:天下分为九州。秦居其一(雍州),因言八州,朝同列:使同等的诸侯朝拜。⑯七庙:古代天子七庙,供奉七代祖先。

美文共赏

过秦,就是批评秦朝的过失。文章前面大写秦国如何走向强盛,统一天下,轰轰烈烈;然后又写秦朝的土崩瓦解,竟是意外的轻而易举,由此总结出秦亡的教训,得出秦亡是由于"仁义不施",不知"攻守之势异也"。贾谊写作此文,目的在于为汉文帝提供政治上的鉴戒。

在中国散文史上,《过秦论》首创了"史论"这一体裁,对汉以后的散文创作产生了重要影响。是故从明、清到当代,几乎所有的古文选本都选了这篇《过秦论上》。

贾谊在用写赋的手法来写说理散文。写赋是需要铺张和夸大的,贾谊写这篇文章可以说通篇都采用了这种手法。如第一段"有席卷天下"四句,"席卷"

"包举""囊括""并吞"等词，基本上都同义；"天下""宇内""四海"和"八荒"，也都是同一个意思。同一个意思而一连写上好几句，既有排比又有对仗，这就是写赋的夸张手法。本文中类似的句子不胜枚举。这样的句式一多，气势自然就充沛、豪迈，让读者感受到作者的笔锋锐不可当，咄咄逼人，读起来有力量，有说服力，如长江巨浪，势不可挡。另外，文中也大量运用了对比的手法，使全文处处都充满了论辩的力量。

本篇名句

"仁义不施，而攻守之势异也。"
就因为它不施行仁义，攻守的形势也就发生了根本的变化！

贾谊治安策（一）《西汉文》

夫树国固，必相疑之势，下数被其殃，上数爽其忧，甚非所以安上而全下也①。今或亲弟谋为东帝，亲兄之子西乡而击，今吴又见告矣②。天子春秋鼎盛，行义未过，德泽有加焉，犹尚如是，况莫大诸侯，权力且十此者乎！然而天下少安，何也？大国之王幼弱未壮，汉之所置傅、相方握其事③。数年之后，诸侯之王大抵皆冠，血气方刚，汉之傅、相称病而赐罢④，彼自丞尉以上偏置私人，如此，有异淮南、济北之为邪？此时而欲为治安，虽尧、舜不治。

黄帝曰："日中必熭⑤，操刀必割。"今令此道顺而全安，甚易；不肯早为，已乃堕骨肉之属而抗刭之，岂有异秦之季世乎？夫以天子之位，乘今之时，因天之助，尚惮以危为安，以乱为治，假设陛下居齐桓之处，将不合诸侯而匡天下乎？臣又知陛下有所必不能矣。假设天下如曩时⑥，淮阴侯尚王楚，黥布王淮南，彭越王梁，韩信王韩，张敖王赵，贯高为相，卢绾王燕，陈豨在代，令此六、七公者皆亡恙，当是时而陛下即天子位，能自安乎？臣有以知陛下之不能也。天下淆乱，高皇帝与诸公并起，非有仄室之势以豫席之也⑦。诸公幸者乃为中涓，其次厪得舍人，材之不逮至远也。高皇帝以明圣威武即天子位，割膏腴之地以王诸公，多者百余城，少者乃三四十县，惠至渥也⑧。然其后七年之间，反者九起。陛下之与诸公，非亲角材而臣之也，又非身封王之也。自高皇帝不能以是一岁为安，故臣知陛下之不能也。

然尚有可诿者，曰疏。臣请试言其亲者。假令悼惠王王齐，元王王楚，中子王赵，幽王王淮阳，共王王梁，灵王王燕，厉王王淮南，六、七贵人皆亡恙，当是时陛下即位，能为治乎？臣又知陛下之不能也。若此诸王，虽名为臣，实皆有布衣昆弟之心⑨，虑亡不帝制而天子自为者。擅爵人，赦死罪，甚者或戴黄屋，汉法令非行也。虽行，不轨如厉王者，令之不肯听，召之安可致乎！幸而来至，法安可得加！动一亲戚，天下圜视而起，陛下之臣虽有悍如冯敬者⑩，适启其口，匕首已陷其胸矣。陛下虽贤，谁与领此？故疏者必危，亲者必乱，已然之效也。其异姓负强而动者，汉已幸胜之矣，又不易其所以然。同姓袭是迹而动，既有征矣，其势尽又复然。殃祸之变，未知所移，明帝处之尚不能以安，后世将如之何！屠牛坦一朝解十二牛，而芒刃不顿者，所排击剥割，皆众理解也⑪。至于髋髀之所，非斤则斧⑫。夫仁义恩厚，人主之芒刃也；权势法制，人主之斤斧也。今诸侯王皆众髋髀也，释斤斧之用，而欲婴以芒刃，臣以为不缺则折。胡不用之淮南、济北？势不可也。

臣窃迹前事，大抵强者先反。淮阴王楚，最强，则最先反；韩信倚胡，则又反；贯高因赵资，则又反；陈豨兵精，则又反；彭越用梁，则又反；黥布用淮南，则又反；卢绾最弱，最后反。长沙乃在二万五千户耳⑬，功少而最完，势疏而最忠，非独性异人也，亦形势然也。曩令樊、郦、绛、灌据数十城而王，今虽已残，亡可也⑭；令信、越之伦列为彻侯而居，虽至今存，可也⑮。然则天下之大计可知已。欲诸王之皆忠附，则莫若令如长沙王；欲臣子之勿菹醢⑯，则莫若令如樊、郦等；欲天下之治安，莫若众建诸侯而少其力。力少则易使以义，国小则亡邪心。令海内之势如身之使臂，臂之使指，莫不制从；诸侯之君不敢有异心，辐凑并进而归命天子；虽在细民，且知其安，故天下咸知陛下之明。割地定制，令齐、赵、楚各为若干国，使悼惠王、幽王、元王之子孙毕以次各受祖之分地，地尽而止，及燕梁他国皆然。其分地众而子孙少者，建以为国，空而置之，须其子孙生者，举使君之。诸侯之地，其削颇入汉者，为徙其侯国及封其子孙也，所以数偿之。一寸之地，一人之众，天子亡所利焉，诚以定治而已，故天下咸知陛下之廉。地制一定，宗室子孙莫虑不王，下无倍畔之心，上无诛伐之志，故天下咸知陛下之仁。法立而不犯，令行而不逆，贯高、利几之谋不生，柴奇、开章之计不萌，细民乡善，大臣致顺，故天下咸知陛下之义。卧赤子天下之上而安，植遗腹，朝委裘，而天下不乱⑰。当时大治，后世诵圣。一动而五业附⑱，陛下谁惮而久不为此？天下之势方病大瘇。一胫之大几如要，一指之大几如股，平居不可屈信，一二指搐，身虑无聊。失今不治，必为锢疾，后虽有扁鹊，不能为已。病非徒瘇也，又苦蹠盭。元王之子，帝之从弟也；今之王者，从弟之子也。惠王之子，亲兄子也，今之王者，兄子之子也。亲者或亡分地以安天下，疏者或制大权以逼天子。臣故曰非徒病瘇也，又苦蹠盭⑲。可痛哭者，此病是也。

【注释】

①树：建立。固：巩固，指强大。疑：通"拟"。相似，相抗衡。爽：伤。②亲弟谋为东帝：指文帝的弟弟淮南王刘长。文帝六年淮南王谋反，被人告发绝食而死。其封地在东，自称"东帝"。亲兄之子：济北王刘兴是文帝亲兄齐悼惠王的儿子。乡：通"向"。文帝三年，济北王起兵叛乱，打算向西进攻荥阳，失败自杀。③傅相：西汉时皇帝为各封国所任命的太傅和丞相，掌握着各封国的实权。④冠：成年。古代男子二十岁举行加冠礼后便算成年。赐罢：恩准辞官退休。⑤暴：曝晒。⑥曩时：以往，从前。⑦仄室：即侧室。汉文帝的母亲是刘邦的侧室。豫席：预先凭借。豫，同"预"。⑧中涓：皇帝近侍官。舍人：地位卑于中涓的近侍官员。渥：优厚。⑨布衣昆弟：上述同姓诸侯王虽然与天子名为君臣，却自以为与天子就同百姓的兄弟一样。虑：大概。⑩冯敬：汉初御史大夫，曾劾淮南厉王，被刺死。⑪屠牛坦：春秋时一个精于宰牛的人，名坦。芒刃：锋利的刀刃。顿：通"钝"。排：剖开。理：肌理。解：关节间隙。⑫髋：胯骨。髀：大腿骨。斤：一种锋刃较长的斧子。⑬长沙：指长沙王吴芮（ruì）。⑭樊、郦、绛、灌：指汉高祖的功臣舞阳侯樊哙、曲周侯郦商、绛侯周勃、颍阴侯灌婴。⑮信、越：指淮阴侯韩信和梁王彭越。彻侯：秦汉封爵，共二十级，彻侯为最高级。后避汉武帝刘彻名讳，改称"通侯"。⑯菹醢：古代酷刑，将人剁成肉酱。⑰赤子：初生儿。植：扶立。遗腹：遗腹子。此指皇帝死时还未出生的儿子。委裘：已经死去的皇帝遗留下来的衣服。⑱五业：指上述明、廉、仁、义、圣五种功业。⑲蹠：脚掌。盭：反扭。蹠盭，脚掌翻转。

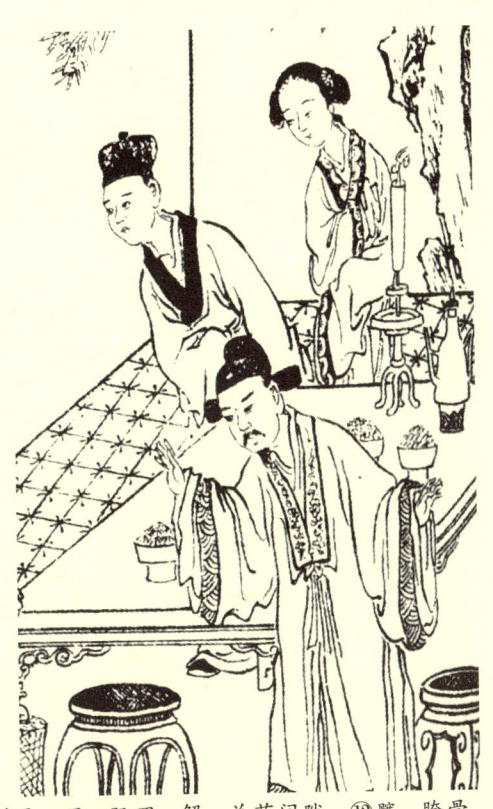

美文共赏

汉文帝时，同姓诸侯王的力量直接威胁着西汉中央朝廷的安全。贾谊觉察到了这一问题的严重性，在上呈给汉文帝的《治安策》中，着重论述了这一问题。

他总结了汉初反分裂的历史经验和现实斗争的经验，指出诸侯王封国的强盛必然导致谋叛作乱，暂时的安定只是表面现象，如不及早采取措施，一定会引起天下大乱。然后他提出"众建诸侯而少其力"的主张，即把各王国的土地分封给王国的子孙，使王国自然缩小，无力作乱。文帝未加采纳，到景帝时果然发生七国之乱，证实了贾谊的预见。贾谊坚持统一、反对分裂的思想是合乎历史潮流的。在"文景之治"的和谐景象中，贾谊能够清醒地看到太平盛景下潜伏的种种隐患与危机，可以看到贾谊作为政治家的敏锐感和为国为民的责任感，他的目光远大，是故该文论辩恢弘，见解深刻。文章以"众建诸侯而少其力"这个论点为中心，先论不这样做不行，再论这样做好处何在，层层深入，以理服人，是论说文的典范。

贾谊在文中还提出了一个"士可杀不可辱"的价值理念，成为千百年来士大夫阶层追求自身人格尊严和道德气质的写照，对后世影响可谓至深。

本篇名句

"夫仁义恩厚，人主之芒刃也；权势法制，人主之斤斧也。"

仁义恩德，这是帝王锋利的刀刃；权势法制，这是帝王执政的斧头。

晁错论贵粟疏[①]（《西汉文》）

圣王在上而民不冻饥者，非能耕而食之，织而衣之也，为开其资财之道也。故尧、禹有九年之水，汤有七年之旱，而国无捐瘠者，以畜积多而备先具也。今海内为一，土地人民之众不避禹、汤，加以亡天灾数年之水旱，而畜积未及者，何也？地有余利，民有余力，生谷之土未尽垦，山泽之利未尽出也，游食之民未尽归农也。民贫，则奸邪生。贫生于不足，不足生于不农，不农则不地著②，不地著则离乡轻家，民如鸟兽，虽有高城深池，严法重刑，犹不能禁也。

夫寒之于衣，不待轻暖；饥之于食，不待甘旨；饥寒至身，不顾廉耻。人情，一日不再食则饥，终岁不制衣则寒。夫腹饥不得食，肤寒不得衣，虽慈母不能保其子，君安能以有其民哉？明主知其然也，故务民于农桑，薄赋敛，广畜积，以实仓廪、备水旱，故民可得而有也。

民者，在上所以牧之。趋利如水走下，四方无择也。夫珠玉金银，饥不可食，寒不可衣，然而众贵之者，以上用之故也。其为物轻微易藏，在于把握，可以周海内而无饥寒之患。此令臣轻背其主，而民易去其乡，盗贼有所劝，亡逃者得轻资也。粟米布帛，生于地，长于时，聚于力，非可一日成也。数石之重，中人弗胜③，不为奸邪所利，一日弗得而饥寒至。是故，明君贵五谷而贱金玉。

今农夫五口之家，其服役者不下二人，其能耕者不过百亩，百亩之收不过百石。春耕夏耘，秋获冬藏，伐薪樵，治官府，给徭役；春不得避风尘，夏不得避暑热，秋不得避阴雨，冬不得避寒冻，四时之间无日休息；又私自送往迎来，吊死问疾，养孤长幼在其中④。勤苦如此，尚复被水旱之灾，急征暴虐，赋敛不时，朝令而暮改。当具有者⑤，半贾而卖，亡者取倍称之息。于是有卖田宅、鬻子孙以偿债者矣。而商贾大者积贮倍息，小者坐列贩卖，操其奇赢，日游都市，乘上之急，所卖必倍。故其男不耕耘，女不蚕织，衣必文采，食必粱肉⑥，无农夫之苦，有阡陌之得。因其富厚，交通王侯，力过吏势，以利相倾，千里游敖，冠盖相望，乘坚策肥，履丝曳缟⑦。此商人所以兼并农人，农人所以流亡者也。今法律贱商人，商人已富贵矣；尊农夫，农夫已贫贱矣。故俗之所贵，主之所贱也；吏之所卑，法之所尊也。上下相反，好恶乖迕，而欲国富法立，不可得也。

方今之务，莫若使民务农而已矣。欲民务农，在于贵粟，贵粟之道，在于使民以粟为赏罚。今募天下入粟县官⑧，得以拜爵，得以除罪。如此，富人有爵，农民有钱，粟有所渫。夫能入粟以受爵，皆有余者也。取于有余，以供上用，则贫民之赋可损，所谓损有余，补不足，令出而民利者也。顺于民心，所补者三：一曰主用足，二曰民赋少，三曰劝农功。今令民有车骑马匹者，复卒三人。车骑者，天下武备也，故为复卒。神农之教曰："有石城十仞，汤池百步，带甲百万，而亡粟，弗能守也。"以是观之，粟者，王者大用，政之本务。令民入粟受爵，至五大夫以上⑨，乃复一人耳，此其与骑马之功相去远矣。爵者，上之所擅，出于口而无穷；粟者，民之所种，生于地而不乏。夫得高爵与免罪，人之所甚欲也。使天下人入粟于边，以受爵免罪，不过三岁，塞下之粟必多矣。

【注释】

①晁错（前200—前154）：颍川（今河南禹县）人，景帝时任御史大夫，前154年，七国之乱，以诛晁错为名，景帝为求七国罢兵，杀了他。参见本书卷十《晁错论》。②地著：久居一地不迁移。著：同"着"，附着。③弗胜：不能胜任，拿不动。④长幼：长作动词用，使幼者长大。⑤当具：该当交纳赋税的时候。⑥粱：精美的饭食。⑦乘坚策肥：乘坚车，骑肥马。履丝曳缟：穿丝鞋，披绸衣。⑧县官：指朝廷、官府。⑨五大夫：低级爵位。

美文共赏

《论贵粟疏》紧紧抓住了"温饱问题是维护人类生存的前提，也是政权得以巩固的先决条件"这个关键，并围绕它展开论证。文中晁错建议文帝采取"以贵粟为赏罚"，入粟拜爵、除罪的办法，继续推行汉初的重农抑商、与民休养生息的政策。对"重农贵粟"这个中心进行论证，摆事实，讲道理，前后相承，步步深入，浅显话语中寓有深刻的哲理，字里行间渗透着国家不能保有民众，败亡则可能接踵而来的警告。这在当时是有积极意义的，在今天也有可供借鉴之处。

《论贵粟疏》在语言表达上，具有辞意晓畅、句式多变、活泼而严谨、生动而自然的特色。文中对偶句俯拾即是。如"无农夫之苦，有阡陌之得"，把农民的痛苦和商人的逸乐比较，作者的不平之感溢于言表。作者还善于把对偶句和散句、长句和短句结合起来，整齐之中有变化，语气时急时缓，抑扬顿挫，自由灵活。如写农夫的辛苦："春耕，夏耘，秋获，冬藏，……春不得避风尘，夏不得避暑热，秋不得避阴雨，冬不得避寒冻，四时之间，亡日休息……养孤长幼在其中。"句句有力，生动细微，农民那种勤苦操劳的情景如在眼前。文章在对比中使用了排比与铺陈的表现手法，使文章具有极强的说服力。是故本文是篇切中时弊的精彩政论文，而且也是历代传诵的文学名篇。

> **本篇名句**
>
> "人情一日不再食则饥,终岁不制衣则寒。夫腹饥不得食,肤寒不得衣,虽慈母不能保其子,君安能以有其民哉?"
>
> 人之常情是:一天不吃两顿饭就要挨饿,整年不做衣服穿就会受冻。那么,肚子饿了没饭吃,身上冷了无衣穿,即使是慈母也不能留住她的儿子,国君又怎能保有他的百姓呢?

邹阳狱中上梁王书（《西汉文》）

邹阳从梁孝王游,阳为人有智略,慷慨不苟合,介于羊胜、公孙诡之间①。胜等疾阳,恶之孝王。孝王怒,下阳吏,将杀之。

阳乃从狱中上书曰:"臣闻'忠无不报,信不见疑',臣常以为然,徒虚语耳。昔荆轲慕燕丹之义,白虹贯日②,太子畏之;卫先生为秦画长平之事,太白食昴,昭王疑之③。夫精变天地,而信不谕两主,岂不哀哉!今臣尽忠竭诚,毕议愿知④,左右不明,卒从吏讯,为世所疑。是使荆轲、卫先生复起,而燕、秦不寤也。愿大王孰察之。

"昔玉人献宝,楚王诛之;李斯竭忠,胡亥极刑⑤。是以箕子阳狂,接舆避世,恐遭此患也。愿大王察玉人、李斯之意,而后楚王、胡亥之听,勿使臣为箕子、接舆所笑。臣闻比干剖心,子胥鸱夷⑥,臣始不信,乃今知之。愿大王孰察,少加怜焉!"

"语曰:'有白头如新,倾盖如故⑦。'何则?知与不知也。故樊于期逃秦之燕,藉荆轲首以奉丹事;王奢去齐之魏,临城自刭,以却齐而存魏⑧。夫王奢、樊于期非新于齐、秦而故于燕、魏也,所以去二国死两君者,行合于志,而慕义无穷也。是以苏秦不信于天下,为燕尾生;白圭战亡六城,为魏取中山⑨。何则?诚有以相知也。苏秦相燕,人恶之于燕王,燕王按剑而怒,食以駃騠⑩;白圭显于中山,人恶之于魏文侯,文侯赐以夜光之璧。何则?两主二臣,剖心析肝相信,岂移于浮辞哉!

"故女无美恶，入宫见妒；士无贤不肖，入朝见嫉。昔司马喜膑脚于宋，卒相中山；范雎拉胁折齿于魏，卒为应侯。此二人者，皆信必然之画，捐朋党之私，挟孤独之交，故不能自免于嫉妒之人也。是以申徒狄蹈雍之河，徐衍负石入海。不容于世，义不苟取比周于朝以移主上之心。故百里奚乞食于道路，穆公委之以政；宁戚饭牛车下，桓公任之以国。此二人者，岂素宦于朝，借誉于左右，然后二主用之哉？感于心，合于行，坚如胶漆，昆弟不能离，岂惑于众口哉？故偏听生奸，独任成乱。昔鲁听季孙之说逐孔子，宋任子冉之计囚墨翟。夫以孔、墨之辩，不能自免于谗谀，而二国以危。何则？众口铄金，积毁销骨也。秦用戎人由余而伯中国，齐用越人子臧而强威、宣。此二国岂系于俗，牵于世，系奇偏之浮辞哉？公听并观，垂明当世。故意合则胡越为兄弟，由余、子臧是矣；不合则骨肉为仇敌，朱、象、管、蔡是矣。今人主诚能用齐、秦之明，后宋、鲁之听，则五伯不足侔，而三王易为也。

"是以圣王觉寤，捐子之之心，而不说田常之贤，封比干之后，修孕妇之墓⑪，故功业覆于天下。何则？欲善无厌也。夫晋文亲其仇，强伯诸侯；齐桓用其仇，而一匡天下。何则？慈仁殷勤，诚加于心，不可以虚辞借也。至夫秦用商鞅之法，东弱韩、魏，立强天下，卒车裂之。越用大夫种之谋，禽劲吴而霸中国，遂诛其身。是以孙叔敖三去相而不悔，于陵子仲辞三公为人灌园。今人主诚能去骄傲之心，怀可报之意，披心腹，见情素，堕肝胆，施德厚，终与之穷达，无爱于士，则桀之犬可使吠尧，跖之客可使刺由，何况因万乘之权，假圣王之资乎！然则荆轲湛七族，要离燔妻子，岂足为大王道哉⑫！

"臣闻明月之珠，夜光之璧，以暗投人于道，众莫不按剑相眄者⑬。何则？无因而至前也。蟠木根柢，轮囷离奇，而为万乘器者，以左右先为之容也。故无因而至前，虽出随珠、和璧，足结怨而不见德。有人先游，则枯木朽株，树功而不忘。今夫天下布衣穷居之士，身在贫羸，虽蒙尧、舜之术，挟伊、管之辩，怀龙逢、比干之意，而素无根柢之容，虽竭精神，欲开忠于当世之君，则人主必袭案剑相眄之迹矣。是使布衣之士，不得为枯木朽株之资也。是以圣王制世御俗，独化于陶钧之上⑭，而不牵乎卑辞之语，不夺乎众多之口。故秦皇帝任中庶子蒙嘉之言以信荆轲⑮，而匕首窃发；周文王猎泾、渭，载吕尚归，以王天下。秦信左右而亡，周用乌集而王。何则？以其能越挛拘之语，驰域外之议⑯，独观乎昭旷之道也。今人主沉谄谀之辞，牵帷墙之制，使不羁之士，与牛骥同皂。此鲍焦所以忿于世也。

"臣闻盛饰入朝者不以私污义，砥厉名号者不以利伤行。故里名'胜母'，曾子不入；邑号'朝歌'，墨子回车。今欲使天下寥廓之士，笼于威重之权，胁于位势之贵，回面污行，以事谄谀之人，而求亲近于左右，则士有伏死堀穴岩薮之中耳，安有尽忠信而趋阙下者哉⑰！"

【注释】

①邹阳：齐人，梁孝王门客，被谗下狱。梁孝王：汉景帝同母弟，读此信感悟，释放邹阳。慷慨：意气风发。②燕丹：燕太子丹。曾派勇士荆轲刺杀秦始皇，失败。白虹贯日：白色长虹穿日而过。古人以为人间将有不平凡的行动。③画：谋划。长平之事：指秦昭王二十四年（前260年），秦将白起在常平（今山西高平县西北）大败赵军，想趁势灭赵，派卫先生见秦昭王，请求增兵。但应侯范雎从中破坏，昭王怀疑白起，不发兵粮，结果灭赵之事不能成功。太白：金星。食：侵蚀。谕：使……了解。昴：二十八宿之一。卫先生：秦谋士。④毕议愿知：说出自己全部意见，希望大王知道。⑤玉人：即卞和。相传卞和得到一块璞，献给楚王，楚王误以为石，卞和竟受刖刑。胡亥：秦二世，受赵高挑拨，处李斯以极刑。⑥鸱夷：皮革制的口袋。伍子胥劝谏吴王而被装在皮口袋里投入江中。⑦白头如新：相识到白头还和新交一样陌生。倾盖：停车时，车盖下倾。倾盖如故：初次相逢，一见如故。⑧樊于期：秦将，因得罪秦王，逃燕。知荆轲谋刺秦王，慷慨自刎，使荆轲持其首见秦王。王奢：齐大臣，逃魏。齐伐魏，他在城上自杀。⑨尾生：古代传说中坚守信诺的人，据说他与一位女子相约在桥下相见，女子未到，洪水来临，他抱桥柱而死。白圭：先为中山将，兵败逃魏、助魏灭中山。⑩骐骥：良马名。⑪子之：燕相。田常：齐大夫。都是野心家。孕妇：纣残杀孕妇，武王灭商，为孕妇修墓。⑫终与之穷达：始终与他们同忧患共安乐。爱：吝惜。由：指许由。跖：指盗跖。要离：著名刺客。⑬眄：顾视。⑭陶钧：古时制陶器所用的转轮。⑮中庶子：官名，太子的属官。⑯驰域外之议：意为不受拘束地议论。⑰堀穴岩薮：指山野隐居之处。堀：通"窟"。阙下：指宫阙，朝廷。

美文共赏

邹阳因受人毁谤而下狱，在狱中写信给梁王。信中列举大量历史故事，表白自己是忠而获罪，信而见疑。全文共用典故40多个，涉及历史人物60多人，其中有因为忠信而获罪的，有谗言害人的，也有君臣契合、相知不疑的，都不同程度地具有比喻和暗示的作用，深刻地说明了人主必须知人善用，不要被谗言蒙蔽，信谗言则危，任忠臣则兴的道理，终于使梁王从中醒悟，明白了作者的冤情。由此可见作者的文采非同一般。

这篇文章的可贵之处还有两点：第一，作者明知自己大难临头，但是没有摇尾乞怜，反而慷慨陈词，为对方出谋献策。第二，旁敲侧击，借替古人鸣冤来达到为自己辩冤的写法，高明而睿智。全文用语婉转，态度恳切，论辩有力，富于文采，是汉代散文名篇之一。文中"女无美恶，入宫见妒；士无贤不肖，入朝见嫉""众口铄金，积毁销骨"等语，成为至今被人传诵的名言警句。

本篇名句

"女无美恶，入宫见妒；士无贤不肖，入朝见嫉。"

所以女子无论美不美，一进了宫都会遭到嫉妒；士无论贤不贤，一入朝廷都会遭到排挤。

司马相如上书谏猎（《西汉文》）

相如从上至长杨猎。是时天子方好自击熊豕，驰逐野兽。相如因上疏谏曰："臣闻物有同类而殊能者，故力称乌获，捷言庆忌，勇期贲、育①。臣之愚，窃以为人诚有之，兽亦宜然。今陛下好陵阻险，射猛兽，卒然遇逸才之兽②，骇不存之地，犯属车之清尘，舆不及还辕③，人不暇施巧，虽有乌获、逢蒙之技不得用④，枯木朽株尽为难矣。是胡、越起于毂下，而羌、夷接轸也，岂不殆哉⑤！虽万全而无患，然本非天子之所宜近也。

"且夫清道而后行，中路而驰，犹时有衔橛之变⑥。况乎涉丰草，骋丘墟，前有利兽之乐，而内无存变之意，其为害也不难矣！夫轻万乘之重⑦不以为安，乐出于万有一危之涂以为娱，臣窃为陛下不取。

"盖明者远见于未萌，而知者得避危于无形，祸固多藏于隐微，而发于人之所忽者也。故鄙谚曰：'家累千金，坐不垂堂⑧。'此言虽小，可以喻大。臣愿陛下之留意幸察。"

【注释】

①乌获：战国时秦国力士。庆忌：吴王僚之子。《吴越春秋》说他有万人莫当之勇，奔跑极速，能追奔兽、接飞鸟，驷马驰而射之，也不及射中。颜师古则说他能射快箭。贲、育：孟贲、夏育，皆战国卫人，著名勇士。②卒（cù）然：卒同猝，突然。逸材：过人之材。逸，通"轶"，有超越意。这里喻指凶猛超常的野兽。③属车：随从之车。颜师古释作连续不断的

车队。两义可并存。这里是不便直指圣上的婉转说法。清尘：即尘土。"清"是一种美化的说法。还（xuán）：通"旋"。辕：车舆前端伸出的直木或曲木。这里借指舆车。④逢（páng）蒙：夏代善于射箭的人，相传学射于羿。⑤毂（gǔ）：车轮中心用以镶轴的圆木，也可代称车轮。轸（zhěn）：车箱底部四围横木，也用为车的代称。⑥衔：马嚼。橛（jué）：车的钩心。衔橛之变：泛指行车中的事故。⑦万乘：指皇帝。⑧垂堂：靠近屋檐下，坐不垂堂是防万一屋瓦坠落伤身。《史记·袁盎传》亦有"千金之子，坐不垂堂"语。

美文共赏

司马相如曾作为汉武帝的随从行猎，汉武帝不仅迷恋驰逐野兽的游戏，还喜欢亲自搏击熊和野猪。司马相如的这篇谏猎书就是劝谏汉武帝不顾安危、迷恋射猎的这一行为。本文先是两次以人喻兽，说明危险如敌兵一样让人猝不及防，难以预料。这样就把打猎和国家安危相联系了。然后又把天子日常出行和狩猎场景加以对比，千金之家和堂堂天子加以对比，希望天子看到打猎暗藏的各种隐患，再次劝谏天子以身体和国家为重，不要再冒险狩猎。文章由于行文委婉，劝谏与奉承结合得相当得体，汉武帝看了也点头称是。可见本文有很强的说服力与感染力。

本篇名句

"盖明者远见于未萌，而知者淂避危于无形，祸固多藏于隐微，而发于人之所忽者也。"

聪明的人在事端尚未萌生时就能预见到，智慧的人在危险还未露头时就能避开它，灾祸本来就多藏在隐蔽细微之处，而暴发在人忽视它的时候。

李陵答苏武书[①]（《西汉文》）

子卿足下：勤宣令德，策名清时[②]，荣问休畅，幸甚，幸甚！

远托异国，昔人所悲，望风怀想，能不依依！昔者不遗[③]，远辱还答，慰诲勤勤，有逾骨肉，陵虽不敏，能不慨然！

自从初降，以至今日，身之穷困，独坐愁苦。终日无睹，但见异类；韦韝毳幕[④]，以御风雨；膻肉酪浆，以充饥渴；举目言笑，谁与为欢？胡地玄冰[⑤]，边土惨裂，但闻悲风萧条之声；凉秋九月，塞外草衰，夜不能寐，侧耳远听，胡笳互动[⑥]，牧马悲鸣，吟啸成群，边声四起。晨坐听之，不觉泪下。嗟乎，子卿！陵独何心，能不悲哉！

与子别后，益复无聊，上念老母，临年被戮，妻子无辜，并为鲸鲵[⑦]。身负国恩，为世所悲，子归受荣，我留受辱，命也如何！身出礼义之乡，而入无知之俗，违弃君亲之恩，长为蛮夷之域，伤已！令先君之嗣[⑧]，更成戎狄之族，又自悲矣！功大罪小，不蒙明察，孤负陵心区区之意。每一念至，忽然忘生。陵不难刺心以自明，刎颈以见志，顾国家于我已矣，杀身无益，适足增羞，故每攘臂忍辱，辄复苟活。左右之人，见陵如此，以为不入耳之欢，来相劝勉。异方之乐，祗令人悲，增忉怛耳！

嗟乎，子卿！人之相知，贵相知心。前书仓卒未尽所怀，故复略而言之。昔先帝授陵步卒五千，出征绝域，五将失道，陵独遇战，而裹万里之粮，帅徒步之师，出天汉之外，入强胡之域，以五千之众，对十万之军，策疲乏之兵，当新羁之马。然犹斩将搴旗，追奔逐北，灭迹扫尘，斩其枭帅。使三军之士视死如归。陵也不才，希当大任。意谓此时，功难堪矣。

匈奴既败，举国兴师，更练精兵，强逾十万，单于临阵，亲自合围。客主之形既不相如；步马之势，又甚悬绝。疲兵再战，一以当千，然犹扶乘创痛[⑨]，决命争首。死伤积野，余不满百，而皆扶病，不任干戈。然陵振臂一呼，创病皆起，举刃指虏，胡马奔走；兵尽矢穷，人无尺铁，犹复徒首奋呼，争为先登。当此时也，天地为陵震怒，战士为陵饮血。单于谓陵不可复得，便欲引还，而贼臣教之[⑩]，遂便复战，故陵不免耳。

昔高皇帝以三十万众，困于平城⑪。当此之时，猛将如云，谋臣如雨，然犹七日不食，仅乃得免。况当陵者，岂易为力哉？而执事者云云，苟怨陵以不死。然陵不死，罪也。子卿视陵，岂偷生之士而惜死之人哉？宁有背君亲、捐妻子，而反为利者乎？然陵不死，有所为也。故欲如前书之言，报恩于国主耳。诚以虚死不如立节，灭名不如报德也。昔范蠡不殉会稽之耻，曹沫不死三败之辱，卒复句践之仇，报鲁国之羞⑫。区区之心，窃慕此耳。何图志未立而怨已成，计未从而骨肉受刑。此陵所以仰天椎心而泣血也！

足下又云："汉与功臣不薄。"子为汉臣，安得不云尔乎！昔萧、樊囚絷，韩、彭菹醢，晁错受戮，周魏见辜；其余佐命立功之士，贾谊、亚夫之徒，皆信命世之才，抱将相之具，而受小人之谗，并受祸败之辱，卒使怀才受谤，能不得展⑬。彼二子之遐举⑭，谁不为之痛心哉！陵先将军⑮，功略盖天地，义勇冠三军，徒失贵臣之意，到身绝域之表。此功臣义士所以负戟而长叹者也！何谓"不薄"哉？且足下昔以单车之使，适万乘之虏，遭时不遇⑯，至于伏剑不顾；流离辛苦，几死朔北之野。丁年奉使，皓首而归，老母终堂，生妻去帷，此天下所希闻，古今所未有也。蛮貊之人尚犹嘉子之节⑰，况为天下之主乎？陵谓足下当享茅土之荐⑱，受千乘之赏，闻子之归，赐不过二百万，位不过典属国，无尺土之封，加子之勤；而妨功害能之臣尽为万户侯，亲戚贪佞之类悉为廊庙宰。子尚如此，陵复何望哉？且汉厚诛陵以不死，薄赏子以守节，欲使远听之臣望风驰命，此实难矣，所以每顾而不悔者也。陵虽孤恩，汉亦负德。昔人有言："虽忠不烈，视死如归。"陵诚能安，而主岂复能眷眷乎？男儿生以不成名，死则葬蛮夷中，谁复能屈身稽颡，还向北阙，使刀笔之吏弄其文墨邪⑲！愿足下勿复望陵。

嗟乎，子卿！夫复何言？相去万里，人绝路殊，生为别世之人，死为异域之鬼，长与足下，生死辞矣。幸谢故人，勉事圣君。足下胤子无恙，勿以为念⑳。努力自爱。时因北风，复惠德音。李陵顿首。

【注释】

①李陵：字少卿，名将李广之孙。苏武：(？—前60)，字子卿，前100年出使匈奴，坚决拒降，前81年才被释回汉，任典属国，掌少数民族事务。历来认为此文系后人的伪作。②策名：做官。古人出仕，主管把他名字记在策（竹简）上，所以出仕又叫策名。清时：太平时代。③不遗：不遗弃。指苏武归汉后仍写信给他。④韦：皮革。韝：袖套。毳：鸟兽细毛。幕：毡帐。⑤玄冰：冰厚则色黑。⑥胡笳：古代流行于塞外和西域的一种管乐器。⑦鲸鲵：即鲸。雄为鲸，雌为鲵，比喻无辜被杀之人。⑧先君之嗣：这是李陵自谓。先君，李陵称他的父亲。⑨扶乘创痛：忍受伤痛。决命争首：拼死争先。⑩贼臣：指管敢。管敢本是李陵军一军侯，因事被校尉鞭笞五十而逃入匈奴。⑪平城：今山西大同之东。汉高祖七年，汉高祖

亲往击韩王信，至平城，被匈奴围困了七天。⑫范蠡：春秋时越国大夫。会稽之耻：指吴王夫差将越王勾践围困在会稽的事。曹沫：春秋时鲁国大夫，与齐三战三败；后鲁与齐盟，曹持匕首劫齐桓公，迫使齐桓公全部归还鲁地。⑬萧、樊：汉初相国萧何、功臣樊哙。韩、彭：汉初功臣韩信、彭越。菹醢：剁成肉酱。周、魏：汉高祖时功臣周勃、汉景帝时魏其侯窦婴。⑭二子：指贾谊、周亚夫。遐举：升天。死的讳称。⑮先将军：指李陵的祖父李广。⑯遭时不遇：指苏武出使匈奴时，匈奴发生一起谋反案件，牵连到苏武的副使张胜。匈奴借机扣留苏武等人，逼迫他们投降。⑰蛮貊：古称南方民族为"蛮"，东方民族为"貊"。⑱茅土：皇帝社祭的坛用五色土筑成，分别代表天下五方，分封诸侯时，取一种颜色的土用茅草包好赏给受封者，作为分得土地的象征。荐：封赏。⑲稽颡：叩头至地。颡，额头。北阙：皇宫北门。代指朝廷。⑳胤子：儿子。苏武在匈奴曾娶妻生子。

美文共赏

这是远在匈奴的李陵回信给归国的苏武的一封书信。情调悲痛至极。既有对故土依依难舍的苦恋心情，也有为自己坎坷经历的伤痛，却又无颜再重返父母之邦的绝望之情。

李陵率步兵五千，深入匈奴屡挫敌军，后因敌众我寡，战士伤亡殆尽，被迫投降。从李陵家世和他平素表现来看，很可能是想等待机会，立功赎罪。汉武帝偏听偏信，不但将李陵全家诛灭，还把为李陵解释的司马迁判处宫刑。信中战斗场面写得有声有色，显然是为自己开脱，投降完全是出于迫不得已。也控诉汉武帝对功臣刻薄寡恩，而对贵戚佞臣则百般纵容，断绝了他的赎罪和回归之路。文中运用了强烈对比，如身处异域而怀念故土，以寡兵深入众敌而浴血奋战，苏武持节荣归而自己居人篱下，产生了强烈的艺术效果。还有以环境衬托自己的凄凉，好友生离死别的悲痛，都真切委婉，动人心弦。

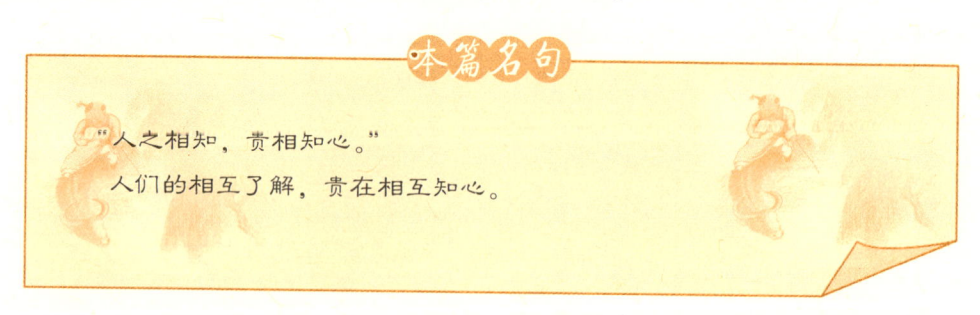

本篇名句

"人之相知，贵相知心。"

人们的相互了解，贵在相互知心。

诸葛亮前出师表（《后汉文》）

臣亮言：先帝创业未半而中道崩殂，今天下三分，益州疲弊，此诚危急存亡之秋也①。然侍卫之臣不懈于内，忠志之士忘身于外者，盖追先帝之殊遇，欲报之于陛下也。诚宜开张圣听②，以光先帝遗德，恢宏志士之气，不宜妄自菲薄，引喻失义③，以塞忠谏之路也。宫中府中，俱为一体，陟罚臧否，不宜异同④。若有作奸犯科及为忠善者，宜付有司论其刑赏⑤，以昭陛下平明之治，不宜偏私，使内外异法也。

"侍中、侍郎郭攸之、费祎、董允等⑥，此皆良实，志虑忠纯，是以先帝简拔以遗陛下。愚以为宫中之事，事无大小，悉以咨之，然后施行，必能裨补阙漏，有所广益。将军向宠，性行淑均，晓畅军事，试用于昔日，先帝称之曰能，是以众议举宠以为督。愚以为营中之事，事无大小，悉以咨之，必能使行阵和穆，优劣得所也。亲贤臣，远小人，此先汉所以兴隆也；亲小人，远贤臣，此后汉所以倾颓也。先帝在时，每与臣论此事，未尝不叹息痛恨于桓、灵也⑦。侍中、尚书、长史、参军⑧，此悉贞亮死节之臣也，愿陛下亲之信之，则汉室之隆，可计日而待也。

"臣本布衣，躬耕于南阳，苟全性命于乱世，不求闻达于诸侯⑨。先帝不以臣卑鄙，猥自枉屈，三顾臣于草庐之中，谘臣以当世之事，由是感激，遂许先帝以驱驰。后值倾覆，受任于败军之际，奉命于危难之间，尔来二十有一年矣⑩。先帝知臣谨慎，故临崩寄臣以大事也。受命以来，夙夜忧叹，恐托付不效，以伤先帝之明。故五月渡泸，深入不毛⑪。今南方已定，兵甲已足，当奖率三军，北定中原，庶竭驽钝，攘除奸凶，兴复汉室，还于旧都⑫。此臣所以报先帝而忠陛下之职分也。至于斟酌损益，进尽忠言，则攸之、祎、允之任也。愿陛下托臣以讨贼兴复之效；不效，则治臣之罪，以告先帝之灵。若无兴德之言，则责攸之、祎、允之咎，以彰其慢。陛下亦宜自谋，以谘诹善道，察纳雅言，深追先帝遗诏，臣不胜受恩感激。今当远离，临表涕泣，不知所云。"

【注释】

①诸葛亮（181—234）：字孔明，辅佐刘备建立蜀国，拜丞相。三分：指分成魏、蜀、吴三国。益州：蜀国所在地。②开张圣听：指广泛听取意见。③引喻失义：言谈失去大义。④

宫中：指侍奉皇帝的近臣。府中：指丞相府的官员。陟：晋升。臧：表彰。否：批评。⑤有司：专职官吏。司，管理。各有专司，故叫"有司"。⑥侍中、侍郎：都是官名，皇帝亲近的侍臣。⑦痛恨：非常遗憾。桓、灵：指后汉（东汉）桓帝、灵帝。这两个皇帝昏庸无能，宠信宦官，政治腐败，造成东汉末年的天下大乱。⑧侍中：指郭攸之、费祎。尚书：指陈振。长史：指张裔。参军：指蒋琬。⑨布衣：指平民。躬耕：亲自耕种。南阳：郡名，郡治在今河南南阳市。诸葛亮隐居在隆中（今湖北襄阳县西）当时属襄阳郡。⑩倾覆：指汉献帝建安十三年（208年），刘备在当阳长坂被曹操击败。尔来：从那时以来。⑪泸：泸水，金沙江的支流。不毛：不长五谷的地方。⑫旧都：指西汉的首都长安和东汉的首都洛阳。蜀汉自命继承汉统，故把攻取二地叫作"还于旧都"。

美文共赏

《前出师表》出自《三国志·蜀志》本传。公元227年，诸葛亮出兵汉中，准备北伐曹魏，临行前上表后主刘禅，劝勉他要继承先帝的遗愿，广开言路、听信忠言、任用贤良、励精图治，使他能专心致力于北伐大业，没有后顾之忧。文中反复称引"先帝"、提示"陛下"，强调"亲贤臣、远小人"这条根本。一片丹心，溢于言表，因此为历代忠臣义士所推重。

"表"是古代文体的一种，专为臣下对君王进行陈述求请时使用，类似的还有"章""奏""议"等。本文表达了作者审慎勤恳、以伐魏兴汉为己任的忠贞之志和诲诚后主不忘先帝遗愿的拳拳之意，情感真挚，文笔晓畅，是章表中的代表作。

本篇名句

"亲贤臣、远小人，此先汉所以兴隆也，亲小人，远贤臣，此后汉所以倾颓也。"

亲近贤良的臣子，疏远奸佞小人，前汉因此而兴旺强盛；亲近小人，疏远贤良的臣子，后汉因此而衰败覆灭。

诸葛亮后出师表 (《后汉文》)

先帝虑汉、贼不两立,王业不偏安,故托臣以讨贼也①。以先帝之明,量臣之才,固知臣伐贼才弱敌强也;然不伐贼,王业亦亡,惟坐而待亡,孰与伐之?是故托臣而弗疑也。

臣受命之日,寝不安席,食不甘味。思惟北征,宜先入南,故五月渡泸,深入不毛,并日而食。臣非不自惜也,顾王业不可偏安于蜀都,故冒危难,以奉先帝之遗意,而议者谓为非计。今贼适疲于西②,又务于东,兵法乘劳,此进趋之时也③。谨陈其事如左:

高帝明并日月,谋臣渊深,然涉险被创,危然后安。今陛下未及高帝,谋臣不如良、平④,而欲以长策取胜,坐定天下,此臣之未解一也。

刘繇、王朗各据州郡⑤,论安言计,动引圣人,群疑满腹,众难塞胸,今岁不战,明年不征,使孙策坐大,遂并江东,此臣之未解二也。

曹操智计殊绝于人,其用兵也,仿佛孙、吴⑥,然困于南阳,险于乌巢,危于祁连,逼于黎阳,几败北山,殆死潼关,然后伪定一时尔⑦,况臣才弱,而欲以不危而定之,此臣之未解三也。

曹操五攻昌霸不下,四越巢湖不成。任用李服而李服图之⑧,委任夏侯而夏侯败亡⑨。先帝每称操为能,犹有此失,况臣驽下,何能必胜?此臣之未解四也。

自臣到汉中,中间期年耳,然丧赵云、阳群、马玉、阎芝、丁立、白寿、刘郃、邓铜等及曲长、屯将七十余人,突将无前⑩賨、叟、青羌散骑、武骑一千余人⑪。此皆数十年之内所纠合四方之精锐,非一州之所有;若复数年,则损三分之二也。当何以图敌?此臣之未解五也。

今民穷兵疲,而事不可息;事不可息,则住与行劳费正等,而不及早图之,欲以一州之地与贼持久,此臣之未解六也。

夫难平者,事也。昔先帝败军于楚,当此时,曹操拊手,谓天下已定。然后先帝东连吴、越,西取巴、蜀,举兵北征,夏侯授首,此操之失计,而汉事将成也。然后吴更违盟,关羽毁败,秭归蹉跌,曹丕称帝。凡事如是,难可逆料。臣鞠躬尽力,死而后已,至于成败利钝,非臣之明所能逆睹也。

【注释】

①贼：指曹魏。偏安：偏居一方以保安稳。②贼适疲于西：指蜀建兴六年（228年），诸葛亮出祁山伐魏。③务于东：指蜀建兴六年曹休攻吴，被吴将陆逊于败于石亭，魏调军东下。乘劳：乘敌人疲劳之际。④良平：指张良和陈平。⑤刘繇：东汉末为扬州刺史。王朗：东汉末为会稽太守。刘繇、王朗二人都被孙策所败。⑥孙、吴：指春秋战国时的军事家孙膑、吴起。⑦伪定一时：意指曹操暂时取得了政权。蜀汉自居正统，故称曹为"伪"。⑧李服：《通鉴》胡三省注认为"李服"当是"王服"之误。王服曾与董承等人共同谋杀曹操。⑨夏侯：指魏将夏侯渊。渊守汉中，在定军山被蜀将黄忠破杀。⑩曲长、屯将：军队中曲、屯的长官。将军下有部，部下有曲，曲下有屯。⑪賨叟、青羌：我国西南地区的少数民族也参加蜀军。

美文共赏

《后出师表》和《前出师表》可谓是姐妹篇。写于建兴六年（228年）。此表作于第一次北伐失败之后，魏强蜀弱，以弱伐强，怎么取胜？这是当时蜀国内部许多人反对北伐的理由。但在诸葛亮看来，北伐虽未必成功，至少可振作士气，加强战备，总比坐以待毙要强得多。针对当时朝廷内部反对北伐的意见，用六个"未解"驳倒众议，独抒己见。立论于汉、贼不两立和敌强我弱的严峻事实，向后主阐明北伐不仅是为实现先帝的遗愿，也是为了蜀汉的生死存亡，在这里，诸葛亮反对消极防御，与其坐以待毙，不如主动出击，扭转态势，或许开创新局面，这种战略思想是文本的精华所在。

表中"鞠躬尽力，死而后已"之句，是作者在当时形势下所表露的坚贞誓言。是故表文情真辞切，激励人心，堂堂正气，千古流芳。

本篇名句

"鞠躬尽力，死而后已。"

我小心谨慎地为国献出我的一切力量，直到死为止。

卷七　六朝唐文

陈情表（李密）

臣密言：臣以险衅，夙遭闵凶①。生孩六月，慈父见背；行年四岁，舅夺母志②。祖母刘，愍臣孤弱，躬亲抚养。臣少多疾病，九岁不行，零丁孤苦，至于成立。既无叔伯，终鲜兄弟。门衰祚薄，晚有儿息。外无期功强近之亲，内无应门五尺之童，茕茕孑立，形影相吊③。而刘夙婴疾病，常在床蓐④，臣侍汤药，未尝废离。

逮奉圣朝，沐浴清化⑤。前太守臣逵，察臣孝廉；后刺史臣荣，举臣秀才。臣以供养无主，辞不赴命。诏书特下，拜臣郎中；寻蒙国恩，除臣洗马⑥。猥以微贱，当侍东宫，非臣陨首所能上报。臣具以表闻，辞不就职。诏书切峻，责臣逋慢；郡县逼迫，催臣上道；州司临门，急于星火。臣欲奉诏奔驰，则以刘病日笃，欲苟顺私情，则告诉不许。臣之进退，实为狼狈。

伏惟圣朝以孝治天下，凡在故老，犹蒙矜育，况臣孤苦，特为尤甚⑦。且臣少事伪朝，历职郎署⑧，本图宦达，不矜名节。今臣亡国贱俘，至微至陋，过蒙拔擢，宠命优渥，岂敢盘桓，有所希冀？但以刘日薄西山，气息奄奄，人命危浅，朝不虑夕。臣无祖母，无以至今日；祖母无臣，无以终余年。母孙二人，更相为命，是以区区不能废远。

臣密今年四十有四⑨，祖母刘今年九十有六，是臣尽节于陛下之日长，报养刘之日短也。乌鸟私情，愿乞终养。

臣之辛苦，非独蜀之人士及二州牧伯所见明知，皇天后土，实所共鉴⑩。愿陛下矜愍愚诚，听臣微志。庶刘侥幸，卒保余年，臣生当陨首，死当结草。臣不胜犬马怖惧之情，谨拜表以闻。

【注释】
①李密（224—287）：晋武阳县（今四川省彭山县）人，曾在蜀汉任尚书郎。祖母死后，出任温县令。险衅：命运坎坷。夙：早。闵凶：忧患，不幸。②夺母志：强迫母亲改变守节之志。③期功：古代丧礼，凡为祖父母、伯叔父母、兄弟姐妹、妻子服丧一年，叫期服；凡为堂伯叔、堂兄弟等服丧九个月，叫功服。这里指代比较近的亲属。强近：比较近。茕茕：孤单的样子。孑：孤单地生活。④婴：被……缠绕。蓐：通"褥"。⑤清化：清明政治的教化。孝廉：汉武帝，令郡国向中央推举当地孝顺父母、德行清廉的人。郡举孝廉，州举秀才，魏晋沿袭这一制度。⑥拜：授予。郎中：相当于中央各部的司长。寻：不久。除：授职。洗马：太子侍从官。⑦故老：年高有德的人。矜育：怜悯，养育。⑧伪朝：指三国时的蜀国。历职郎署：李密在蜀国做过郎中和尚书郎。郎署，郎官的官署。⑨有：又。古汉语中放在整数和零数之间读"又"。⑩二州：梁州、益州。牧伯：一州之长称为牧，又称方伯。皇天后土：对天地的尊称。

美文共赏

《陈情表》是西晋人李密写给晋武帝的奏章，阐述自己不去做官的原因。文叙述祖母抚育自己的大恩，以及自己应该报养祖母的大义；除了感谢朝廷的知遇之恩以外，又诉说自己不能从命的苦衷。文章词语恳切，真情流露，终于让晋武帝化严为慈，化逞威为体恤。

《陈情表》以侍亲孝顺之心感人肺腑，千百年来一直被人们广为传诵，影响深远。文中的一些词句如"急于星火""日薄西山，气息奄奄""人命危浅，朝不虑夕"等，直至今天人们还经常引用。

本篇名句

"乌鸟私情，愿乞终养。"
我怀着像乌鸦反哺一样的私情，希望能够准许我对祖母养老送终的请求。

兰亭集序（王羲之①）

永和九年②，岁在癸丑，暮春之初，会于会稽山阴之兰亭，修禊事也③。群贤毕至，少长咸集。此地有崇山峻岭，茂林修竹④。又有清流激湍，映带左右，引以为流觞曲水⑤，列坐其次，虽无丝竹管弦之盛，一觞一咏，亦足以畅叙幽情。是日也，天朗气清，惠风和畅。仰观宇宙之大，俯察品类之盛，所以游目骋怀，足以极视听之娱，信可乐也。

夫人之相与，俯仰一世⑥，或取诸怀抱，晤言一室之内；或因寄所托，放浪形骸之外。虽取舍万殊，静躁不同，当其欣于所遇，暂得于己，快然自足，曾不知老之将至。及其所之既倦，情随事迁，感慨系之矣！向之所欣，俯仰之间，已为陈迹，犹不能不以之兴怀，况修短随化，终期于尽！古人云："死生亦大矣"，岂不痛哉！

每览昔人兴感之由，若合一契⑦，未尝不临文嗟悼，不能喻之于怀。固知一死生为虚诞，齐彭殇为妄作⑧，后之视今，亦犹今之视昔，悲夫！故列叙时人，录其所述，虽世殊事异，所以兴怀，其致一也。后之览者，亦将有感于斯文。

【注释】

①王羲之（321—379）会稽人，东晋大书法家，后世尊为"书圣"。曾任右军将军，因称"王右军"。②永和、东晋皇帝年号。③会稽：郡名，包括今苏南、浙北。山阴：今绍兴市。修禊：古代祭礼，三月上旬于水滨举行，以祈福消灾，实即春游。④修：长，高。⑤流觞曲水：修禊时，于环曲的水渠旁，放置酒杯任其顺流而下，停在谁前面，谁即取饮。次：所处地方。⑥俯仰：低头抬头之间，表示时间之短。⑦契：符契，古代一种信物，上刻字，剖为二，各执一半，作为凭证。⑧齐彭殇：把高寿和短命看作一样。彭祖相传享寿八百岁。

美文共赏

东晋穆帝永和九年（353年）王羲之与谢安、孙绰等四十一人在绍兴的兰亭集会，会上各人临流赋诗，汇编成诗集。本文是王羲之为这本诗集写的序文。序文清新自然地描绘了兰亭周围山水之美，也生动而形象地记叙了这次集会的盛况和乐趣，最后就生死大事抒发自己的感慨，既热爱生活的美好，又叹息生命的短促，怀古念今，思绪万千。在玄学盛行、崇尚清谈的东晋，王羲之能一反士大夫之虚无的思想观念，可谓独树一帜。本文驳斥老庄的观念，在一定程度上表露不甘虚度岁月的积极进取意向。这篇序文不追求华丽的辞藻，自辟蹊径，叙事状景，清新自然，抒怀写情，朴实深挚，达到了内容与形式的和谐一致。

由王羲之创作和书写的《兰亭集序》，既是书苑珍品，也是文坛杰作，千百年来广为盛赞和传颂。

本篇名句

"固知一死生为虚诞，齐彭殇为妄作。"

我一向认为把死和生当作一回事是错误的，把长寿和短命等量齐观也是荒谬的。

归去来兮辞（陶渊明①）

归去来兮②，田园将芜，胡不归！既自以心为形役③，奚惆怅而独悲！悟已往之不谏，知来者之可追；实迷途其未远，觉今是而昨非。

舟摇摇以轻扬，风飘飘而吹衣。问征夫以前路④，恨晨光之熹微。

乃瞻衡宇，载欣载奔⑤。僮仆欢迎，稚子候门。三径就荒，松菊犹存⑥。携幼入室，有酒盈樽。引壶觞以自酌，眄庭柯以怡颜⑦。倚南窗以寄傲，审容膝之易安⑧。园日涉以成趣，门虽设而常关。策扶老以流憩，时矫首而遐观⑨。云无心以出岫，鸟倦飞而知还。景翳翳以将入，抚孤松而盘桓。

归去来兮，请息交以绝游。世与我而相遗，复驾言兮焉求⑩！悦亲戚之情话，乐琴书以消忧。农人告余以春及，将有事于西畴。或命巾车，或棹孤舟。既窈窕以寻壑，亦崎岖而经邱。木欣欣以向荣，泉涓涓而始流。羡万物之得时，感吾生之行休。

已乎矣！寓形宇内复几时，曷不委心任去留？胡为遑遑欲何之？富贵非吾愿，帝乡不可期⑪。怀良辰以孤往，或植杖而耘耔。登东皋以舒啸⑫，临清流而赋诗。聊乘化以归尽，乐夫天命复奚疑！

【注释】

①陶潜（365—427）：一名渊明，浔阳柴桑（今属江西九江市）人，有《陶渊明集》。②归去来：回去。"来"是语助词。胡：同"何"。③心为形役：心被形体所役使，指违心去做官。④征夫：指远行的人。⑤衡宇：横木为门，房屋简陋。载：语助词。⑥三径：汉蒋诩隐居，门前仅开三径，与两隐士来往。⑦眄：斜视。柯：树枝。⑧容膝：房小仅容双膝。⑨策：拄着。扶老：拐杖。流：周游。憩：休息。矫首：抬头。遐观：远望。⑩相遗：相弃，一作"相违"。驾：驾车。言：语助词。⑪帝乡：神仙的住所。⑫皋：岸，水边的高地。

美文共赏

《归去来兮辞》是陶渊明在辞去彭泽令回家时所作的文章。该作代表了山水田园诗派的最高成就。全文分"序"和"辞"两节。"序"说明了自己所以出仕和自免去职的原因。"辞"则通过描写具体的景物和活动，创造出一种宁静恬适、乐天自然的意境，寄托他的生活理想，抒发了归田的决心、愉悦和归田后的乐趣。文中表现的是陶渊明对当时现实政治，尤其是仕宦生活的不满和否定，反映了他蔑视功名利禄的情操，也流露出他乐天安命的消极思想。

全文语言流畅，音节和谐，感情真实，富有抒情意味。"归去来兮"就是"归去"的意思，"来""兮"都是语助词。

陶渊明是我国著名的田园诗人，他在归隐以后，写出了不少描述美好的田园风光和抒发自己恬静闲适心情的作品。这使他形成了一种文学风格，也让他在中国文学史上熠熠生辉，光照千秋。

欧阳修说："晋无文章，惟陶渊明《归去来兮辞》一篇而已。"此话虽过，但可以见出它在文学史中的地位。

本篇名句

"世与我而相遗，复驾言兮焉求？"

世俗既然与我相互忘记，驾车出去又有何追求？

桃花源记（陶渊明）

晋太元中①，武陵人捕鱼为业②，缘溪行，忘路之远近。忽逢桃花林。夹岸数百步，中无杂树，芳草鲜美，落英缤纷③。渔人甚异之，复前行，欲穷其林④。

林尽水源，便得一山。山有小口，彷佛若有光，便舍船，从口入。初极狭，才通人。复行数十步，豁然开朗。土地平旷，屋舍俨然⑤，有良田、美池、桑竹之属，阡陌交通⑥，鸡犬相闻。其中往来种作，男女衣著，悉如外人，黄发垂髫⑦，并怡然自乐。

见渔人，乃大惊，问所从来，具答之。便要还家⑧，设酒杀鸡作食。村中闻有此人，咸来问讯。自云先世避秦时乱，率妻子邑人，来此绝境，不复出焉，遂与外人间隔。问今是何世？乃不知有汉，无论魏、晋。此人一一为具言所闻，皆叹惋。余人各复延至其家⑨，皆出酒食。停数日，辞去。此中人语云："不足为外人道也。"

既出，得其船，便扶向路⑩，处处志之。及郡下，诣太守⑪说如此。太守即遣人随其往，寻向所志，遂迷不复得路。

南阳刘子骥，高尚士也。闻之，欣然亲往，未果，寻病终。后遂无问津者。

【注释】

①太原：东晋孝武帝的年号，应作"太元"。②武陵：郡名，在今湖南常德市。③落英：落花，一作"初开的花"解。④穷：寻求到尽头。⑤俨然：整齐的样子。⑥阡陌：田间的小路。⑦黄发：老年人。垂髫（tiáo）：指小孩。⑧要（yāo）：同"邀"。⑨延：邀请。⑩扶：沿着。向路：旧路。志：标记。⑪诣：音"义"，往见。

美文共赏

《桃花源记》是东晋陶渊明的代表作之一。这是一篇虚构的用来寄托作者社会理想的作品。它描绘了一幅没有战乱、自给自足、鸡犬之声相闻、老幼怡然自得的世外桃源的图景。

文章以武陵渔人进出桃花源的行踪为线索，按时间先后顺序，把发现桃源、小住桃源、离开桃源、再寻桃源的曲折情节贯串起来，描绘了一个没有阶级，没有剥削，自给自足，恬静依然，人人自得其乐的社会图景，与当时的黑暗社会形成鲜明对照。尽管这样的社会是虚无的，但是文中反映的是作者及广大劳动人民所向往的一种理想社会，也反映出人民对现实的不满与反抗。全文叙述委婉曲折，层次分明，语言质朴自然，写景瑰丽如画，虽幻似真，虚实，用艺术的手法展示了一幅绝妙美好的图景。

"世外桃源"在当今成为一个人间生活理想境界的代名词。文中还有不少沿用至今的成语，如，世外桃源、豁然开朗、阡陌交通、黄发垂髫、落英缤纷、怡然自得、鸡犬相闻、无人问津、与世隔绝。

本篇名句

"土地平旷，屋舍俨然，有良田、美池、桑竹之属。阡陌交通，鸡犬相闻。"

土地平旷，房屋整齐，有肥沃的田地，美丽的池塘，以及桑树竹林等。田间的小路纵横交错，鸡鸣狗吠，人来人注。

五柳先生传（陶渊明）

先生不知何许人也①，亦不详其姓字。宅边有五柳树，因以为号焉。闲静少言，不慕荣利。好读书，不求甚解②；每有会意，便欣然忘食。性嗜酒，家贫不能常得。亲旧知其如此，或置酒招之。造饮辄尽③，期在必醉；既醉而退，曾不吝情去留④。环堵萧然⑤，不蔽风日；短褐穿结⑥，箪瓢屡空⑦，晏如也⑧。尝著文章自娱，颇示己志。忘怀得失，以此自终。

赞曰：黔娄有言⑨："不戚戚于贫贱，不汲汲于富贵。"其言兹若人之俦乎⑩？衔觞赋诗，以乐其志，无怀氏之民欤？葛天氏之民欤⑪？

【注释】

①何许人：何处人，亦可解作何等人。②不求甚解：只求理解精神，不执着于字句解释。③造：去，往。辄尽：总要尽兴，喝个痛快。④曾不吝情去留：从不以去留为意。⑤环堵：

房屋的四壁。⑥穿结：缝补。⑦箪：盛饭的竹篮。⑧晏如：安乐自在。⑨黔娄：战国时隐士。⑩其言：一本作"味其言"。俦：同辈。⑪无怀氏、葛天氏：传说中的上古帝王。

美文共赏

　　本文是作者自抒志趣的文章。文中描绘述了一个爱好读书、不慕荣利、安贫乐道、忘怀得失的封建时代知识分子的形象。

　　本文对人物的概括性描写，涉及从性情品格到读书、饮酒、处贫、著文等各个方面。一句"闲静少言，不慕荣利"点出了五柳先生的隐者心境；"好读书，不求甚解"展现了一个在读书中得到精神愉悦的五柳先生；"性嗜酒""期在必醉"展示了一个率真放达的五柳先生；"环堵萧然"描绘了一个安贫乐道的五柳先生；"常著文章自娱""忘怀得失"描述了一个自得其乐、淡泊名利的五柳先生。这种种叙述，把一个虽处于贫困之中却悠闲自适的隐士形象活灵活现地刻画了出来，好像作者在给五柳先生做鉴定。文中没有写一件具体事实，但每一项中都包含大量的事实，所以，简约的语句中含有丰富的内容，高度凝练。这是本文的一大特点。

　　本文在写作上的另外一个显著特点是多用否定句，"不"字为一篇眼目。"先生不知何许人也，亦不详其姓氏"。下文的"不慕荣利"……"不戚戚于贫贱，不汲汲于富贵"等，作者言"不"，突出了自己与世俗的格格不入，表现了他对高洁志趣的人格的坚持，不仅让读者对他的与众不同击节叹赏，也使文章笔墨精粹而笔调诙谐，读来生动活泼，引人入胜。

　　《五柳先生传》是我国文学史上第一篇文学传记，开创了文学传记体，隋末唐初人王绩作《五斗先生传》，即承其流。

本篇名句

　　"不戚戚于贫贱，不汲汲于富贵。"
　　不因贫贱而愁眉苦脸，不为富贵而四处钻营。

卷七　六朝唐文

北山移文[1]（孔稚珪）

钟山之英，草堂之灵，驰烟驿路，勒移山庭[2]。

夫以耿介拔俗之标[3]，潇洒出尘之想，度白雪以方洁，干青云而直上，吾方知之矣。若其亭亭物表，皎皎霞外，芥千金而不盼，屣万乘其如脱[4]。闻凤吹于洛浦，值薪歌于延濑[5]，固亦有焉。岂期终始参差，苍黄反复[6]，泪翟子之悲，恸朱公之哭[7]，乍回迹以心染，或先贞而后黩，何其谬哉！呜呼！尚生不存，仲氏既往[8]，山阿寂寥，千载谁赏？

世有周子，俊俗之士；既文既博，亦玄亦史。然而学遁东鲁，习隐南郭；窃吹草堂，滥巾北岳[9]。诱我松桂，欺我云壑。虽假容于江皋，乃缨情于好爵。

其始至也，将欲排巢父，拉许由，傲百氏，蔑王侯[10]，风情张日，霜气横秋。或叹幽人长往，或怨王孙不游。谈空空于释部，核玄玄于道流。务光何足比，涓子不能俦。

及其鸣驺入谷，鹤书赴陇[11]；形驰魄散，志变神动。尔乃眉轩席次，袂耸筵上，焚芰制而裂荷衣，抗尘容而走俗状。风云凄其带愤，石泉咽而下怆，望林峦而有失，顾草木而如丧。

至其纽金章，绾墨绶，跨属城之雄，冠百里之首，张英风于海甸，驰妙誉于浙右。道帙长摈，法筵久埋。敲扑喧嚣犯其虑，牒诉倥偬装其怀。琴歌既断，酒赋无续。常绸缪于结课，每纷纶于折狱。笼张赵于往图，架卓鲁于前录[12]。希踪三辅豪[13]，驰声九州牧。使其高霞孤映，明月独举，青松落荫，白云谁侣？磵户摧绝无与归，石径荒凉徒延伫。至于还飙入幕，写雾出楹，蕙帐空兮夜鹤怨，山人去兮晓猿惊。昔闻投簪逸海岸，今见解兰缚尘缨。

于是南岳献嘲，北陇腾笑，列壑争讥，攒峰竦诮。慨游子之我欺，悲无人以赴吊。故其林惭无尽，涧愧不歇，秋桂遣风，春萝罢月，骋西山之逸议，驰东皋之素谒。

今又促装下邑，浪栧上京[14]。虽情投于魏阙，或假步于山扃。岂可使芳杜厚颜，薜荔蒙耻，碧岭再辱，丹崖重滓，尘游躅于蕙路，污渌池以洗耳。宜扃岫幌[15]，掩云关，敛轻雾，藏鸣湍，截来辕于谷口，杜妄辔于郊端。于是丛条瞋胆，叠颖怒魄。或飞柯以折轮，乍低枝而扫迹。请回俗士驾，为君谢逋客。

【注释】

①北山：即今南京钟山。移文：相当于布告。孔稚珪（447—501）：南齐山阴（今浙江绍兴市）人，曾任太子詹事。②英、精灵：均指山神。山庭：山崖。③耿介：形容隐士的高洁。标：风度。④亭亭物表：超然物外。芥、屣：均表示轻视。万乘：万辆兵车，此处借指皇帝。⑤凤吹：仙乐。薪歌：隐士之歌。濑：沙石上流过的急水。⑥始终参差、苍黄反覆：均指反复无常。⑦翟子：墨翟，见练丝而泣，为其可黄可黑。朱公：杨朱，见歧路而哭，为其可南可北。⑧尚生、仲氏：尚子平、仲长统，均古隐士。⑨东鲁：指颜阖。南郭：南郭子綦。均古隐士。窃吹、滥巾：均指假充隐士沽名钓誉。⑩巢父、许由及下文的务光、涓子：均古隐士。⑪鸣驺：指朝廷使臣。鹤书：指皇帝诏书。芰制、荷衣：隐士服装。⑫张（敞）、赵（广汉）、卓（茂）、鲁（恭）：均指古代能吏或贤吏。⑬三辅：汉代以京兆、左冯翊、右扶风为三辅。⑭浪栧：驾舟。上京、魏阙：均指朝廷。⑮扃岫幌：关闭山峰的窗户。

美文共赏

《北山移文》是孔稚珪最著名的骈文作品。文章借北山山灵的口吻，嘲讽了当时的名士周颙故作清高其实在醉心功名利禄。文章将周颙前后行径对比，揭露他的虚伪，批判他的沽名钓誉。文章写得尖刻泼辣，嬉笑调侃，就连山中的草木云水等景物都拟人化而为他蒙羞起来，拒绝他再来玷辱名山。类似周颙的情况，自两晋以来比较普遍，因此本文反映了作者对当时纵情山水、以隐猎利的不良世风的鄙视。

作者运用夸张的赋体笔法，将拟人化的写法和骈文句式有机和谐地融合一体，大大地增强了讽刺的艺术效果，历来为人传诵。

本篇名句

"以耿介拔俗之标，潇洒出尘之想，度白雪以方洁，干青云而直上。"

有些隐士，自以为有耿介而拔出流俗的风度，潇洒而超越尘世的理想，比白雪还要纯洁，比青云还要高尚。

谏太宗十思疏（魏徵）

臣闻求木之长者，必固其根本；欲流之远者，必浚其泉源；思国之安者，必积其德义。源不深而望流之远，根不固而求木之长，德不厚而思国之安，臣虽下愚，知其不可，而况于明哲乎！人君当神器之重①，居域中之大②，不念居安思危，戒奢以俭，斯亦伐根以求木茂，塞源而欲流长也。

凡昔元首，承天景命，善始者实繁，克终者盖寡③。岂取之易、守之难乎？盖在殷忧必竭诚以待下，既得志则纵情以傲物。竭诚则吴越为一体④，傲物则骨肉为行路⑤。虽董之以严刑⑥，振之以威怒，终苟免而不怀仁，貌恭而不心服。怨不在大，可畏惟人。载舟覆舟，所宜深慎。

诚能见可欲则思知足以自戒，将有作则思知止以安人⑦，念高危则思谦冲而自牧，惧满盈则思江海下百川⑧，乐盘游则思三驱以为度⑨，忧懈怠则思慎始而敬终，虑壅蔽则思虚心以纳下，惧谗邪则思正身以黜恶，恩所加则思无因喜以谬赏，罚所及则思无以怒而滥刑。总此十思，弘兹九德，简能而任之，择善而从之。则智者尽其谋，勇者竭其力，仁者播其惠，信者效其忠。文武并用，垂拱而治。何必劳神苦思，代百司之职役哉⑩！

【注释】

①神器：指帝位。②域中之大：天地间的重要位置。③景：大。克：能。④吴、越：春秋时期两个敌对的诸侯国。⑤行路：过路的人。⑥董：督责。⑦人：民。唐时避唐太宗李世民的讳。以"人"代"民"。⑧下百川：居于百川之下。川，江河。⑨盘游：指游猎。三驱：三面驱赶禽兽，留一面让禽兽逃走，以示人君好生之德。⑩百司：百官。

美文共赏

唐太宗起初能够励精图治，后来逐渐骄奢。魏徵对此深感忧虑，于贞观十一年（公元673年）连上四疏，本文是其中之一。劝诫唐太宗"居安思危，戒奢以俭"。反复开导，语重心长。据说唐太宗看到此文十分赞赏，亲自写诏书答复魏徵，并且把本奏章放置案头，以做警惕。

全文围绕"思国之安者，必积其德义"的主旨，要想使国家长治久安，君王必须努力积聚德义，具体提出了居安思危，戒奢以俭等十个建议来规劝唐太宗。这些主张虽然以巩固李唐王朝为出发点，但是客观上使人民得以休养生息，有利于初唐的强盛。魏徵敢于直谏，在贞观年间先后上疏二百余道，强调"兼听则明，偏听则暗"，对唐太宗开创千古称颂的"贞观之治"起了重大作用。本文以"思"为线索，将所要论述的问题联缀成文，文理清晰，结构缜密，并运用比喻、排比和对仗的修辞手法，说理透彻，音韵铿锵，气势充沛，是一篇很好的论说文。

本篇名句

"求木之长者，必固其根本；欲流之远者，必浚其泉源；思国之安者，必积其德义。"

想要树木生长，一定要加固它的根本；想要河流长远，一定要疏通它的源头；想要国家安定，一定要多聚积道德仁义。

滕王阁序① （王勃）

豫章故郡，洪都新府②。星分翼轸，地接衡庐③。襟三江而带五湖，控蛮荆而引瓯越。物华天宝，龙光射牛斗之墟；人杰地灵，徐孺下陈蕃之榻④。雄州雾列，俊彩星驰。台隍枕夷夏之交，宾主尽东南之美。都督阎公之雅望，棨戟遥临；宇文新州之懿范，襜帷暂驻⑤。十旬休暇⑥，胜友如云；千里逢迎，高朋满座。腾蛟起凤，孟学士之词宗，紫电青霜，王将军之武库。家君作宰⑦，路出名区，童子何知，躬逢胜饯。

时维九月，序属三秋。潦水尽而寒潭清，烟光凝而暮山紫。俨骖騑于上路，访风景于崇阿⑧。临帝子之长洲，得仙人之旧馆⑨。层峦耸翠，上出重霄；飞阁流丹，下临无地。鹤汀凫渚，穷岛屿之萦回；桂殿兰宫，列冈峦之体势。披绣闼，俯雕甍，山原旷其盈视，川泽盱其骇瞩。

闾阎扑地，钟鸣鼎食之家；舸舰迷津，青雀黄龙之轴⑩。虹销雨霁，彩彻云衢。落霞与孤鹜齐飞，秋水共长天一色⑪。渔舟唱晚，响穷彭蠡之滨，雁阵惊寒，声断衡阳之浦⑫。遥吟俯畅，逸兴遄飞。爽籁发而清风生，纤歌凝而白云遏。睢园绿竹，气凌彭泽之樽；邺水朱华，光照临川之笔⑬。

四美俱，二难并⑭。穷睇眄于中天，极娱游于暇日。天高地迥，觉宇宙之无穷；兴尽悲来，识盈虚之有数。望长安于日下，指吴会于云间⑮。地势极而南溟深，天柱高而北辰远。关山难越，谁悲失路之人？萍水相逢，尽是他乡之客。怀帝阍而不见，奉宣室以何年？

嗟乎！时运不齐，命途多舛。冯唐易老，李广难封⑯。屈贾谊于长沙，非无圣主；窜梁鸿于海曲，岂乏明时？所赖君子安贫，达人知命。老当益壮，宁知白首之心；穷且益坚，不坠青云之志。酌贪泉而觉爽，处涸辙以犹欢⑰。北海虽赊，扶摇可接；东隅已逝，桑榆非晚⑱。孟尝高洁，空怀报国之心；阮籍猖狂，岂效穷途之哭⑲！

勃，三尺微命，一介书生⑳。无路请缨，等终军之弱冠，有怀投笔，慕宗悫之长风㉑。舍簪笏于百龄，奉晨昏于万里。非谢家之宝树，接孟氏之芳邻。他日趋庭，叨陪鲤对；今晨捧袂，喜托龙门㉒。杨意不逢，抚凌云而自惜；钟期既遇，奏流水以何惭㉓？

呜呼！胜地不常，盛筵难再。兰亭已矣，梓泽邱墟。临别赠言，幸承恩于伟饯；登高作赋，是所望于群公。敢竭鄙诚，恭疏短引。一言均赋，四韵俱成：

滕王高阁临江渚，佩玉鸣鸾罢歌舞。画栋朝飞南浦云，珠帘暮卷西山雨。闲云潭影日悠悠，物换星移几度秋。阁中帝子今何在？槛外长江空自流。

【注释】

①滕王阁：唐高祖的儿子滕王所建，在今江西省南昌市。②豫章：为汉豫章郡治。唐改洪州，设都督府。③翼轸：古以星宿与地区对应，南昌当翼轸二星。衡：衡山，代指衡州。庐：庐山，代指江州。④龙光句：晋初，牛斗二星间常有紫气，说是剑光上冲，果在南昌境内掘出双剑，后化双龙。徐孺：东汉陈蕃为豫章太守，不接宾客，唯重隐士徐稚（即徐孺），为他专设一榻（床）。⑤棨戟：有套的戟，代指仪仗。襜帷：车上帷幕，代指车马。⑥十旬休暇：古人逢十休假。⑦宰：县令。王勃之父时任交趾令。⑧俨：通"严"，整理。骖騑：驾车的马，左称骖，右称騑。上路：大路。崇阿：高峻的丘陵。⑨帝子：指滕王李元婴。仙人：也指他。旧馆：指滕王阁。⑩舸舰：大船。迷津：充满渡口。青雀、黄龙：船头作雀或龙形的船舟。舳：船。⑪霁：雨停止。彩：指日光。衢：四通八达的道路。鹜：野鸭。⑫彭蠡：湖名，即今江西省的鄱阳湖。衡阳：南岳衡山之南。衡山七十二峰中有回雁峰，相传大雁飞到这里不再往南。浦：水滨。⑬睢园：西汉梁孝王的兔园，在今河南商丘附近，据说是梁孝王聚集文士饮酒赋诗之地。彭泽：县名，今属江西省。这里是指陶渊明，他做彭泽令，好饮

酒。邺：今河北临漳县，曹操做魏王时的都城。曹操与其子曹丕、曹植都是诗人，且都重文士。这里用"邺"代曹植，他有"朱华冒绿池"的诗句。朱华，指莲花。临川：今江西省抚州市。代指谢灵运，他做过临川郡的内史。⑭四美：指良辰、美景、赏心、乐事。二难：指贤主人、佳宾客。⑮日下：代指京城。吴会：秦汉时会稽郡的郡治在吴县；郡、县相连，称为吴会。即今江苏省苏州市。云间：古代吴郡松江县的别称，泛指吴地，即今江、浙一带。⑯冯唐：西汉人。头发已白，还是一小小郎官，文帝发现他有才能，升为车骑都尉，景帝时又被罢免。武帝即位，有人推荐他，已九十多岁，不能任事。李广：汉武帝时名将，军功卓著，始终未能封侯。⑰贪泉：相传广州郊外有贪泉，饮之必起贪心。涸辙：积水已干涸的车辙，比喻十分穷困。《庄子》有"涸辙之鲋"的典故。⑱东隅：日出处，借指青年时期。隅：角落。桑榆：古人住宅四周多种桑榆，日落时，余晖照在桑、榆上，故以桑榆指称日落时。借指年老。⑲孟尝：东汉人，曾任合浦太守，有政绩，但未被重用，后因病隐居。阮籍：魏末晋初名士，因权臣司马氏当政，饮酒佯狂以避祸。⑳三尺：古称成人为"七尺之躯"，称儿童"三尺童子"。一介：即"一芥"，小草，比喻微不足道。㉑缨：绳子。终军：汉武帝时人，二十多岁时，出使南越，临行前，请求武帝给一根绳子，如南越王不肯和亲，就用绳子捆来。弱冠：古代男子二十岁时行冠礼，表示已成年。弱，年少。投笔：东汉班超年轻时做抄写文书的小吏，常弃笔慨叹，后从军出使西域，立功封侯。后世遂以弃文就武为"投笔"。宗悫：南朝宋的将军，南阳人，年少时自述志向："愿乘长风破万里浪。"㉒捧袂：举起双袖作揖，意为进谒。托龙门：指接受地位高、名声大的人士接待。龙门原为黄河上游一险滩，传说鲤鱼跳过去会变成龙，故称"龙门"。东汉时李膺官高名显，士大夫得其接待，声誉立即提高，也称"登龙门"。㉓杨意：西汉宦官杨得意的省称。司马相如得他引荐才获汉武帝赏识。凌云：汉武帝读了司马相如的赋后"飘飘有凌云之气"。钟期：春秋时人钟子期的省称。他善听琴音，其友伯牙弹琴，意在流水，他听了就说："洋洋若江河。"后人用为知音的典故。

美文共赏

《滕王阁序》可以说是诗人王勃短暂生命最后迸发的激情与热量。作者借登高赴宴之机，当仁不让地赋诗作序。文中表现了一个既奋发向上又受到打击和压抑的青年的痛苦和创伤。希望和失望兼具，追求和痛苦交织，这正是文章的动人之处。

作者运用了对偶、用典等艺术手段，表现了大自然的美妙变化；尤其是对景物的描写，不惜笔墨，浓墨重彩，极写景物的色彩变化。如"紫电清霜""飞阁流丹""层峦耸翠"，无不色彩缤纷，摇曳生辉。尤其"潦水尽而寒潭清，烟光凝而暮山紫"一句，不囿于静止画面色彩，着力表现水光山色之变化，上句朴素淡雅，下句设色凝重，被前人誉为"写尽九月之景"之句。

本文手法多样，或浓或淡、或俯或仰、时远时近、有声有色的画面被描绘得神采飞动，令人击节叹赏。可以说作者写景颇具匠心，文章字字珠玑，句句生辉，章章华彩。其中"落霞与孤鹜齐飞，秋水共长天一色"一联，动静相映，意境浑融，成为千古传诵的名句。

本篇名句

"落霞与孤鹜齐飞，秋水共长天一色。"

落霞伴着孤鸟一齐向天边飞去，秋水映着长空融成一片澄碧。

与韩荆州书（李白）

白闻天下谈士相聚而言曰："生不用封万户侯，但愿一识韩荆州[1]。"何令人之景慕一至于此！岂不以周公之风，躬吐握之事[2]，使海内豪俊，奔走而归之，一登龙门，则声价十倍！所以龙蟠凤逸之士，皆欲收名定价于君侯。君侯不以富贵而骄之，寒贱而忽之，则三千之中有毛遂，使白得脱颖而出[3]，即其人焉。

白，陇西布衣，流落楚、汉[4]。十五好剑术，遍干诸侯[5]。三十成文章，历抵卿相。虽长不满七尺，而心雄万夫。皆王公大人许与气义。此畴曩心迹，安敢不尽于君侯哉！君侯制作侔神明，德行动天地，笔参造化，学究天人。幸愿开张心颜，不以长揖见拒。必若接之以高宴，纵之以清谈，请日试万言，倚马可待。今天下以君侯为文章之司命[6]，人物之权衡，一经品题，便作佳士。而今君侯何惜阶前盈尺之地，不使白扬眉吐气、激昂青云耶？

昔王子师为豫州，未下车，即辟荀慈明[7]，既下车又辟孔文举。山涛作冀州[8]，甄拔三十余人，或为侍中、尚书，先代所美。而君侯亦一荐严协律，入为秘书郎；中间崔宗之、房习祖、黎昕、许莹之徒，或以才名见知，或以清白见赏。白每观其衔恩抚躬，忠义奋发，白以此感激，知君侯推赤心于诸贤之腹中，所以不归他人而愿委身于国士。倘急难有用，敢效微躯。

且人非尧、舜，谁能尽善？白谟猷筹画⑨，安能自矜？至于制作，积成卷轴，则欲尘秽视听⑩，恐雕虫小技，不合大人。若赐观刍荛⑪，请给纸笔，兼之书人，然后退扫闲轩，缮写呈上。庶青萍、结绿，长价于薛、卞之门⑫。幸推下流，大开奖饰。唯君侯图之。

【注释】

①韩荆州：名朝宗，时任荆州长史兼襄州刺史。李白（701—762）：字太白，祖籍陇西（今甘肃），生长四川，唐代大诗人，有《李太白集》。②吐握：形容礼待贤士，周公曾"一沐三握发，一饭三吐哺"，起以待士。③颖：锥芒。颖脱而出：有机会显示才能。毛遂：战国时赵国平原君门客，平原君去楚国求救，选拔二十名门客同往，毛遂自荐，并立大功，曾说："使遂早得处囊中，乃颖脱而出。"④陇西：今甘肃临洮。布衣：平民。⑤诸侯：此指地方长官。⑥司命：神名，掌握人之寿命。⑦王子师：王允，东汉大臣。辟：征召。孔文举：孔融，东汉文学家。⑧山涛：东晋名士，竹林七贤之一。⑨谟猷：谋略。⑩尘秽视听：谦词，请对方观看。⑪刍荛：割草打柴，此处亦谦词。⑫青萍：宝剑名。结绿：美玉名。薛、卞：薛烛、卞和，古代善相剑、善识玉者。

美文共赏

这是李白写给时任荆州长史韩朝宗的一封请求引荐的信。李白的这篇文章写得令人一咏三叹。有时像天上的文曲星下凡，骄傲自负；有时又像尘世上的竞逐利禄之人，低眉颔首。文中情绪起伏动荡，句式高低错落。"虽长不满七尺，而心雄万夫"，这表现了他的气概；"请日试万言，倚马可待"，这又是对自己才华的自信；而李白求人的态度也是不卑不亢，收放得当，表现出豪爽者独特的精妙处事方法。文章写得气势雄壮,广为传诵。

本篇名句

"长不满七尺,而心雄万夫。"
虽然身高不满七尺,但志气雄壮胜过万夫。

春夜宴桃李园序(李白)

夫天地者,万物之逆旅①;光阴者,百代之过客。而浮生若梦,为欢几何?古人秉烛夜游,良有以也②。况阳春召我以烟景,大块假我以文章③。会桃李之芳园,序天伦之乐事。群季俊秀,皆为惠连;吾人咏歌,独惭康乐④。幽赏未已,高谈转清。开琼筵以坐花,飞羽觞而醉月。不有佳作,何伸雅怀?如诗不成,罚依金谷酒数⑤。

【注释】

①逆旅:旅舍。②良:确实。以:原因。③大块:指大地,一说指大自然。④季:少子为季,指弟。谢惠连、谢灵运:南朝文学家,同族兄弟。康乐:指谢灵运,曾袭封康乐公,这里作者借以自喻。⑤金谷:晋代大臣石崇有金谷园。

美文共赏

李白与诸从弟聚会赋诗,本文是为此而作的序文。序中写了欣赏美景、高谈清论、饮酒作诗的情景。抒发了作者热爱生活、热爱自然的欢快心情。虽然作者因受道家思想的影响,流露出"浮生若梦、为欢几何"的感伤情绪,但文章的基调是积极向上的,如用"阳春召我以烟景,大块假我以文章"——温暖的春天正以美景召唤我们,大自然又向我们展现锦绣的文章,不仅表达作者对大自然的礼赞之情,也反映了作者对生命的达观认知。文章写得潇洒自然,精彩的骈偶句式，使文章更加生色。全文百余字，句无虚设，层次井然。

本篇名句

"夫天地者，万物之逆旅。光阴者，百代之过客。"
天地是万物的旅舍，光阴是百代的过客。

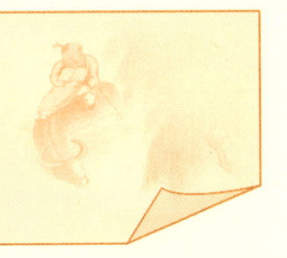

陋室铭（刘禹锡）①

山不在高，有仙则名；水不在深，有龙则灵。斯是陋室，唯吾德馨。苔痕上阶绿，草色入帘青。谈笑有鸿儒，往来无白丁②。可以调素琴，阅金经③。无丝竹之乱耳，无案牍之劳形④。南阳诸葛庐⑤，西蜀子云亭⑥。孔子云："何陋之有？"⑦

【注释】

①刘禹锡（772—842）：字梦得，洛阳人，有《刘宾客集》。②鸿：大。儒：文人，学者。白丁：平民，没有功名的人。③调：抚弄。金经：指佛经。④丝竹：泛指乐器。案牍：文书，公文。⑤诸葛：诸葛亮，曾隐居南阳。⑥子云：杨雄，字子云，西汉著名的文学家。⑦何陋之有：见《论语》，"子欲居九夷。或曰：'陋，如之何？'子曰：'君子居之，何陋之有？'"

美文共赏

《陋室铭》全文区区八十一个字，字字珠玑。通过对居室的描绘，极力形容陋室不陋，表现了作者不与世俗同流合污，洁身自好、不慕名利的生活准则。表达了作者对人生失意与仕途坎坷的超然豁达和乐观开朗的人生态度。

开头的"仙"与"龙"是为山、水增色彩，也为全文写不陋奠定了基调。"苔痕上阶绿，草色入帘青"，淡雅之中呈现出了一派生机勃勃的景象；"鸿儒""金经""素琴"，从交往、学习、愉悦等几方面描写出陋室的主人追求不俗，

"斯是陋室，唯吾德馨"，用芬芳四溢的香气形容自己的思想品德，然后又将其陋室比作"诸葛庐""子云亭"，更突出了陋室主人"安贫乐道"的情操。末句引用孔子的话，"何陋之有？"戛然而止，如奇峰陡起，俯瞰大地，气势高远。大大增强了文章说理的可信性和说服力。

这篇铭文运用托物言志的表现方法，文中有譬喻，有对比，有白描，有隐喻，有用典，句句如金石掷地，又自然流畅，好比余音绕梁，意境绵远。犹如一首赞颂陋室以显主人淡泊明志及高雅情趣的抒情诗。

本篇名句

"山不在高，有仙则名；水不在深，有龙则灵。"

山不在高，有神仙就会著名；水不在深，有蛟龙就显出神灵。

阿房宫赋（杜牧①）

六王毕②，四海一，蜀山兀③，阿房出。覆压三百余里，隔离天日。骊山北构而西折，直走咸阳。二川溶溶④，流入宫墙。五步一楼，十步一阁；廊腰缦回，檐牙高啄⑤；各抱地势，钩心斗角⑥。盘盘焉，囷囷焉，蜂房水涡，矗不知其几千万落⑦。长桥卧波，未云何龙？复道行空⑧，不霁何虹？高低冥迷⑨，不知西东。歌台暖响，春光融融；舞殿冷袖，风雨凄凄。一日之内，一宫之间，而气候不齐。

妃嫔媵嫱，王子皇孙，辞楼下殿，辇来于秦⑩。朝歌夜弦，为秦宫人。明星荧荧，开妆镜也；绿云扰扰，梳晓鬟也⑪；渭流涨腻，弃脂水也；烟斜雾横，焚椒兰也。雷霆乍惊，宫车过也；辘辘远听，杳不知其所之也。一肌一容，尽态极妍，缦立远视，而望幸焉。有不得见者，三十六年。燕、赵之收藏，韩、魏之经营，齐、楚之精英，几世几年，取掠其人，倚叠如山。一旦不能有，输来其间。鼎铛玉石，金块珠砾，弃掷逦迤⑫，秦人视之，亦不甚惜。

嗟乎，一人之心，千万人之心也。秦爱纷奢，人亦念其家。奈何取之尽锱铢⑬，用之如泥沙？使负栋之柱，多于南亩之农夫；架梁之椽，多于机上之工女；钉头磷磷，多于在庾之粟粒，瓦缝参差，多于周身之帛缕；直栏横槛，多于九土之城郭；管弦呕哑，多于市人之言语。使天下之人，不敢言而敢怒，独夫之心，日益骄固。戍卒叫，函谷举⑭，楚人一炬，可怜焦土。

呜呼！灭六国者，六国也，非秦也。族秦者，秦也，非天下也。嗟夫！使六国各爱其人，则足以拒秦。秦复爱六国之人，则递三世，可至万世而为君，谁得而族灭也？秦人不暇自哀，而后人哀之；后人哀之而不鉴之，亦使后人而复哀后人也！

【注释】

①杜牧（803—52），字牧之，京兆万年（今陕西省西安市）人。二十六岁中进士，著名诗人。②六王：指战国时韩、赵、魏、燕、齐、楚六国的君王。③蜀山：蜀地之山，即今川陕边界的山脉。兀：秃，指砍尽树木。④二川：指渭水、樊川。溶溶：缓缓流动。⑤缦回：如缦带般萦回。缦，无花纹的帛。檐牙：屋檐翘出如牙。高啄：像禽鸟俯首啄物。⑥钩心斗角：指楼阁宫殿相连，屋角交错，好像互相争斗。⑦盘盘：盘旋的样子。囷囷：屈曲的样子。矗：高耸。⑧复道：凌空架起的通道。⑨冥迷：昏暗不明。⑩妃嫔媵嫱：指六国的后妃宫女。辇：王室用的车子。⑪绿云：比喻妇女乌黑油亮的长发。扰扰：纷纷扬扬。⑫铛：平底小锅。块：土块。砾：碎石。逦迤：绵延不绝。⑬尽：竭尽。锱铢：古代极小的重量单位。六铢为一锱，四锱为一两。⑭戍卒叫：指陈胜、吴广起义。函谷举：刘邦攻占函谷关。楚人：指项羽及其部队。

美文共赏

本文通过描写阿房宫的兴建及毁灭，深刻地总结了秦朝统治者骄奢亡国的历史经验，阐述了天下兴亡的道理。实际是借秦的故事讽刺当时唐朝的当政者，规劝他们要以古为鉴，希望唐朝不要重蹈覆辙。表现出一个封建时代正直的文人忧国忧民、匡世济俗的情怀。

文中无论是描写还是议论，都充满了激情，语言精美，富于文采，骈散兼行，错落有致。如在用了"五步一楼，十步一阁；廊腰缦回，檐牙高啄；各抱地势，钩心斗角"六个四字句后，接以"盘盘焉，囷囷焉，蜂房水涡，矗不知其几千万落"一个散行的长句，这样，句子整散结合，长短不拘，节奏鲜明，更富于表现力；"使负栋之柱，多于南亩之农夫"一段出于想象，既是比喻，也是夸张，具有很强的艺术感染力。文章叙述中时有前后照应妙笔。如写楼阁"各抱地势"就与前文"骊山北构而西折，直走咸阳"这一广阔背景相连。总之，这篇《阿房宫赋》之所以能流传千古，正在于它的思想性和艺术性的完美结合。

本篇名句

"灭六国者，六国也，非秦也。族秦者，秦也，非天下也。"

灭亡六国的是六国自己，而不是秦国。灭亡秦国的是秦国自己，而不是天下百姓。

原道（韩愈①）

博爱之谓仁，行而宜之之谓义，由是而之焉之谓道，足乎己无待于外之谓德②。仁与义为定名，道与德为虚位③。故道有君子小人，而德有凶有吉。

老子之小仁义④，非毁之也，其见者小也。坐井而观天，曰"天小"者，非天小也。彼以煦煦为仁，孑孑为义⑤，其小之也则宜。其所谓道，道其所道，非吾所谓道也；其所谓德，德其所德，非吾所谓德也。凡吾所谓道德云者，合仁与义言之也，天下之公言也；老子之所谓道德云者，去仁与义言之也，一人之私言也。

周道衰，孔子没，火于秦⑥。黄、老于汉，佛于晋、魏、梁、隋之间⑦。其言道德仁义者，不入于杨，则入于墨⑧，不入于老，则入于佛。入于彼，必出于此。入者主之，出者奴之；入者附之，出者污之。噫！后之人其欲闻仁义道德之说，孰从而听之？老者曰："孔子，吾师之弟子也。"佛者曰："孔子，吾师之弟子也。"为孔子者，习闻其说，乐其诞而自小也，亦曰："吾师亦尝师之云尔。"不惟举之于其口，而又笔之于其书。噫！后之人虽欲闻仁义道德之说，其孰从而求之？甚矣！人之好怪也！不求其端，不讯其末，惟怪之欲闻。

古之为民者四⑨，今之为民者六；古之教者处其一，今之教者处其三。农之家一，而食粟之家六；工之家一，而用器之家六；贾之家一，而资焉之家六⑩。奈之何民不穷且盗也！

古之时，人之害多矣。有圣人者立，然后教之以相生相养之道，为之君，为之师。驱其虫蛇禽兽，而处之中土⑪。寒然后为之衣，饥然后为之食。木处而颠，土处而病也，然后为之宫室。为之工以赡其器用，为之贾以通其有无，为之医药以济其夭死，为之葬埋、祭祀以长其恩爱，为之礼以次其先后，为之乐以宣其湮郁，为之政以率其怠倦，为之刑以锄其强梗。相欺也，为之符玺、斗斛、权衡以信之⑫；相夺也，为之城郭、甲兵以守之。害至而为之备，患生而为之防。

今其言曰："圣人不死，大盗不止；剖斗折衡，而民不争⑬。"呜呼！其亦不思而已矣！如古之无圣人，人之类灭久矣。何也？无羽毛鳞介以居寒热也，无爪牙以争食也。

是故君者，出令者也；臣者，行君之令而致之民者也；民者，出粟米麻丝、作器皿、通货财以事其上者也。君不出令，则失其所以为君；臣不行君之令而致之民，则失其所以为臣；民不出粟米麻丝、作器皿、通货财以事其上，则诛。

今其法曰：必弃而君臣，去而父子，禁而相生相养之道，以求其所谓清净，寂灭者⑭。呜呼！其亦幸而出于三代之后，不见黜于禹、汤、文、武、周公、孔子也；其亦不幸而不出于三代之前，不见正于禹、汤、文、武、周公、孔子也。

帝之与王⑮，其号虽殊，其所以为圣一也。夏葛而冬裘，渴饮而饥食，其事虽殊，其所以为智一也。今其言曰："曷不为太古之无事？"是亦责冬之裘者曰："曷不为葛之之易也？"责饥之食者曰："曷不为饮之之易也。"传曰⑯："古之欲明明德于天下者，先治其国；欲治其国者，先齐其家；欲齐其家者，先修其身；欲修其身者，先正其心；欲正其心者，先诚其意。"然则古之所谓正心而诚意者，将以有为也。今也欲治其心，而外天下国家，灭其天常，子焉而不父其父，臣焉而不君其君，民焉而不事其事。

孔子之作《春秋》也，诸侯用夷礼则夷之，进于中国则中国之。经曰："夷狄之有君，不如诸夏之亡。"《诗》曰："戎狄是膺，荆舒是惩。"今也举夷狄之法，而加之先王之教之上，几何其不胥而为夷也！

夫所谓先王之教者，何也？博爱之谓仁，行而宜之之谓义，由是而之焉之谓道，足乎己无待于外之谓德。其文，《诗》《书》《易》《春秋》；其法，礼、乐、刑、政；其民，士、农、工、贾；其位，君臣、父子、师友、宾主、昆弟、夫妇；其服，麻、丝；其居，宫、室；其食，粟米、果蔬、鱼肉。其为道易明，而其为教易行也。是故以之为己，则顺而祥，以之为人，则爱而公；以之为心，则和而平；以之为天下国家，无所处而不当。

是故生则得其情，死则尽其常；郊焉而天神假，庙焉而人鬼飨⑰。曰："斯道也，何道也？曰："斯吾所谓道也，非向所谓老与佛之道也。"尧以是传之舜，舜以是传之禹，禹以是传之汤，汤以是传之文、武、周公，文、武、周公传之孔子，孔子传之孟轲；轲之死，不得其传焉。荀与扬也⑱，择焉而不精，语焉而不详。由周公而上⑲，上而为君，故其事行；由周公而下，下而为臣，故其说长。"然则如之何而可也？曰："不塞不流，不止不行。人其人，火其书，庐其居。明先王之道以道之。鳏寡孤独废疾者有养也，其亦庶乎其可也。"

【注释】

①韩愈：（768—824）：字退之，河阳（今河南孟县）人，祖籍河北昌黎，有《昌黎先生集》。②是：这。之：往，到……去。焉：那里。乎：于。待：依靠。③虚位：此处意为抽象的。④老子：春秋时思想家，道家的创始人。⑤煦煦：温婉和悦。孑孑：细小琐屑。⑥周道：周代的治国之道。儒家认为治国的根本道理。没，通"殁"，死。⑦黄老于汉：指西汉初期以黄老之学治国。黄老，指黄帝、老子之学。⑧杨：杨朱。墨：墨子，名翟（dí）。战国时杨、墨两派学说都很流行，又互相对立。⑨为民者四：士、农、工、商，古称四民，后加僧、道二民为六。⑩资焉：依靠他们。⑪处：使……居处。中土：中原地区。⑫符：古代用作凭证的东西，双方各执一半，用时相合以为证。玺：印章。斗斛：两种量器，也用来泛指量器。⑬剖：打破。这四句出自《庄子》。⑭清净：指远离恶行与烦恼。寂灭：梵语"涅槃"的意译，指超脱生死的理想境界。⑮帝：黄帝、颛顼、帝喾、尧、舜称五帝。王：夏禹、商汤、周文王武王称三王。⑯传曰：儒家称经典为经，解释经文的著作为传，这里指《礼记》。⑰郊：古帝王祭祀天地。冬至祭天于国都南郊，夏至祭地于国都北郊。这里专指祭天。假：来，至。庙：指宗庙祭祀。人鬼：指祖宗，与上文"天神"相对面言。飨：通"享"，神鬼享用祭品。⑱荀：荀况，即荀子。扬：扬雄。⑲由周公而上：指尧、舜、禹、汤、周文、周武。

美文共赏

《原道》是韩愈复古崇儒、排斥佛教、道教的代表作。文中观点鲜明，有破有立，引证今古，从历史发展、社会生活等方面，层层剖析，驳斥佛、道之非，论述儒学之原，归结到恢复古道、尊崇儒学的宗旨，是唐代古文的杰作。

《原道》最引人注目之处，在于提出了一个"道统"的授受体系。韩愈在重申了儒家的社会伦理学说后，总结说："斯道也，何道也？曰：斯吾所谓道也，非向所谓老与佛之道也。尧以是传之舜，舜以是传之禹，禹以是传之汤，汤以是传之文武周公，文武周公传之孔子，孔子传之孟轲。轲之死，不得其传焉。"我说的这个道，是尧传给舜，舜传给禹，禹传给汤，汤传给文王、武王、周公，文王、武王、周公传给孔子，孔子传给孟轲。孟轲死后，没有继承者。

本文显示了唐代后期儒学的发展趋势，显示了儒学为适应时代变化而进行的努力。《原道》一文在儒学发展史上是一篇不可忽视的重要文章。在学术思想和社会政治方面的意义重大。

本篇名句

"博爱之谓仁，行而宜之之谓义，由是而之焉之谓道，足乎己无待于外之谓德。"

博爱叫作仁，合宜于仁的行为叫作义，从仁义再向前去的叫作道，自身具有而不依赖外界的叫作德。

原毁（韩愈）

古之君子，其责己也重以周，其待人也轻以约①。重以周，故不怠；轻以约，故人乐为善。闻古之人有舜者，其为人也，仁义人也。求其所以为舜者，责于己曰："彼，人也；予，人也②。彼能是，而我乃不能是！"早夜以思，去其不如舜者，就其如舜者③。闻古之人有周公者，其为人也，多才与艺人也。求其所以为周公者，责于己曰："彼，人也；予，人也。彼能是，而我乃不能是！"早夜以思，去其不如周公者，就其如周公者。舜，大圣人也，后世无及焉；周公，大圣人也，后世无及焉。是人也，

乃曰:"不如舜,不如周公,吾之病也。"是不亦责于身者重以周乎?其于人也,曰:"彼人也,能有是,是足为良人矣。能善是,是足为艺人矣。"取其一,不责其二;即其新,不究其旧。恐恐然惟惧其人之不得为善之利。一善,易修也。一艺,易能也,其于人也,乃曰:"能有是,是亦足矣。"曰:"能善是,是亦足矣。"不亦待于人者轻以约乎?

今之君子则不然。其责人也详,其待己也廉④。详,故人难于为善;廉,故自取也少。己未有善,曰:"我善是,是亦足矣。"己未有能,曰:"我能是,是亦足矣。"外以欺于人,内以欺于心,未少有得而止矣。不亦待其身者已廉乎?其于人也,曰:"彼虽能是,其人不足称也;彼虽善是,其用不足称也。"举其一,不计其十;究其旧,不图其新,恐恐然惟惧其人之有闻也。是不亦责于人者已详乎?夫是之谓不以众人待其身,而以圣人望于人,吾未见其尊己也。虽然,为是者,有本有原,怠与忌之谓也。怠者不能修,而忌者畏人修。吾尝试之矣。尝试语于众曰:"某良士,某良士。"其应者,必其人之与也;不然,则其所疏远不与同其利者也;不然,则其畏也。不若是,强者必怒于言,懦者必怒于色矣。又尝语于众曰:"某非良士,某非良士。"其不应者,必其人之与也;不然,则其所疏远不与同其利者也;不然,则其畏也⑤。不若是,强者必说于言,懦者必说于色矣。

是故事修而谤兴⑥,德高而毁来。呜呼!士之处此世,而望名誉之光⑦、道德之行,难已!将有作于上者,得吾说而存之,其国家可几而理欤⑧!

【注释】

①君子:指有道德或有地位的人。责:要求。②彼:指舜。予:同"余",我。③去:离开,抛弃。就:走向,择取。④详:周备,全面。廉:狭窄,范围小。⑤畏:畏惧。指害怕他的人。⑥修:善,美好。⑦光:光大,昭著。⑧有作于上:在上位有所作为。存:记住。几:庶几,差不多。理:治理。

美文共赏

《原毁》是韩愈的"五原"(《原性》《原道》《原毁》《原人》《原鬼》)之一,"原"就是推究、探求,"毁"就是诽谤、诋毁,"原毁"就是探求诽谤滋生的根源。本文论述和探究的是毁谤产生的原因。作者认为士大夫之间毁谤之风的盛行是道德败坏的一种表现,其根源在于"怠"和"忌",即懈怠自我修养且又妒忌别人；如果能够做到"不忌不忌"，那么毁谤就无从产生。韩愈主张严以律己，宽以待人，呼吁当权者纠正这股毁谤歪风，寄托了作者对国事的期望。

该文最大的艺术特色是通篇的对比手法。分别从待人、对己两个方面，大量采用对比手法，有"古之君子"与"今之君子"的对比，有同一个人"责己"和"待人"不同态度的比较，还有"应者"与"不应者"的比较等，顺理成章地得出了"是故事修而谤兴，德高而毁来"这一根本结论。所用的排比句式，只变更数字，文意就大不相同，具有舍此无他的效果。全篇行文严肃恳切，句式整齐中有变化，语言生动而形象，刻画当时士风，入木三分。

本篇名句

"事修而谤兴，德高而毁来。"

有人做成了事业，诽谤也就跟着来了。有人道德高尚，诋毁也就跟着来了。

获麟解（韩愈）

麟之为灵①，昭昭也。咏于《诗》，书于《春秋》②，杂出于传记百家之书，虽妇人小子皆知其为祥也。

然麟之为物，不畜于家，不恒有于天下。其为形也不类③，非若马、牛、犬、豕、豺、狼、麋、鹿然。然则虽有麟，不可知其为麟也。角者，吾知其为牛；鬣者，吾知其为马④；犬、豕、豺、狼、麋、鹿，吾知其为犬、豕、豺、狼、麋、鹿；惟麟也不可知。不可知，则谓其不祥也亦宜。

虽然，麟之出，必有圣人在乎位，麟为圣人出也。圣人者，必知麟。麟之果不为不祥也。又曰："麟之所以为麟者，以德不以形。若麟之出不待圣人，则谓之不祥也亦宜。"

【注释】

①麟：麒麟，传说是鹿身牛尾马蹄，是吉祥的象征。②咏于诗：《诗经·国风·麟之趾》

篇。书于《春秋》：相传鲁国获麟，孔子哀伤它来得不是时候，所编《春秋》因之绝笔。③不类：不成一类。④鬣（liè）：兽类颈上的长毛。

美文共赏

作者认为麒麟之所以被称为象征吉祥的仁兽，是因为出现在圣人在位的时候；如果不是在圣人在位的时候出现，那么就会被称为不祥的野兽。

本文是托物言志的手法，曲折地借此说明，如果芸芸众生当中有像麒麟一样的杰出人才出现，却无圣人在世，恐怕他也只能孤愤一世，自怨自艾了。作者以麒麟自喻，说明了自己的品行和出仕的意图，感慨卓有才学之士不为封建的统治者所重用，寄托了怀才不遇的怨愤。

文章虽短，曲折甚多，层层转折，与曲折深层的立意正好相应。几反几复，麒麟的身份都非同凡响。文章越短越曲折变化，这是韩愈的文章在写法上的一大特点。

本篇名句

"麟之所以为麟者，以德不以形。若麟之出不待圣人，则谓之不祥也亦宜。"

麒麟之所以是麒麟，是因为它注重的是德行而不是外表。如果麒麟出现在圣人不在的时候，那么麒麟不被人所知道，被视为不祥之物也是理所当然的。

唐文 卷八

师说（韩愈）

古之学者必有师。师者，所以传道、受业、解惑也①。人非生而知之者，孰能无惑？惑而不从师，其为惑也，终不解矣。生乎吾前，其闻道也，固先乎吾，吾从而师之；生乎吾后，其闻道也，亦先乎吾，吾从而师之。吾师道也，夫庸知其年之先后生于吾乎？是故无贵无贱，无长无少，道之所存，师之所存也。

嗟乎！师道之不传也久矣②，欲人之无惑也难矣。古之圣人，其出人也远矣，犹且从师而问焉；今之众人，其下圣人也亦远矣，而耻学于师③。是故圣益圣④，愚益愚，圣人之所以为圣，愚人之所以为愚，其皆出于此乎⑤？爱其子，择师而教之。于其身也⑥，则耻师焉，惑矣！彼童子之师，授之书而习其句读者也⑦，非吾所谓传其道、解其惑者也。句读之不知，惑之不解，或师焉，或不焉，小学而大遗，吾未见其明也。巫医、乐师，百工之人⑧，不耻相师。士大夫之族⑨，曰师、曰弟子云者，则群聚而笑之。问之，则曰："彼与彼年相若也，道相似也。"位卑则足羞，官盛则近谀。呜呼！师道之不复，可知矣。巫医、乐师、百工之人，君子不齿⑩。今其智乃反不能及，其可怪也欤！

圣人无常师⑪。孔子师郯子、苌弘、师襄、老聃⑫。郯子之徒，其贤不及孔子⑬。孔子曰："三人行，则必有我师。"是故弟子不必不如师，师不必贤于弟子，闻道有先后，术业有专攻⑭，如是而已。

李氏子蟠，年十七，好古文，六艺经传皆通习之，不拘于时，学于余⑮。余嘉其能行古道，作

《师说》以贻之。

【注释】

①传道：道，道理。受业：传授学业。受，授，古代可通用，但此处应为"授业"。学生对老师也自称"受业"。②师道：从师求学的道理。③下：低，低于。耻：以……为耻辱。④是故：因此。益：更加。⑤其：大概。⑥身：自己。⑦句读：古代没有标点符号，儿童读书，须由教师在书上画出句号、顿号。⑧巫医：巫，从事召神降鬼等迷信活动的人。上古巫医不分，故连举。秦汉以来，乐师地位低贱。⑨士大夫：官吏或较有声望、地位的知识分子。⑩不齿：不屑与之同列。⑪常师：固定的老师。⑫郯子：春秋时郯国的国君。郯子朝鲁，孔子曾向他请教过关于官名的事。苌宏：周敬王时大夫。孔子至周，向他请教过音乐方面的知识。师襄：鲁太师（乐官）。孔子曾跟他学琴。老聃：即老子。孔子曾向他问礼。⑬之徒：这些人。贤：有德多才。及：超过，胜过。⑭术业：学术和技艺。⑮古文：指先秦两汉的散文。六艺：指儒家的六经，这里泛指儒家经典。不拘于时：不受时俗束缚。

美文共赏

这是韩愈在古文运动中的一篇力作，阐说从师求学的道理。韩愈在文中主张从师学道可以不分年龄高低与身份贵贱，这对于当时十分重视门第观念、只认功名富贵、不懂尊师重道的官僚士大夫的不良风气是有力的讽刺与回击。表现出作者非凡的斗争勇气和精神，也体现了作者不顾世俗独抒己见的可贵。然而《师说》更可贵的是提出了三点崭新的、进步的"师道"思想：师是"传道、受业、解惑"的人；人人都可以为师，只要具有那样的能力；师和弟子的关系是相对的，只要某方面比我好，在这方面就是我的师。这些思想把"师"的神秘性、权威性大大地减轻了；把教师和弟子的关系合理化了，平等化了，把师法或家法的保守的壁垒打破了。这些思想具有进步性和深刻的人民性。

全文篇幅不长，含义深刻，处处闪耀着真知灼见；说理透彻，气势磅礴，有极强的说服力和感染力。写作上的特点是运用对比的方法，反复论证，并辅之以感叹句和引用圣人之言来加强说服力。这种注重"师道"和"能者为师"的思想，至今仍有积极的意义。

> **本篇名句**
>
> "无贵无贱,无长无少,道之所存,师之所存也。"
>
> 不论地位高贵还是低贱,不论年长还是年少,道理在哪里,老师也就在哪里。

进学解(韩愈)

国子先生晨入太学①,招诸生立馆下,诲之曰:"业精于勤,荒于嬉;行成于思,毁于随②。方今圣贤相逢,治具毕张③,拔去凶邪,登崇俊良④。占小善者率以录,名一艺者无不庸⑤。爬罗剔抉,刮垢磨光⑥。盖有幸而获选,孰云多而不扬?诸生业患不能精,无患有司之不明⑦;行患不能成,无患有司之不公。"

言未既。有笑于列者曰:"先生欺余哉!弟子事先生,于兹有年矣。先生口不绝吟于六艺之文,手不停披于百家之编;纪事者必提其要,纂言者必钩其玄⑧;贪多务得,细大不捐;焚膏油以继晷,恒兀兀以穷年⑨。先生之业,可谓勤矣。觝排异端,攘斥佛老;补苴罅漏,张皇幽眇⑩;寻坠绪之茫茫,独旁搜而远绍;障百川而东之,回狂澜于既倒。先生之于儒,可谓劳矣。沈浸醲郁,含英咀华⑪。作为文章,其书满家。上规姚姒,浑浑无涯;周《诰》殷《盘》,佶屈聱牙;《春秋》谨严,《左氏》浮夸;《易》奇而法,《诗》正而葩;下逮《庄》《骚》,太史所录,子云、相如,同工异曲⑫。先生之于文,可谓闳其中而肆其外矣⑬。少始知学,勇于敢为。长通于方,左右具宜。先生之于为人,可谓成矣。然而公不见信于人,私不见助于友,跋前疐后,动辄得咎。暂为御史,遂窜南夷⑭。三年博士,冗不见治。命与仇谋,取败几时。冬暖而儿号寒,年丰而妻啼饥。头童齿豁,竟死何裨?不知虑此,反教人为?"

先生曰:"吁!子来前!夫大木为杗,细木为桷,欂栌、侏儒,椳、闑、扂、楔⑮,各得其宜,施以成室者,匠氏之工也。玉札、丹砂、赤箭、青芝,牛溲、马勃,败鼓之皮,俱收并蓄,待用无遗者,医师之良也⑯。登明选公,杂进巧拙,纾余为妍,卓荦为杰,校短量长,惟器是适者,宰相之方也。昔者孟轲好

辩，孔道以明，辙环天下，卒老于行；荀卿守正，大论是弘，逃谗于楚，废死兰陵⑰。是二儒者，吐辞为经，举足为法，绝类离伦，优入圣域，其遇于世何如也？今先生学虽勤而不由其统，言虽多而不要其中，文虽奇而不济于用，行虽修而不显于众。犹且月费俸钱、岁縻廪粟。子不知耕，妇不知织。乘马从徒，安坐而食，踵常途之役役，窥陈编以盗窃，然而圣主不加诛，宰臣不见斥，非其幸欤！动而得谤，名亦随之。投闲置散，乃分之宜。若夫商财贿之有亡，计班资之崇庳，忘己量之所称，指前人之瑕疵，是所谓诘匠氏之不以杙为楹，而訾医师以昌阳引年，欲进其豨苓也⑱。"

【注释】

①国子先生：对国子博士的称呼，指韩愈自己。太学：古代的大学，此指国子监。②嬉：嬉戏，游乐。随：因循盲从。③治具：指法律政令。毕：全。张：施行。④登崇：提拔。俊良：贤能优良之士。⑤名一艺者：有一技之长的人。庸：通"用"。⑥爬罗剔抉：指搜罗选拔人才。刮垢磨光：指训练、造就人才。⑦患：担心。无：通"毋"，不要。有司：主管的官吏。⑧纂言者：理论性的著作。钩玄：钩取深奥微妙的义理。⑨膏油：指灯烛。晷：日影，指白昼。兀兀：勤勉不懈的样子。穷年：一年到头。⑩觝排：排斥。异端：佛教和道家。补苴罅漏：填补缺漏。张皇：阐发。幽眇：深微隐奥。⑪醲郁：酒味浓厚，指内容醇厚的著作。咀：含在嘴里细细玩味。英、华：都是花，指典籍中的精华。⑫姚姒：指《尚书》中的《虞夏书》。周诰：《尚书》中的《周书》。殷盘：《尚书》的《商书》中有《盘庚》上、中、下三篇。佶屈聱牙：文辞艰涩难读。谨严：指《春秋》用字不苟，暗含褒贬。奇：《易经》卦的变化奇妙，但有法则。正：雅正，即孔子所说的"思无邪"。葩：花，华美。《诗经》华美。逮：到。太史所录：即《史记》。子云指扬雄，相如指司马相如。⑬闳中：指文章的内容博大。肆外：指文章的气势雄伟。⑭遂窜南夷：唐德宗贞元十九年（803年），韩愈任监察御史，

同年冬，被贬为阳山（今广东阳山县）令。窜，流放。⑮京：大梁。楣：方椽子。栌：斗拱。侏儒：指侏儒柱，梁上的短柱。椳：承受门枢的门臼。闑：门洞中央所立的短木。扂：门闩之类。楔：门两旁的木柱。以上都指大小不同的木料。⑯本句所列，都是药名。丹砂即朱砂。赤箭即天麻。牛溲即牛尿。俱收并蓄：成为成语，一般作"兼收并蓄"。⑰逃谗于楚，废死兰陵：荀卿本在齐国授学。因被谗去楚，任兰陵令。后免官，老死兰陵。⑱訾：诋毁。昌阳：菖蒲的别名。引年：延年。传说久服菖蒲可以延年。豨苓：药名，利尿，无助于延年。

美文共赏

"进学解"的意思是对增进学行问题的辨析。指出增进学行的方法在于"勤"和"思"，目的是"业精"和"行成"。本文是元和七八年间韩愈任国子博士时所作，假托向学生训话，勉励他们在学业、德行方面取得进步，学生提出质问，他再进行解释，故名"进学解"，借以抒发自己怀才不遇、仕途蹭蹬的苦闷。

《进学解》虽然篇幅很短，但内容极为丰富，既说出了"业精于勤，荒于嬉，行成于思，毁于随"这样的格言，说明了学习应遵守的规律，又用许多生动具体的实例说明什么是勤和思，介绍了儒学经典和古代文献名著的精要，为学生点出头绪，并用具体生动、形象的比喻说出选材之要。特别是文体用对话形式，以自嘲为夸，以反语为讽刺，对当时社会的庸俗腐败进行了批判，表现了封建时代正直而有才华、有抱负的知识分子的苦闷，批判了不合理的社会现象，具有典型意义，故而传诵不绝。

文中有许多创造性的语句，后代沿用为成语。如"提要钩玄""贪多务得""细大不捐""同工异曲""闳中肆外""动辄得咎"等，都已成为常用的成语。

本篇名句

"业精于勤，荒于嬉；行成于思，毁于随。"

学业的精良来自勤奋，学业的荒废则由于玩心太重；德行的成就来自深思熟虑，随波逐流注注自毁前程。

争臣论①（韩愈）

或问谏议大夫阳城于愈："可以为有道之士乎哉？学广而闻多，不求闻于人也。行古人之道，居于晋之鄙。晋之鄙人熏其德而善良者几千人。大臣闻而荐之，天子以为谏议大夫。人皆以为华，阳子不色喜。居于位五年矣，视其德如在野。彼岂以富贵移易其心哉！"

愈应之曰："是《易》所谓恒其德贞而夫子凶者也②。恶得为有道之士乎哉？在《易·蛊》之上九云：'不事王侯，高尚其事'。《蹇》之六二则曰：'王臣蹇蹇③，匪躬之故。'夫亦以所居之时不一，而所蹈之德不同也。若《蛊》之上九，居无用之地，而致匪躬之节；以《蹇》之六二，在王臣之位，而高不事之心，则冒进之患生，旷官之刺兴。志不可则，而尤不终无也。今阳子在位不为不久矣，闻天下之得失不为不熟矣，天子待之不为不加矣，而未尝一言及于政。视政之得失，若越人视秦人之肥瘠，忽焉不加喜戚于其心。问其官，则曰：'谏议也'；问其禄，则曰：'下大夫之秩也'；问其政，则曰：'我不知也。'有道之士，固如是乎哉？且吾闻之：'有官守者，不得其职则去；有言责者，不得其言则去。'今阳子以为得其言乎哉？得其言而不言，与不得其言而不去，无一可者也。阳子将为禄仕乎？古之人有云：'仕不为贫，而有时乎为贫'，谓禄仕者也。宜乎辞尊而居卑，辞富而居贫，若抱关击柝者可也④。盖孔子尝为委吏矣⑤，尝为乘田矣，亦不敢旷其职，必曰：'会计当而已矣'，必曰'牛羊遂而已矣。'若阳子之秩禄，不为卑且贫，章章明矣，而如此其可乎哉？"

或曰："否，非若此也。夫阳子恶讪上者，恶为人臣招其君之过，而以为名者。故虽谏且议，使人不得而知焉。《书》曰：'尔有嘉谟嘉猷，则入告尔后于内，尔乃顺之于外，曰：斯谟斯猷，惟我后之德。'夫阳子之用心，亦若此者。"

愈应之曰："若阳子之用心如此，滋所谓惑者矣。入则谏其君，出不使人知者，大臣宰相者之事，非阳子之所宜行也。夫阳子本以布衣隐于蓬蒿之下，主上嘉其行谊，擢在此位。官以谏为名，诚宜有以奉其职，使四方后代知朝廷有直言骨鲠之臣，天子有不僭赏从谏如流之美。庶岩穴之士，闻而慕之，束带结发，愿进于阙下而伸其辞说，致吾君于尧舜，熙鸿号于无穷也。若《书》所谓，则大臣宰相之事，非阳子之所宜行也。且阳子之心，将使君人者恶闻其过乎？是启之也。"

或曰："阳子之不求闻而人闻之，不求用而君用之，不得已而起，守其道不变，何子过之深也？"

愈曰："自古圣人贤士，皆非有求于闻、用也。闵其时之不平，人之不乂⑥，得其道，不敢独善其身，而必以兼济天下也。孜孜矻矻⑦，死而后已。故禹过家门不入，孔席不暇暖，而墨突不得黔。彼二圣一贤者，岂不知自安佚之为乐哉？诚畏天命而悲人穷也。夫天授人以贤圣才能，岂使自有余而已？诚欲以补其不足者也。耳目之于身也，耳司闻而目司见。听其是非，视其险易，然后身得安焉。圣贤者，时人之耳目也。时人者，圣贤之身也。且阳子之不贤，则将役于贤以奉其上矣。若果贤，则固畏天命而闵人穷也，恶得以自暇逸乎哉？"

或曰："吾闻君子不欲加诸人，而恶讦以为直者⑧。若吾子之论，直则直矣，无乃伤于德而费于辞乎？好尽言以招人过，国武子之所以见杀于齐也⑨，吾子其亦闻乎？"

愈曰："君子居其位，则思死其官；未得位，则思修其辞以明其道。我将以明道也，非以为直而加人也。且国武子不能得善人，而好尽言于乱国，是以见杀。《传》曰：'惟善人能受尽言。'谓其闻而能改之也。子告我曰：'阳子可以为有道之士也。'今虽不能及已，阳子将不得为善人乎哉？"

【注释】

①争（一作诤）臣：能谏诤之臣。本文批评的阳城（736—805），在此文写成后三年，因反对奸相裴延龄，贬道州（今湖南道县）刺史。②夫子凶：《易》原文为："恒其德贞，妇人吉，夫子凶。"指妇人从夫，其德不可不恒；丈夫因事制宜，其道多多，其德不可恒。③寒寒：困难很多。④抱关：指守关人。击柝：指打更巡夜人。⑤委吏：管粮仓的小吏。乘田：放养牲畜的小吏。⑥乂：治理，安定。⑦孜孜矻矻：勤奋不懈。孔：孔子。墨：墨翟。突：烟囱。⑧訐：攻击别人的短处。⑨国武子：春秋时齐卿，名国佐，因揭露齐国太后的奸情被害。

美文共赏

这是一篇有的放矢的重要政论文，韩愈主要是从当时的政治出发，论述如何做一名真正的谏议大夫。阳城在谏议大夫这个重要的位置上连任五年，不但不认真履行职责，对于朝廷大事也不闻不问，韩愈就针对此事直言不讳地发表意见。文章反复论述"君子居其位，则思死其官；未得位，则思修其辞以明其道。"提倡人们忠于职守，反对因循敷衍，无所事事。韩愈很好地继承了儒学的名位观念。这一点表现了他敢于面对现实，积极进取的入世精神。

文章采用的结构别具一格，截然的四问四答，又能紧密衔接，首尾呼应。并有驳有议，时开时阖，目的都在于督促阳子诤谏，在批评中含有鼓励，而不是恶意的讥刺，这是值得今人借鉴的。

三年后，阳城上书反对奸臣裴延龄，维护贤相陆贽，声名大振。贬官道州时，又坚决反对上司催迫赋税，取消向皇宫进贡矮人。可见本文是产生了积极的效果的。

本篇名句

"君子居其位，则思死其官；未得位，则思修其辞以明其道。"

君子做了官，就要准备以身殉职；没有做官，就应该考虑著书立说来阐明道理。

与于襄阳书（韩愈）

七月三日，将仕郎守国子四门博士韩愈①，谨奉书尚书阁下。

士之能享大名、显当世者，莫不有先达之士、负天下之望者为之前焉。士之能垂休光②、照后世者，亦莫不有后进之士、负天下之望者为之后焉。莫为之前，虽美而不彰；莫为之后，虽盛而不传。是二人者，未始不相须也。然而千百载乃一相遇焉。岂上之人无可援、下之人无可推欤？何其相须之殷而相遇之疏也③？其故在：下之人负其能不肯谄其上，上之人负其位不肯顾其下。故高材多戚戚之穷，盛位无赫赫之光④。是二人者之所为皆过也。未尝干之⑤，不可谓上无其人；未尝求之，不可谓下无其人。愈之诵此言久矣，未尝敢以闻于人。

侧闻阁下抱不世之才，特立而独行，道方而事实⑥，卷舒不随乎时，文武唯其所用，岂愈所谓其人哉？抑未闻后进之士，有遇知于左右，获礼于门下者。岂求之而未得邪？将志存乎立功，而事专乎报主，虽遇其人，未暇礼邪？何其宜闻而久不闻也？

愈虽不才，其自处不敢后于恒人。阁下将求之而未得欤？古人有言："请自隗始⑦。"愈今者惟朝夕刍米仆赁之资是急⑧，不过费阁下一朝之享而足也。如曰"吾志存乎立功，而事专乎报主。虽遇其人，未暇礼焉"，则非愈之所敢知也。世之龊龊者⑨既不足以语之，磊落奇伟之人又不能听焉，则信乎命之穷也！谨献旧所为文一十八首，如赐览观，亦足知其志之所存。

愈恐惧再拜。

【注释】

①将仕郎：从九品文官。守：代理。国子：国子监，最高学府。四门：国子监内分国子学、四门学、太学、书学、算学等七馆。博士：官名，管教学生。②休光：盛美的光辉。③殷：恳切。④戚戚：忧惧。赫赫：显赫盛大的样子。⑤干：求职。⑥道方而事实：立身方正而做事讲求实际。⑦隗：指郭隗，战国时人，燕昭王求贤，说"请自隗始"，以鼓励贤者来归。⑧刍：喂牲口的草。⑨龊龊：拘谨。

美文共赏

这是韩愈写给山南东道节度使于襄阳,求他引荐的信。当时的社会读书人求仕常常需要有名望地位的人作引荐,而有名望地位的人也需要后进之士作门生,使自己声名显赫。他们利害相关,荣辱相连。于襄阳位高权重,是故韩愈两次上书,希望给予自己以提拔。他在文中议论了先达之士和后进之士相互依存之后,紧接着便称颂于襄阳抱不世之才的功业,却后继无人,作者用"请自隗始"的典故,大胆地吐露出毛遂自荐的要求。这样的说法既能恭维对方,也表明了自己求人引荐,少了几分尴尬,同时也保住了自己的几分尊严。这是全文议论的基点。

本文是一篇文情兼妙的好文章,议论透彻、笔力刚健、语气委婉、感情沉郁,文中"相须""相遇"之说,可以称为至理名言。

本篇名句

"士之能享大名、显当世者,莫不有先达之士、负天下之望者为之前焉。士之能垂休光、照后世者,亦莫不有后进之士、负天下之望者为之后焉。"

士人能够享大名,显达于当世的,没有不靠负有众望的前辈引荐的。士人能够光照后世的,也没有不靠负有众望的后辈继承他的事业的。

送孟东野序①(韩愈)

大凡物不得其平则鸣。草木之无声,风挠之鸣。水之无声,风荡之鸣。其跃也或激之;其趋也或梗之;其沸也或炙之。金石之无声,或击之鸣。人之于言也亦然,有不得已者而后言,其歌也有思,其哭也有怀。凡出乎口而为声者,其皆有弗平者乎！

乐也者，郁于中而泄于外者也，择其善鸣者而假之鸣。金、石、丝、竹、匏、土、革、木八者②，物之善鸣者也。维天之于时也亦然，择其善鸣者而假之鸣。是故以鸟鸣春，以雷鸣夏，以虫鸣秋，以风鸣冬。四时之相推夺，其必有不得其平者乎！其于人也亦然。人声之精者为言，文辞之于言，又其精也，尤择其善鸣者而假之鸣。

其在唐、虞、咎陶、禹③，其善鸣者也，而假以鸣。夔弗能以文辞鸣④，又自假于《韶》以鸣。夏之时，五子以其歌鸣⑤。伊尹鸣殷⑥，周公鸣周。凡载于《诗》《书》六艺，皆鸣之善者也。周之衰，孔子之徒鸣之，其声大而远。传曰："天将以夫子为木铎。"其弗信矣乎？其末也，庄周以其荒唐之辞鸣。楚，大国也，其亡也，以屈原鸣。臧孙辰、孟轲、荀卿，以道鸣者也⑦。杨朱、墨翟、管夷吾、晏婴、老聃、申不害、韩非、慎到、田骈、邹衍、尸佼、孙武、张仪、苏秦之属，皆以其术鸣。秦之兴，李斯鸣之。汉之时，司马迁、相如、扬雄，最其善鸣者也。其下魏、晋氏，鸣者不及于古，然亦未尝绝也。就其善者，其声清以浮，其节数以急，其辞淫以哀，其志弛以肆⑧。其为言也，乱杂而无章。将天丑其德莫之顾耶？何为乎不鸣其善鸣者也？

唐之有天下，陈子昂、苏源明、元结、李白、杜甫、李观，皆以其所能鸣。其存而在下者，孟郊东野始以其诗鸣。其高出魏、晋，不懈而及于古，其他浸淫乎汉氏矣。从吾游者，李翱、张籍其尤也⑨。三子者之鸣信善矣。

抑不知天将和其声而使鸣国家之盛邪？抑将穷饿其身，思愁其心肠而使自鸣其不幸邪？三子者之命，则悬乎天矣。其在上也，奚以喜？其在下也，奚以悲？东野之役于江南也，有若不释然者，故吾道其命于天者以解之。

【注释】

①孟东野：名郊，湖州武康（今属浙江）人，近五十岁始举进士，工诗，与贾岛齐名，世称"郊寒岛瘦"。②金、石、丝、竹、匏、土、革、木：能制乐器的八种物质，古称"八音"。匏：葫芦科植物，笙原为匏制。③咎陶：即皋陶，唐虞时法官。《尚书》有《皋陶谟》。④夔：唐虞时乐官。⑤五子：指夏朝帝启的五个儿子。一说指启的第五子。《尚书》有《五子之歌》，系后人伪托。⑥伊尹：汤相。《尚书》有《伊训》等篇，大多伪托。周公：《尚书》中有其著作多篇。⑦臧孙辰：即臧文仲，春秋时鲁大夫。其言论略见于《国语》《左传》。⑧淫以哀：淫邪而哀伤。弛以肆：松懈而放肆。⑨李翱（772—836）：唐散文字家，有《李文公集》。张籍（约767—约830）：唐诗人，其乐府诗颇能反映人民疾苦，有《张司业集》。

美文共赏

这是韩愈为孟东野而作的一篇赠序文。孟郊是位苦吟诗人,四十六岁才中进士,四年后才任溧阳县尉,怀才不遇,心情抑郁。在他上任之际,韩愈写此文加以赞扬和宽慰,在序中同情他的遭遇,鼓励他在文学上继续奋进,因而讲出了"不平则鸣"的大道理,对后世颇有影响。

文章运用比兴手法,紧扣一个"鸣"字,从自然界的"物不得其平则鸣"谈起,历数古往今来"善鸣者"的不同际遇和他们作品与思想的不同气质、风格和内容,论述了文学与时代和社会环境的密切关系,说明只有表现了真情实感才能写出好作品。这些都是韩愈"文以载道",提倡古文运动的宗旨。

全序仅篇末用少量笔墨直接点到孟东野,其他内容都凭空结撰,很是出人意料,但又紧紧围绕孟东野其人其事,因而并不显得空疏游离,体现了布局谋篇上的独到造诣。上下古今,旁征博引,写得很有感情,很有气势。

本篇名句

"大凡物不得其平则鸣。草木之无声,风挠之鸣。水之无声,风荡之鸣。"

一般说来,各种事物都是不平则鸣。草木本来无声,风摇它则鸣。水本无声,风荡它则鸣。

送董邵南序(韩愈)

燕赵古称多感慨悲歌之士①。董生举进士,连不得志于有司②,怀抱利器,郁郁适兹土③。吾知其必有合也。董生勉乎哉!

夫以子之不遇时,苟慕义强仁者④,皆爱惜焉,矧燕、赵之士⑤出乎其性者哉!然吾尝闻风俗与化移易,吾恶知其今不异于古所云邪⑥?聊以吾子之行卜之也。董生勉乎哉!

吾因之有所感矣。为我吊望诸君之墓⑦，而观于其市，复有昔时屠狗者乎⑧？为我谢曰："明天子在上，可以出而仕矣！"

【注释】

①燕赵：战国时期两大国。燕国在今河北、辽宁等地，赵国在今河北省南部及山西北部。②有司：主管官。③利器：比喻杰出的才能。郁郁：心情不舒畅。④强：勉强。⑤矧（shěn）：况且。⑥恶（wū）：怎么。⑦望诸君：燕国名将乐毅的封号。⑧屠狗者：指战国时荆轲的朋友高渐离。

美文共赏

董邵南因屡考进士未中，拟去河北托身藩镇幕府。韩愈一贯反对藩镇割据，故作此序赠送朋友，既同情他仕途的不遇，又委婉地劝阻他不要前去，因为时过境迁，那里或许已不再是施展抱负的理想之地。

这篇短文的构思和造语相当奇巧。可谓欲擒故纵，欲留故送。文章开头先说此行一定"有合"，是陪笔；然后写古今风俗不同，故此行未必"有合"，虽不明说而主旨已露。最后借用典故来感化董生。"为我吊望诸君之墓"一句，体现了韩愈用事的特色。他不以直言喷薄来表达辞意，而借乐毅事迹所暗含的意义，希望董生能有感于斯而领悟去做一个忠志之士。韩愈以史例今，通过在燕、赵这样一个典型的环境，托请乐毅这样一个典型人物，赞颂他磊落的胸怀，以此感化董生，达到劝诫的目的。这样一来，文章的韵味和思想内涵就更加深刻、有意义，耐人寻味。

文章措辞深婉，借古喻今，旁敲侧击，既有慰勉之情，也有暗讽之意。短短百余字，波澜起伏，宛转含蓄。

本篇名句

"燕赵古称多感慨悲歌之士。"

自古就说，燕赵一带多有感慨悲歌的豪侠之士。

送杨少尹序①（韩愈）

昔疏广、受二子②，以年老，一朝辞位而去。于是公卿设供张③，祖道都门外，车数百辆。道路观者，多叹息泣下，共言其贤。汉史既传其事④，而后世工画者又图其迹，至今照人耳目，赫赫若前日事。

国子司业杨君巨源⑤，方以能《诗》训后进，一旦以年满七十，亦白相去归其乡。世常说古今人不相及，今杨与二疏，其意岂异也？

予忝在公卿后⑥，遇病不能出。不知杨侯去时，城门外送者几人、车几辆、马几匹，道旁观者亦有叹息知其为贤与否，而太史氏又能张大其事，为传继二疏踪迹否，不落莫否⑦。见今世无工画者，而画与不画，固不论也。

然吾闻杨侯之去，相有爱而惜之者，白以为其都少尹⑧，不绝其禄。又为歌诗以劝之，京师之长于诗者，亦属而和之。又不知当时二疏之去，有是事否。古今人同不同未可知也。

中世士大夫⑨以官为家，罢则无所于归。杨侯始冠⑩，举于其乡，歌《鹿鸣》而来也⑪。今之归，指其树曰："某树吾先人之所种也。某水某丘，吾童子时所钓游也。"乡人莫不加敬，诫子孙以杨侯不去其乡为法。古之所谓乡先生，没而可祭于社者，其在斯人欤？其在斯人欤？

【注释】

①杨少尹：即杨巨源。少尹，官名，唐代州长官的副职。②疏广、受：即疏广、疏受，西汉人，疏广为太傅，其侄疏受为少傅。年老同时辞官，百官盛会欢送，封建时代传为美谈。③设供张：即设供帐。陈设帐度举行酒宴。祖道：饯行。④汉史：指《汉书》。⑤国子司业：国子监的司业。国子监，唐代最高学府。司业，学官，是国子监的副职。⑥忝(tiǎn)：有愧于。谦词。当时韩愈任吏部侍郎。⑦落莫：同"落寞"，冷落。⑧少尹：州县的副长官。⑨中世：指近代。《商君书》："上世亲亲而爱私，中世上贤而说仁，下世贵贵而尊官。"⑩冠：古时男子二十岁举行冠礼。⑪鹿鸣：《诗经·小雅》的篇名。唐制，乡试毕，设宴祝贺，歌《鹿鸣》，新科举人皆参加，称"鹿鸣宴"。

美文共赏

这是韩愈为送同僚杨巨源告老还乡写的一篇赠序。文章先略述汉朝贤臣疏广、疏受叔侄因年老同时辞官出京城时官员和百姓送行的盛况，想象出现今杨少尹也因年老主动辞官回乡时的送别情形，然后又设想他回乡之后，对乡人的潜移默化之功，从而突出了杨巨源功成身退、不恋名利的美德，跟有的士大夫以做官为终身职业不可同日而语。本文在写法上主要是用古人古事和今人今事相比，在映照中阐发自己的观点。在流畅明白的叙述中表达含蓄的意思，前后照应，言婉情深，作者的思想感情灼然可见。

本篇名句

"至今照人耳目，赫赫若前日事。"

到今天依然光彩照人，清清楚楚得仿佛是前不久发生的事情。

送石处士序① （韩愈）

河阳军节度、御史大夫乌公②为节度之三月，求士于从事之贤者③。有荐石先生者。公曰："先生何如？"曰："先生居嵩、邙、瀍、穀之间④，冬一裘，夏一葛；食，朝夕饭一盂、蔬一盘。人与之钱，则辞；请与出游，未尝以事免；劝之仕，不应；坐一室，左右图书。与之语道理，辨古今事当否，论人高下，事后当成败，若河决下流而东注；若驷马驾轻车、就熟路，而王良、造父为之先后也⑤，若烛照数计而龟卜也⑥。"大夫曰："先生有以自老，无求于人，其肯为某来邪？"

从事曰："大夫文武忠孝，求士为国，不私于家。方今寇集于恒⑦，师环其疆，农不耕收，财粟殚亡。吾所处地，归输之涂⑧，治法征谋，宜有所出。先生仁且勇，若以义请而强委重焉，其何说之辞？"于是撰书词，具马币，卜日以授使者，求先生之庐而请焉。

先生不告于妻子，不谋于朋友，冠带出见客，拜受书礼于门内。宵则沐浴，戒行李⑨，载书册，问道所由，告行于常所来往。晨则毕至张上东门外，酒三行⑩，且起，有执爵而言者曰："大夫真能以义取人，先生真能以道自任，决去就。为先生别。"又酌而祝曰："凡去就出处何常？惟义之归。遂以为先生寿。"又酌而祝曰："使大夫恒无变其初，无务富其家而饥其师，无甘受佞人而外敬正士，无昧于谄言⑪，惟先生是听。以能有成功，保天子之宠命。"又祝曰："使先生无图利于大夫，而私便其身图。"先生起拜祝辞曰："敢不敬蚤⑫夜以求从祝规！"于是东都之人士咸知大夫与先生果能相与以有成也。遂各为歌诗六韵，遣愈为之序云。

【注释】

①石处士：即文中的石先生，姓石名洪，洛阳人，辞去黄州录事参军后，退居洛阳，十年不曾外出做官，所以称处士。元和五年，应河阳节度使乌重裔的聘请，再次任事，韩愈写了这篇序送他。②节度：节度使，唐代官名，主持一个地区军、政的最高长官。河阳军治所在今河南孟县境内。乌公：即乌重裔，公尊称。③从事：官名。五代以前州郡长官自己聘用的幕僚属官，多称从事。④嵩（sōng）：嵩山。邙（máng）：洛阳北邙山。瀍（chán）榖（gǔ）：谷河和涧水，皆洛水支流。⑤王良、造父：均为古代驭马的能手。⑥烛照句：以照明、计数、卜、卦形容其有远见。⑦寇集于恒：恒即今河北正定。当时有叛乱。⑧归输之涂：粮饷转运之地。⑨戒：准备。⑩酒三行：斟酒以三次为度，以免失礼。⑪谄：拍马屁。⑫蚤：同"早"。祝规：祝愿和规劝。

美文共赏

石洪是一位德高望重，颇具才略的贤人，起先出任黄州录事参军，后归隐洛北十年之久。

当乌大夫邀请他共同为国家大义担当重任之时，石洪欣然出山就任乌大夫幕府参谋。东都人士作诗饯别，并请韩愈写了这篇序文。

文章先叙述事情的经过，通过两问两答，石洪的人品和才能跃然纸上。再叙洛阳人士送别的情景，送行者的祝辞有称颂的、赞美的、劝勉的、告诫的，无所不有。虽然全篇都在转述别人的话，而作者的态度却自然明朗，既赞扬了石洪处士以道义为己任，又肯定了乌大夫的知人善任。同时从两人着眼立论，对他们的不谋私利，真心合作寄予了热切的希望，同时也表露出忧虑和劝勉。这些内容全部通过叙述人物对话这种间接的手法表现出来，通篇没有作者的直接议论，这是本文的一大特色。同时，作者也善于运用比喻等修辞来塑造人物，使人物形象更为突出。成语"驾轻就熟"即出自本文。

本篇名句

"与之语道理，辨古今事当否，论人高下，事后当成败，若河决下流而东注；若驷马驾轻车、就熟路，而王良、造父为之先后也，若烛照数计而龟卜也。"

和他谈论道理，分辨古今大事的正确与否，评论人物的高下，事情的结果是成功还是失败，他的话就像河水决堤而东流，滔滔不绝；又像快马驾着轻车，由王良、造父那样的高手驾驭，在熟路上奔驰；又像用明烛照耀、用蓍草算卦、用龟甲占卜那么灵验。

祭十二郎文①（韩愈）

年、月、日，季父愈闻汝丧之七日，乃能衔哀致诚，使建中远具时羞之奠②，告汝十二郎之灵：

呜呼！吾少孤，及长，不省所怙③，惟兄嫂是依。中年④，兄殁南方，吾与汝俱幼，从嫂归葬河阳。既又与汝就食江南，零丁孤苦，未尝一日相离也。吾上有三兄，皆不幸早世。承先人后者，在孙惟汝，在子惟吾。两世一身，形单影只。嫂尝抚汝指吾而言曰："韩氏两世，惟此而已！"汝时尤小，当不复记忆；吾时虽能记忆，亦未知其言之悲也。

吾年十九，始来京城。其后四年，而归视汝。又四年，吾往河阳省坟墓，遇汝从嫂丧来葬。又二年，吾佐董丞相于汴州⑤，汝来省吾，止一岁，请归取其孥；明年，丞相薨⑥，吾去汴州，汝不果来。是年，吾佐戎徐州⑦，使取汝者始行，吾又罢去，汝又不果来。吾念汝从于东，东亦客也，不可以久，图久远者，莫如西归，将成家而致汝。呜呼！孰谓汝遽去吾而殁乎！

吾与汝俱少年，以为虽暂相别，终当久与相处。故舍汝而旅食京师，以求斗斛之禄。诚知其如此，虽万乘之公相，吾不以一日辍汝而就也！

去年，孟东野往，吾书与汝曰："吾年未四十，而视茫茫，而发苍苍，而齿牙动摇。念诸父与诸兄，皆康强而早世，如吾之衰者，其能久存乎？吾不可去，汝不肯来，恐旦暮死，而汝抱无涯之戚也。"孰谓少者殁而长者存，强者夭而病者全乎！呜呼！其信然邪？其梦邪？其传之非其真邪？信也，吾兄之盛德而夭其嗣乎？汝之纯明而不克蒙其泽乎？少者强者而夭殁、长者衰者而存全乎？未可以为信也！梦也，传之非其真也，东野之书，耿兰之报⑧，何为而在吾侧也？呜呼！其信然矣！吾兄之盛德而夭其嗣矣！汝之纯明宜业其家者⑨，不克蒙其泽矣！所谓天者诚难测，而神者诚难明矣！所谓理者不可推，而寿者不可知矣！

虽然，吾自今年来，苍苍者或化而为白矣，动摇者或脱而落矣，毛血日益衰，志气日益微，几何不从汝而死也！死而有知，其几何离？其无知，悲不几时，而不悲者无穷期矣。

汝之子始十岁，吾之子始五岁，少而强者不可保，如此孩提者，又可冀其成立邪？呜呼哀哉！呜呼哀哉！

汝去年书云："比得软脚病[10]，往往而剧。"吾曰："是疾也，江南之人，常常有之。"未始以为忧也。呜呼！其竟以此而殒其生乎？抑别有疾而致斯乎？汝之书，六月十七日也；东野云，汝殁以六月二日；耿兰之报无月日。盖东野之使者不知问家人以月日；如耿兰之报，不知当言月日；东野与吾书，乃问使者，使者妄称以应之耳。其然乎？其不然乎？

今吾使建中祭汝，吊汝之孤与汝之乳母。彼有食可守，以待终丧[11]，则待终丧而取以来；如不能守以终丧，则遂取以来。其余奴婢，并令守汝丧。吾力能改葬，终葬汝于先人之兆[12]，然后惟其所愿。

呜呼！汝病吾不知时，汝殁吾不知日，生不能相养以共居，殁不得抚汝以尽哀，敛不凭其棺，窆不临其穴[13]，吾行负神明，而使汝夭，不孝不慈，而不得与汝相养以生，相守以死，一在天之涯，一在地之角，生而影不与吾形相依，死而魂不与吾梦相接，吾实为之，其又何尤！"彼苍者天"，"曷其有极"！

自今已往，吾其无意于人世矣！当求数顷之田于伊、颍之上，以待余年。教吾子与汝子，幸其成；长吾女与汝女，待其嫁，如此而已。

呜呼！言有穷而情不可终，汝其知也邪？其不知也邪？呜呼哀哉！

尚飨[14]！

【注释】

①十二郎：韩愈之侄，在族中排行第十二。②季父：父辈中排行最小的，现在统称叔父。时羞：应时的新鲜食品。③怙：依赖。所怙：指父亲。不省所怙：韩愈早孤，不记得父亲。④中年：韩愈兄韩会病死韶州刺史任上，年41岁。⑤董丞相：董晋，时任汴州节度使，韩愈为节度推官。⑥孥：妻子和儿女。薨：古指诸侯或大臣的死亡为薨。⑦佐戎：佐理军务，韩愈曾任徐泗濠节度使推官。⑧耿兰：韩氏的管家。⑨业其家：继承先人家业。⑩软脚病：即脚气病，先腿软，随后腿肿。往往而剧：有时病得厉害。⑪终丧：丧期终了。⑫兆：此处指坟墓。⑬窆：下棺入土。⑭尚飨：希望死者的灵魂来享用祭品，旧时祭文常用的结束语。

美文共赏

本文是韩愈在长安任监察御史时,为祭他侄子十二郎写的一篇祭文。韩愈与十二郎名为叔侄,情同兄弟,两代单传,形单影只,这篇祭文追叙他与十二郎孤苦相依的幼年往事,融入了深厚的感情。同时也抒发自己得到噩耗后,震惊、疑惑和悲痛欲绝的思想情绪。

这篇祭文能深刻地感染读者,得力于作者高超的语言文字技巧。文章全用散文句调和平易晓畅的生活语言,语句长短不一,错落有致,奇偶骈散,参差骈散均用;疑问、感叹、陈述等各种句式,反复、重叠、排比、呼告等多种修辞手法,全依感情的需要,任意调用。再加上文章除了开头和结尾数句外,中间的主要部分都不沿袭传统祭文的固定格式,运用了与亲人促膝把手,谈论家常,倾诉心声的方法,呼"汝"唤"你",似乎死者也能听到"我"的声音,显得异常自然而真切。这样就构成了全文情文并茂的特色,形成了一种行云流水般的语言气势和令人身临其境的感情氛围。

这是韩愈哀祭文中最有名的一篇,也被认为是我国古代哀祭文中的"千古绝唱"。之所以如此,就在于真切致达的情感和质朴语言的自然流露。

本篇名句

"所谓天者诚难测,而神者诚难明矣!所谓理者不可推,而寿者不可知矣!"

天意真是难以推测,神灵真叫人难以明白!事理真不可推论,寿命真不可预卜啊!

柳子厚墓志铭[①](韩愈)

子厚,讳宗元。七世祖庆,为拓跋魏侍中[②],封济阴公。曾伯祖奭,为唐宰相，与褚遂良、韩瑗俱得罪武后，死高宗朝。皇考讳镇，以事母弃太常博士③，求为县令江南；其后以不能媚权贵，失御史；权贵人死，乃复拜侍御史；号为刚直，所与游皆当世名人。

子厚少精敏，无不通达，逮其父时，虽少年，已自成人，能取进士第，崭然见头角，众谓柳氏有子矣。其后以博学宏词授集贤殿正字④。俊杰廉悍，议论证据今古，出入经史百子，踔厉风发⑤，率常屈其座人，名声大振，一时皆慕与之交。诸公要人，争欲令出我门下，交口荐誉之。

贞元十九年，由蓝田尉拜监察御史⑥。顺宗即位，拜礼部员外郎。遇用事者得罪，例出为刺史⑦。未至，又例贬州司马⑧。居闲益自刻苦，务记览，为词章，泛滥停蓄，为深博无涯涘⑨，而自肆于山水间。

元和中⑩，尝例召至京师，又偕出为刺史，而子厚得柳州。既至，叹曰："是岂不足为政邪？"因其土俗，为设教禁，州人顺赖。其俗以男女质钱，约不时赎，子本相侔⑪，则没为奴婢。子厚与设方计，悉令赎归。其尤贫力不能者，令书其佣，足相当，则使归其质。观察使下其法于他州⑫，比一岁，免而归者且千人。衡、湘以南为进士者，皆以子厚为师。其经承子厚口讲指画为文词者，悉有法度可观。其召至京师而复为刺史也，中山刘梦得禹锡亦在遣中，当诣播州⑬。子厚泣曰："播州非人所居，而梦得亲在堂，吾不忍梦得之穷，无辞以白其大人，且万无母子俱往理。"请于朝，将拜疏，愿以柳易播，虽重得罪，死不恨。遇有以梦得事白上者，梦得于是改刺连州⑭。呜呼！士穷乃见节义。今夫平居里巷相慕悦，酒食游戏相征逐，诩诩强笑语以相取下⑮，握手出肺肝相示，指天日涕泣，誓生死不相背负，真若可信。一旦临小利害，仅如毛发比，反眼若不相识，落陷阱，不一引手救，反挤之，又下石焉者，皆是也。此宜禽兽夷狄所不忍为，而其人自视以为得计，闻子厚之风，亦可以少愧矣。

子厚前时少年，勇于为人，不自贵重顾藉，谓功业可立就，故坐废退。既退，又无相知有气力得位者推挽，故卒死于穷裔⑯，材不为世用，道不行于时也。使子厚在台、省时，自持其身，已能如司马、刺史时，亦自不斥；斥时，有人力能举之，且必复用不穷。然子厚斥不久，穷不极，虽有出于人，其文学辞章，必不能自力以致必传于后，如今，无疑也。虽使子厚得所愿，为将相于一时，以彼易此，孰得孰失，必有能辨之者。

子厚以元和十四年十一月八日卒，年四十七。以十五年七月十日归葬万年先人墓侧⑰。子厚有子男二人，长曰周六，始四岁；季曰周七，子厚卒乃生。女子二人，皆幼。其得归葬也，费皆出观察使河东裴君行立。行立有节概，重然诺，与子厚结交，子厚亦为之尽，竟赖其力。葬子厚于万年之墓者，舅弟卢遵。遵涿人，性谨慎，学问不厌。自子厚之斥，遵从而家焉，逮其死不去。既往葬子厚，又将经纪其家，庶几有始终者。

铭曰：是惟子厚之室，既固既安，以利其嗣人。

【注释】

①墓志铭：述死者生平，石刻，葬时埋在墓内。柳子厚：即柳宗元。②拓跋魏：即北魏（386—534），鲜卑族拓跋氏所建。③皇考：宋代以前对死去的父亲的尊称，宋以后才专指皇帝的先父。太常博士：太常寺（掌宗庙礼仪）的属官。④博学宏词：考试科目之一，不常举行。集贤殿正字：掌管编校图书。⑤廉悍：行为端正，勇于任事。踔厉风发：精神奋发，意气昂扬。⑥蓝田：今陕西蓝田。尉：管理一县治安的官吏。监察御史：掌监察百官和巡按州县狱讼。⑦用事者：掌权者，指王叔文，顺宗时执政，锐意改革，仅半年即失败。例出、例贬：与柳宗元同时被贬的共八人，史称"八司马"。称"例"，是隐讳之词。⑧永州：今湖南永州市。司马：州郡的佐理人员。⑨涯埃：边际。⑩元和：唐宪宗年号。此指元和十年（815年）。⑪子本相侔：利息和本金相等。⑫观察使：掌管一道的长官，为刺史的上司。⑬刘梦得：即刘禹锡，中山是他的郡望，其实他是洛阳人。播州：今贵州遵义市。⑭连州：今广东连县。⑮诩诩：敏捷，会说。⑯穷裔：穷困的边远地区。⑰万年：县名，在今陕西西安市。

美文共赏

这篇墓志铭有重点地选取柳宗元一生中若干典型事例加以叙述，高度赞扬了柳宗元的文章学问、政治才能和道德品行，对他备受排挤、长期遭贬，穷极困顿的经历寄予了深切的同情。文章将叙事、议论、抒情三者融为一体，成功地塑造了人物的形象。至于批评柳宗元的参与改革为"不自贵重"，虽然不一定妥当，但是也体现了韩愈对朋友的率真和保守思想。

作者在文中对柳宗元的文学辞章推崇备至，并特别指出其原因在于"斥久""穷极"的遭遇，使其加深了对于社会人生的体验，从而写出流传百世的好文章。韩愈不以柳宗元在政治上的失意论其成败，表现了韩愈思想中轻视政治功利，推重文学业绩的一面。文章叙事洗练，间以议论，笔下有情，相当鲜明地表现了柳宗元大才难施的一生，是一篇真情发自肺腑、字句精心结撰的精彩传记文。

本篇名句

"此宜禽兽夷狄所不忍为，而其人自视以为得计。"

这种事情恐怕连禽兽和异族都不忍心去做，而那些人却自以为得计。

卷九　唐宋文

驳《复仇议》(柳宗元①)

臣伏见天后时,有同州下邽人徐元庆者②,父爽为县尉赵师韫所杀,卒能手刃父仇,束身归罪。当时谏臣陈子昂建议诛之而旌其闾,且请"编之于令,永为国典③"。臣窃独过之。

臣闻礼之大本,以防乱也,若曰无为贼虐,凡为子者杀无赦;刑之大本,亦以防乱也,若曰无为贼虐,凡为治者杀无赦。其本则合,其用则异,旌与诛莫得而并焉。诛其可旌,兹谓滥,黩刑甚矣;旌其可诛,兹谓僭,坏礼甚矣④。果以是示于天下,传于后代,趋义者不知所向,违害者不知所立,以是为典可乎?

盖圣人之制,穷理以定赏罚,本情以正褒贬,统于一而已矣。向使刺谳其诚伪⑤,考正其曲直,原始而求其端,则刑、礼之用,判然离矣。何者?若元庆之父,不陷于公罪,师韫之诛,独以其私怨,奋其吏气,虐于非辜,州牧不知罪,刑官不知问,上下蒙冒,吁号不闻;而元庆能以戴天为大耻,枕戈为得礼,处心积虑,以冲仇人之胸,介然自克,即死无憾⑥,是守礼而行义也。执事者宜有惭色,将谢之不暇,而又何诛焉?其或元庆之父,不免于罪,师韫之诛,不愆于法。是非死于吏也,是死于法也。法其可仇乎?仇天子之法,而戕奉法之吏,是悖骜而凌上也⑦。执而诛之,所以正邦典,而又何旌焉?

且其议曰:"人必有子,子必有亲,亲亲相仇,其乱谁救?"是惑于礼也甚矣。礼之所谓仇者,盖其冤抑沉痛,而号无告也;非谓抵罪触法,陷于大戮。而曰"彼杀之,我乃杀之",不议曲直,暴寡胁弱而已。其非经背圣,不亦甚哉!《周礼》⑧:"调人,掌司万人之仇。""凡杀人而义者,令勿仇,仇之则死。""有反杀者,邦国交仇之。"又安得亲亲相仇也?《春秋公羊传》曰:"父不受诛,子复仇可也。父受诛,子复仇,此推刃之道,复仇不除害。"今若取此以断两下相杀,则合于礼矣。且夫不忘仇,孝也;不爱死,义也。元庆能不越于礼,服孝死义,是必达理而闻道者也。夫达理闻道之人,岂其以王法为敌仇者哉?议者反以为戮,黩刑坏礼,其不可以为典,明矣。

请下臣议,附于令,有断斯狱者,不宜以前议从事。谨议。

【注释】

①柳宗元(773—819):字子厚,河东(今山西永济)人,为唐宋八大家之一。②伏:表示对皇帝的敬畏。天后:指武则天。同州:在今陕西西安市东北。下邽:今陕西渭南市。③陈子昂:唐初文学家,当时任右拾遗。编之于令:编入法令。④黩:滥用刑罚。僭:超出本分。⑤刺谳其诚伪:审理案情的真假。⑥戴天:和仇人同在天底下。《礼记·曲礼》:"父子仇,弗与共戴天。"介然:坚定。自克:自我控制。⑦悖骜:桀骜不驯。⑧周礼:儒家经典之一,记述西周官制。调人:周朝官名。

美文共赏

该篇文章是柳宗元针对陈子昂的《复仇议状》所作的奏议。徐元庆为父报仇,杀了父亲的仇人,然后到官府自首。这个案例,陈子昂提出了杀人犯法应处死罪,而报父仇合于礼义应予表彰的处理意见。柳宗元在文章中批驳了这种观点,认为这不但赏罚不明,而且自相矛盾,不仅会导致刑罚的滥用,而且败坏了礼治秩序,直至造成人们思想认识与行为规范的混乱,指出徐元庆报杀父之仇的行为既合于礼义,又合于法律,应予充分肯定。

文章抓住礼与法"其本则合,其用则异"这一前提立论,条理清晰,思绪流畅,极易引起读者共鸣。本文除了以逻辑性见长之外,在文字方面也很具特色。列举元庆之事,以"手刃父仇,束身归罪"八个字说明;说圣人之制,统以"穷理以定赏罚,本情以正褒贬"十二字概括,言简意赅,语句铿锵。文中假设元庆的冤情,语语相递,饱含激情,读之令人血脉贲张;假设陈子昂说法的合法,又以理示,读后使人气缓心平,是故文章情理相济,辞短意长。

本篇名句

"盖圣人之制,穷理以定赏罚,本情以正褒贬,统于一而已矣。"

大凡圣人的原则,是深究事理来决定赏罚,根据情况来进行褒贬,礼和刑必须统一罢了。

捕蛇者说（柳宗元）

永州之野产异蛇①，黑质而白章，触草木尽死，以啮人，无御之者。然得而腊之以为饵②，可以已大风、挛踠、瘘、疠，去死肌，杀三虫③。其始，太医以王命聚之，岁赋其二，募有能捕之者，当其租入，永之人争奔走焉。

有蒋氏者，专其利三世矣。问之，则曰："吾祖死于是，吾父死于是，今吾嗣为之十二年，几死者数矣。"言之，貌若甚戚者。

余悲之，且曰："若毒之乎④？余将告于莅事者，更若役，复若赋，则如何？"蒋氏大戚，汪然出涕曰："君将哀而生之乎？则吾斯役之不幸，未若复吾赋不幸之甚也。向吾不为斯役，则久已病矣。自吾氏三世居是乡，积于今六十岁矣。而乡邻之生日蹙，殚其地之出，竭其庐之入，号呼而转徙，饥渴而顿踣⑤，触风雨，犯寒暑，呼嘘毒疠，往往而死者相藉也⑥。曩与吾祖居者，今其室十无一焉；与吾父居者，今其室十无二三焉；与吾居十二年者，今其室十无四五焉。非死则徙尔，而吾以捕蛇独存。悍吏之来吾乡，叫嚣乎东西，隳突乎南北⑦，哗然而骇者，虽鸡狗不得宁焉。吾恂恂而起⑧，视其缶，而吾蛇尚存，则弛然而卧。谨食之，时而献焉。退而甘食其土之有，以尽吾齿。盖一岁之犯死者二焉。其余则熙熙而乐，岂若吾乡邻之旦旦有是哉？今虽死乎此，比吾乡邻之死，则已后矣，又安敢毒邪？"

余闻而愈悲。孔子曰："苛政猛于虎也！"吾尝疑乎是，今以蒋氏观之，犹信。呜呼！孰知赋敛之毒，有甚于是蛇者乎！故为之说，以俟夫观人风者得焉⑨。

【注释】

①永州：今湖南永州市。②腊：制成干肉。③已：治好。大风：麻风病。挛踠：手脚曲不能伸。瘘：脖子肿。疠：恶疮。三虫：人体内寄生虫。④若：你。毒：怨恨。⑤顿踣：因劳累困苦而倒毙。⑥相藉：相压。⑦隳突：骚扰。⑧恂恂：担心，谨慎。⑨人风：民风。

美文共赏

这是柳宗元被传诵不衰的著名篇章之一。本文通过对三代以捕蛇为业的蒋氏一家及其乡邻的悲惨遭遇的描述,揭示了沉重的赋税、徭役带给农民的巨大灾难,控诉了唐代中期政治腐败、横征暴敛、民不聊生的残酷现实,认为"苛政猛于虎"、赋敛之毒甚于毒蛇之害,说明革除弊政、减轻赋役的必要,表达了作者对民情的深切关心。

文章运用了对比和反衬的手法,蒋氏的话中以他"以捕蛇独存"和乡邻们"非死则徙"相对比,以他"弛然而卧"和乡邻们受悍吏袭扰相对比,以他"一岁之犯死者二"和乡邻们"旦旦有是"相对比,从而说明捕蛇的不幸,"未若复吾赋不幸之甚也",即比交纳赋税的不幸要好得多。他在讲述三代人受蛇毒之害时"貌若甚戚",而当听了要恢复他的赋税时却"大戚,汪然出涕"地恳求。表达生动传神,具有很强烈的感染力。

篇末的议论犹如画龙点睛,"苛政猛于虎"强调的是"猛",文章紧扣的则是个"毒"字;既写了蛇毒,又写了赋毒,并以前者衬托后者,得出"赋敛之毒"甚于蛇毒的有力结论。这篇散文内容翔实、人物生动、见解深邃、笔端犀利,堪称散文中的杰作。

本篇名句

"孔子曰:'苛政猛于虎也!'吾尝疑乎是,今以蒋氏观之,犹信。呜呼!孰知赋敛之毒,有甚于是蛇者乎!"

孔子说:"苛政猛于虎。"我曾怀疑这句话,现在看来,确是可信的。唉,谁知道赋税之毒比毒蛇还厉害呢?

种树郭橐驼传(柳宗元)

郭橐驼①,不知始何名,病偻,隆然伏行②,有类橐驼者,故乡人号之"驼"。驼闻之曰:"甚善,名我固当。"因舍其名,亦自谓"橐驼"云。

其乡曰丰乐乡，在长安西。驼业种树，凡长安豪家富人为观游及卖果者，皆争迎取养。视驼所种树，或迁徙，无不活，且硕茂，蚤实以蕃。他植者，虽窥伺效慕，莫能如也。有问之，对曰："橐驼非能使木寿且孳也，能顺木之天③，以致其性焉尔。凡植木之性，其本欲舒，其培欲平，其土欲故，其筑欲密。既然已，勿动勿虑，去不复顾。其莳也若子④，其置也若弃，则其天者全而其性得矣。故吾不害其长而已，非有能硕茂之也；不抑耗其实而已，非有能蚤而蕃之也。他植者则不然，根拳而土易，其培之也，若不过焉则不及。苟有能反是者，则又爱之太殷，忧之太勤，旦视而暮抚，已去而复顾，甚者爪其肤以验其生枯，摇其本以观其疏密，而木之性日以离矣。虽曰爱之，其实害之；虽曰忧之，其实仇之。故不我若也，吾又何能为哉！"

问者曰："以子之道，移之官理可乎？"驼曰："我知种树而已，官理非吾业也。然吾居乡，见长人者好烦其令，若甚怜焉，而卒以祸。旦暮吏来而呼曰：'官命促尔耕，勖尔植，督尔获，蚤缫而绪，蚤织而缕⑤，字而幼孩⑥，遂而鸡豚。'鸣鼓而聚之，击木而召之。吾小人辍飧饔以劳吏者⑦，且不得暇，又何以蕃吾生安吾性邪？故病且怠。若是，则与吾业者，其亦有类乎？"

问者嘻曰："不亦善夫！吾问养树，得养人术。"传其事以为官戒也。

【注释】

①橐驼：驼背。②偻：驼背。隆然伏行：脊背高耸，面朝下而行。③天：自然规律。④莳：种。若子：视如儿子，极其重视。⑤缫：抽茧出丝。而：你的。绪：丝头。缕：纱。⑥字：抚养。⑦飧：晚餐。饔：早餐。

美文共赏

文章用种树来比喻政治，通过对郭橐驼种树之道的记叙，说明"顺木之天，以致其性"是"养树"的法则，并由此推论出"养人"的道理，治国也要顺应自然和社会的客观规律。否则自作聪明以为可以包揽、改造一切，尽管本意可能是良好的，结果总是"虽曰爱之，其实害之"。人民自有他们的创造性，国家只要为他们提供公平、正义的条件，自然会安居乐业。文中指责中唐吏治的扰民、伤民，反映出作者同情人民的思想和改革弊政的愿望。

本文是一篇带有政论色彩的寓言体传记性散文，这种借传立说，因事出论的写法别具一格。文章先以种植的当与不当作对比，继以管理的善与不善作对比，最后以吏治与种树相映照，在反复比照中导出主旨，阐明事理。文中描写郭橐驼的体貌特征，寥寥几笔，形象而生动；记述郭橐驼的答话，庄谐杂出，语精而意丰。作者在思想和技法上深受庄子的影响，所写人物虽带残疾却身怀特技，将郭橐驼外表的丑陋和心灵的美统一于一身。全文以记言为主，在记言中穿插描写，整齐的排比句和不规则的散句，使行文显得错落有致，还用押韵的辞句使重点突出，耐人回味。

本篇名句

"橐驼非能使木寿且孳也，能顺木之天，以致其性焉尔。凡植木之性，其本欲舒，其培欲平，其土欲故，其筑欲密。"

我并不能叫树木长寿而多生，不过是顺着它的本性罢了。种树的方法是：树根要舒展，土要培得平，要用原来的土，篱笆还要扎得紧实。

钴鉧潭西小丘记（柳宗元）

得西山后八日，寻山口西北道二百步①，又得钴鉧潭。西二十五步，当湍而浚者为鱼梁②。梁之上有丘焉，生竹树。其石之突怒偃蹇③，负土而出，争为奇状者，殆不可数。其嵚然相累而下者④，若牛马之饮于溪；其冲然角列而上者，若熊罴之登于山⑤。

丘之小不能一亩，可以笼而有之。问其主，曰："唐氏之弃地，货而不售⑥。"问其价，曰："止四百。"余怜而售之。李深源、元克己时同游，皆大喜，出自意外。即更取器用，铲刈秽草⑦，伐去恶木，烈火而焚之。嘉木立，美竹露，奇石显。由其中以望，则山之高，云之浮，溪之流，鸟兽之遨游，举熙熙然回巧献技⑧，以效兹丘之下。枕席而卧，则清泠之状与目谋，潜潜之声与耳谋⑨，悠然而虚者与神谋，渊然而静者与心谋。不匝旬而得异地者二⑩，虽古好事之士，或未能至焉。

噫！以兹丘之胜，致之沣、镐、鄠、杜⑪，则贵游之士争买者，日增千金而愈不可得。今弃是州也，农夫渔父过而陋之，价四百，连岁不能售。而我与深源、克己独喜得之，是其果有遭乎！

书于石，所以贺兹丘之遭也。

【注释】

①寻：沿着。②湍而浚：急而深。鱼梁：捕鱼的石堰。③突怒偃蹇：高耸而有曲折起伏。④欹：高峻。⑤冲然：突起的样子。黑：比熊大，能直立。⑥货：卖。不售：卖不出去。⑦器用：器具。刘：割除。⑧举：全部。熙熙然：和乐的样子。⑨潆潆：水流回旋的声韵。⑩匝旬：满一旬。⑪沣、镐、鄠、杜：均长安近郊。

美文共赏

柳宗元被贬在永州时写了一组共八篇山水游记散文，即著名的"永州八记"。写的都是当时永州附近的一些山水风景，文章短小、轻灵、朴实、顺畅，这些优美的山水游记生动表达了人们对自然美的感受，丰富了古典散文反映生活的新领域，从而确立了山水游记作为独立的文学体裁在文学史上的地位。因其艺术上的成就，被人们千古传诵、推崇备至。

本文是"八记"中的第三篇。作者以工巧生动的笔触描绘了钴鉧潭上小丘的美景，把奇石非常形象地比做"若牛马之饮于溪""若熊罴之登于山"，就把呆石写活了。勾描小土丘的自然形态而又传神的写法，把景色写得像一幅幅精美的浮雕，令人有深刻的印象。另一方面写小土丘因乱草、恶木的包围遮掩，成为弃地，与自己虽有才能，但由于长期被贬，又被小人毁谤，也受人轻视、不为时所用的境遇两相映照，借以表达怀才不遇的沉重心情。是故文中着重刻画磊落的奇峰怪石，都是作者性格才能的自我写照。文章寄景抒情、情景交融、静物动写、物我合一，是写景小品中的佳作。

本篇名句

"枕席而卧，则清泠之状与目谋，潆潆之声与耳谋，悠然而虚者与神谋，渊然而静者与心谋。"

铺席躺下，清泠的景色都尽收入眼底，淙淙的水声都传进耳中，悠闲而空虚的情调沁人心头，那深沉而恬静的意趣潜藏脑际。

小石城山记（柳宗元）

　　自西山道口径北，逾黄茅岭而下，有二道。其一西出，寻之无所得；其一少北而东，不过四十丈，土断而川分，有积石横当其垠①。其上为睥睨梁欐之形②，其旁出堡坞，有若门焉。窥之正黑。投以小石，洞然有水声。其响之激越，良久乃已。环之可上，望甚远。无土壤而生嘉树美箭③，益奇而坚。其疏数偃仰④，类智者所施设也。

　　噫！吾疑造物者之有无久矣。及是，愈以为诚有。又怪其不为之于中州，而列是夷狄，更千百年不得一售其伎，是固劳而无用。神者倘不宜如是。则其果无乎？或曰："以慰夫贤而辱于此者。"或曰："其气之灵，不为伟人，而独为是物。故楚之南少人而多石。"是二者，余未信之。

【注释】

①垠：边界。②睥睨（pì nì）：城上的小墙。欐（lì）：中梁。③箭：小竹子。④疏数（cù）偃仰：稀疏、繁密、卧倒、上仰。数，密。

美文共赏

　　本文是"永州八记"中的最后一篇。作者先详细描绘了小石城山的形状、布局，突出其酷似石城。赞叹山石树木的疏密仰伏，好像高明者有意设计和布置的，然后自然转入关于"造物主之有无"的议论。奇异秀美的山水偏偏置于荒远之地，"更千百年不得一售其伎"，自然引发了作者的强烈身世之感，不能施展才能的不平之气，徒有经邦济世之才却横遭斥逐，蛰居蛮荒，英雄无用武之地。字里行间隐隐含有对当时最高统治者昏聩不明的强烈讥刺。

　　文章写景状物，能够抓住事物的特征进行准确、逼真的描绘，并借景抒情，把内心感受寄托于山水之间，形成了曲折、含蓄的表达效果。篇末则以疑问作结，有言已尽而意未尽的效果。

本篇名句

"无土壤而生嘉树美箭，益奇而坚。其疏数偃仰，类智者所施设也。"

山上没有土壤，却从石缝里长出美好的树木和箭竹，看上去格外奇特而坚实。它们疏密相间，高低交错，真像是聪明的人精心安排的。

待漏院记（王禹偁[1]）

天道不言，而品物亨、岁功成者，何谓也[2]？四时之吏，五行之佐[3]，宣其气矣。圣人不言，而百姓亲、万邦宁者，何谓也？三公论道，六卿分职，张其教矣[4]。是知君逸于上，臣劳于下，法乎天也。古之善相天下者，自咎、夔至房、魏，可数也[5]。是不独有其德，亦皆务于勤耳。况夙兴夜寐，以事一人，卿大夫犹然，况宰相乎！

朝廷自国初因旧制，设宰相待漏院于丹凤门之右[6]，示勤政也。乃若北阙向曙，东方未明，相君启行，煌煌火城。相君至止，哕哕銮声[7]。金门未辟，玉漏犹滴。撤盖下车，于焉以息。待漏之际，相君其有思乎！

其或兆民未安，思所泰之；四夷未附，思所来之；兵革未息，何以弭之；田畴多芜，何以辟之；贤人在野，我将进之；佞人立朝，我将斥之；六气不和，灾眚荐至，愿避位以禳之；五刑未措，欺诈日生，请修德以厘之[8]。忧心忡忡，待旦而入。九门既启，四聪甚迩[9]。相君言焉，时君纳焉。皇风于是乎清夷[10]，苍生以之而富庶。若然，则总百官，食万钱，非幸也，宜也。

其或私仇未复，思所逐之；旧恩未报，思所荣之；子女玉帛，何以致之；车马玩器，何以取之；奸人附势，我将陟之；直士抗言，我将黜之；三时告灾[11]，上有忧色，构巧词以悦之；群吏弄法，君闻怨言，进谄容以媚之。私心慆慆[12]，假寐而坐。九门既开，重瞳屡回。相君言焉，时君惑焉。政柄于是乎隳哉，帝位以之而危矣。若然，则死下狱，投远方，非不幸也，亦宜也。

是知一国之政，万人之命，悬于宰相，可不慎欤？复有无毁无誉，旅进旅退[13]，窃位而苟禄，备员而全身者，亦无所取焉。

棘寺小吏王禹偁为文⑭，请志院壁，用规于执政者。

【注释】

①王禹偁（954—1001）：北宋文学家，济州巨野（今属山东）人，曾任右拾遗，刚直敢言，屡遭贬谪。诗文均贴近现实，为后来的北宋文学革新开辟道路。有《小畜集》。②品：众多。品物：万物。亨：通达顺利。岁功：一年的收成。③五行：木、火、土、金、水。④三公：太师，太傅，太保，相当于宰相。六卿：太宰、司徒、宗伯、司马、司寇、司空。此处泛指朝廷大臣。⑤咎、夔：咎陶、后夔，舜时的法官和乐官。房、魏：房玄龄、魏徵，唐初的宰相。⑥漏：古代计时的漏壶。待漏院：大臣等候上朝的地方。⑦哕哕：铃声。鸾：铃。⑧六气：阴、阳、风、雨、晦、明。灾眚：灾难。荐至：相继而至。五刑：墨、劓、剕、宫、大辟。措：搁置。厘：矫正。⑨九门：古制天子所居有九门，此泛指皇宫。四聪：广开四方视听的意思。⑩皇风：国家的政治风气。⑪三时：春、夏、秋三个农事季节。⑫慆慆：同滔滔，纷乱。⑬旅进：随大流，混日子。旅：众。⑭棘寺：指大理寺，中央审判机关。

美文共赏

待漏院，是朝廷大臣上早朝时，等候皇帝召见的休息场所。作者以宰相在待漏之时的不同思想状态，将宰相分为贤相、奸相、庸相三个类型，分别勾画各自的面孔与灵魂。"思"为公则贤，"思"为私则奸；贤者"忧心忡忡"，奸者"私心慆慆"。作者用对比手法刻画他们的内心世界，表现宰相对帝王乃至国家政事的不同影响以及各自的结局，使得贤相与奸相势同水火的状态更为鲜明地呈现在读者眼前，激发人们对贤者的敬爱之情和对奸者的厌恶之意。文末几句，顺便斥责了那些庸庸碌碌的伴食宰相。

文章骈散并用，音调铿锵，笔锋犀利。不仅在结构上具有对称美，语言成就更为突出：以四字句为基本句式，明快平易而朗朗上口；有的段落灵活押韵并自由换韵，充满节奏美、韵律美，很有气势。本文是为世人传诵的政论性篇章之一。

本篇名句

"古之善相天下者，自咎、夔至房、魏，可数也。是不独有其德，亦皆务于勤耳。"

古时善于辅助天子治理天下的，从皋陶、后夔以至房玄龄、魏徵，都可一一列举出来。因为他们不但有德，而且也都勤劳不懈。

黄冈竹楼记（王禹偁）

黄冈之地多竹，大者如椽，竹工破之，刳去其节①，用代陶瓦，比屋皆然，以其价廉而工省也。

予城西北隅，雉堞圮毁②，蓁莽荒秽③，因作小楼二间，与月波楼通。远吞山光，平挹江濑，幽阒辽夐④，不可具状。夏宜急雨，有瀑布声；冬宜密雪，有碎玉声。宜鼓琴，琴调虚畅；宜咏诗，诗韵清绝；宜围棋，子声丁丁然；宜投壶，矢声铮铮然。皆竹楼之所助也。

公退之暇，披鹤氅衣⑤，戴华阳巾，手执《周易》一卷，焚香默坐，消遣世虑。江山之外，第见风帆沙鸟，烟云竹树而已。待其酒力醒，茶烟歇，送夕阳，迎素月，亦谪居之胜概也。

彼齐云、落星，高则高矣；井干、丽谯⑥，华则华矣。止于贮妓女，藏歌舞，非骚人之事，吾所不取。吾闻竹工云："竹之为瓦，仅十稔⑦，若重覆之，得二十稔。"噫！吾以至道乙未岁，自翰林出滁上；丙申，移广陵；丁酉，又入西掖⑧；戊戌岁除日，有齐安之命；己亥闰三月，到郡。四年之间，奔走不暇，未知明年又在何处，岂惧竹楼之易朽乎？后之人与我同志，嗣而葺之⑨，庶斯楼之不朽也。咸平二年八月十五日记。

【注释】

①刳（kū）：剖开。②雉堞（dié）：城墙的泛称。圮（pǐ）毁：坍塌。③蓁（zhēn）莽：丛生的草木。④幽阒（qiè）：幽静。辽夐（xiòng）：辽阔。⑤氅（chǎng）：外套。⑥齐云、落星、井干、丽谯：都是楼名。⑦稔（rěn）：谷物一熟为一稔，这里引申为一年。⑧西掖：中书省的别称。⑨嗣而葺（qì）之：继续修缮它。葺：修建。

美文共赏

文章是作者被贬官黄州时所作。作者以婉转的笔调渲染和描绘了竹楼的景致以及登楼赏玩的种种乐趣，把竹楼诗意化，抒发谪居情怀。竹楼的雨声、雪声，配合作者自己喜爱的琴声、咏诗声、下棋声、投壶声，烘托出一种潇洒淡泊的境界。作者官场失意，寓情山水，所以在文中流溢的是一种既安逸自乐又凄楚悲凉的复杂的思想感情。

文中作者将简易的竹楼与四大名楼对比，以"贮妓女、藏歌舞"的腐朽与"焚香默坐，消遣世虑"的儒雅对比，竹楼是作者自身的写照：地位虽卑下却拥有竹的清高与昂然自信。抒写了作者高洁的品格和磊落的襟怀。文章中紧接"夏宜急雨，有瀑布声"，前后连用六个"宜"，三个两两相对的句式，既错落有致，又构成排比，增强了文章的气势。

本篇名句

"待其酒力醒，茶烟歇，送夕阳，迎素月，亦谪居之胜概也。"

等到酒醒了，茶品完了，炉里的香烟也没了，便目送夕阳下山，迎来一轮明月，真是谪居中的佳境啊！

书《洛阳名园记》后（李格非①）

洛阳处天下之中，挟崤、黾之阻，当秦、陇之襟喉②，而赵、魏之走集③，盖四方必争之地也。天下当无事则已，有事则洛阳必先受兵。予故尝曰："洛阳之盛衰，天下治乱之候也。"

唐贞观、开元之间，公卿贵戚开馆列第于东都者，号千有余邸。及其乱离，继以五季之酷④，其池塘竹树，兵车蹂践⑤，废而为丘墟；高亭大榭⑥，烟火焚燎，化而为灰烬，与唐共灭而俱亡，无余处矣。予故尝曰："园囿之兴废，洛阳盛衰之候也。"

且天下之治乱，候于洛阳之盛衰而知；洛阳之盛衰，候于园囿之兴废而得。则《名园记》之作，予岂徒然哉？

呜呼！公卿大夫方进于朝，放乎一己之私，自为之，而忘天下之治忽⑦，欲退享此，得乎？唐之末路是已。

【注释】

①李格非：宋朝济南人，官到翰林学士。他是著名女词人李清照之父。②崤（yáo）：崤山；渑（miǎn）：今渑池县。均在河南西部。襟：古指衣的交领。襟喉：险要之地。③走集：集散中心。④五季：即五代。⑤踧蹴（cù）：踩躏，践踏。⑥榭：高台上的敞屋。⑦放：放纵。忽：急忽。治忽：犹言治乱。

美文共赏

洛阳园林在宋代号称天下第一。《洛阳名园记》记述了十九处洛阳名园，本文是《洛阳名园记》一书的后记。后记一般交代写作缘由和经过，很难有振聋发聩之语。而本文论证从洛阳园林的兴废可以看出洛阳的盛衰，从洛阳的盛衰可以看出天下的治乱，真是见微知著，立意高远，从而告诫公卿大夫们不能只顾个人享乐而不顾国家的安危，过分贪图享受，大肆兴建名园。文中寄寓了作者对时局的深刻忧虑。此文问世不久，洛阳果然被金兵攻陷，北宋王朝宣告灭亡。

本文论事精辟，采用由小见大、"因典型而明全局"的论证角度和逐层严密推理的方法，逻辑性强，文辞精练，又意味深长。笔端饱含感情，"警世"的语气极为严厉深沉，具有很强的逻辑说服力和现实针对性。

本篇名句

"天下之治乱，候于洛阳之盛衰而知；洛阳之盛衰，候于园囿之兴废而得。"

天下的治乱从洛阳的盛衰可以看到，洛阳的盛衰从园林的兴废可以看到。

严先生祠堂记（范仲淹①）

先生，光武之故人也②。相尚以道。及帝握《赤符》③，乘六龙，得圣人之时④，臣妾亿兆，天下孰加焉？惟先生以节高之。既而动星象⑤，归江湖，得圣人之清,泥涂轩冕⑥,天下孰加焉?惟光武以礼下之。

在《蛊》之上九⑦,众方有为,而独"不事王侯,高尚其事",先生以之。在《屯》之初九,阳德方亨,而能"以贵下贱,大得民也",光武以之。盖先生之心,出乎日月之上;光武之量,包乎天地之外。微先生⑧,不能成光武之大,微光武岂能遂先生之高哉?而使贪夫廉,懦夫立,是大有功于名教也。

仲淹来守是邦,始构堂而奠焉。乃复为其后者四家⑨,以奉祠事。又从而歌曰:云山苍苍,江水泱泱,先生之风,山高水长⑩。

【注释】

①范仲淹(989—1052):字希文,苏州人,官至枢密副使,参知政事(副宰相)。政治上有所改革,工诗词散文,有《范文正公集》。②严先生:严光,字子陵,东汉会稽人,少与刘秀同学。刘秀称帝后,征召入京,坚不出仕,归隐富春江。祠堂在今桐庐县。③《赤符》:《赤伏符》,儒生强华向刘秀奉上的预言他将收兵恢复汉室的谶文。六龙:皇帝车驾的六匹马。④圣人之时:孟子说孔子是"圣之时者",即能适应时代的变化。⑤动星象:《后汉书·严光传》:严光与光武"共偃卧,光以足加帝腹上。明日,太史奏客星犯御座甚急。帝笑曰:'朕故人严子陵共卧耳。'"⑥泥涂轩冕:把官爵看得极轻。⑦蛊(gǔ)、屯:《易》的卦名,引文为各卦的爻辞。⑧微:如果没有。⑨复:免除赋役。⑩山高水长:指能够世代相传,与山水共存。

美文共赏

范仲淹在严光的故乡桐庐任职时,为严光修了一座祠堂,并为祠堂写了这篇记。"相尚以道"是全文的核心,文中处处将汉光武帝与严光互相映衬,目的是表现严光清高的气节,赞扬他不图名利、不慕富贵的情操,同时也歌颂了光武帝宏大的气量。

文章结构精巧,虚实结合,虚写光武帝"以礼下之",实写严光"以节高之",以虚衬实,相得益彰。结尾的歌辞,简短而意境宏远,有悠然不尽的韵味,不仅为文章大为增色,也引起了后人的无限向往。

该文篇幅短小,但全文语言凝练,句式对称,具有音韵之美。范仲淹通过此文表达了自己追慕前贤、坚守情操的理想和品格。文中多处运用比喻,把自己对光武帝的气度和对严光的品德的理解巧妙地表达出来。

> **本篇名句**
>
> "云山苍苍,江水泱泱。先生之风,山高水长。"
>
> 云山苍茫一片,江水浩大无边。先生的高风亮节,就像山一样崇高、水一样长远。

岳阳楼记(范仲淹)

庆历四年春,滕子京谪守巴陵郡①。越明年,政通人和,百废具兴。乃重修岳阳楼,增其旧制,刻唐贤、今人诗赋于其上,属予作文以记之②。

予观夫巴陵胜状,在洞庭一湖。衔远山,吞长江,浩浩汤汤③,横无际涯;朝晖夕阴,气象万千。此则岳阳楼之大观也,前人之述备矣。然则北通巫峡,南极潇湘,迁客骚人④,多会于此,览物之情,得无异乎?

若夫霪雨霏霏⑤,连月不开,阴风怒号,浊浪排空,日星隐曜,山岳潜形,商旅不行,樯倾楫摧⑥,薄暮冥冥⑦,虎啸猿啼。登斯楼也,则有去国怀乡,忧谗畏讥,满目萧然,感极而悲者矣。

至若春和景明,波澜不惊,上下天光,一碧万顷,沙鸥翔集,锦鳞游泳⑧,岸芷汀兰⑨,郁郁青青⑩。而或长烟一空,皓月千里,浮光耀金,静影沉璧,渔歌互答,此乐何极!登斯楼也,则有心旷神怡,宠辱皆忘,把酒临风,其喜洋洋者矣。

嗟夫!予尝求古仁人之心,或异二者之为。何哉?不以物喜,不以己悲。居庙堂之高,则忧其民;处江湖之远,则忧其君。是进亦忧,退亦忧。然则何时而乐耶?其必曰"先天下之忧而忧,后天下之乐而乐"欤!噫!微斯人,吾谁与归⑪!

【注释】

①谪:罚罪。古代凡官吏降级、调往边远地方,皆称"谪"。巴陵:今湖南岳阳市。②属:同"嘱"。③汤汤:大水急流的样子。④迁客:贬谪外地的官员。骚人:诗人,文人。⑤霪雨:久雨。霏霏:形容雨雪的细密。⑥樯:桅杆。楫:划船的短桨。⑦薄:接近。薄暮:

傍晚。⑧锦鳞：指鱼。⑨芷：香草。汀：水中或水边的平地。⑩郁郁：香气浓郁。⑪归：向往，归依。吾谁与归：我归向谁？

美文共赏

　　本文是作者被贬谪为邓州知州时所作。文章开头简述作记的原因，接着描绘登临岳阳楼所能欣赏到的壮观景象，然后抒发览物之情。采取对比的写法。一阴一晴，一悲一喜，两相对照。情随景生，情景交融，有着诗一般的意境。记事、写景、抒情和议论交融在一篇文章中，记事简明，写景铺张，抒情真切，议论精辟。议论的部分字数不多，但却有统率全文的作用。

　　文章的语言也很有特色。它虽然是一篇散文，却穿插了许多四言的对偶句，如"日星隐曜，山岳潜形"这些骈句为文章增添了很多色彩。作者锤炼字句的功夫也很深，如"衔远山，吞长江"这两句的"衔"字、"吞"字，恰切地表现了洞庭湖浩瀚的气势。"不以物喜，不以己悲"，简洁的八个字，像格言那样富有启示性。最可贵的是作者突破了个人狭窄圈子的思想感情，提出了"先天下之忧而忧，后天下之乐而乐"的政治抱负，把高远的情怀和洞庭湖壮丽的景色相表里，丰富的内涵熔铸到短短的两句话中，字字有千钧之力。此句激励过多少仁人志士，为人民呕心沥血，为祖国鞠躬尽瘁。这是中华民族极可宝贵的精神财富。

本篇名句

"先天下之忧而忧，后天下之乐而乐。"
在天下人的忧愁之先就忧愁，在天下人的快乐之后才快乐。

谏院题名记（司马光①）

　　古者谏无官，自公、卿、大夫至于工、商，无不得谏者。汉兴以来始置官。夫以天下之政，四海之众，得失利病，萃于一官使言之②，其为任亦重矣。居是官者，当志其大，舍其细，先其急，后其缓，专利国家，而不为身谋。彼汲汲于名者③，犹汲汲于利也，其间相去何远哉！

天禧初④，真宗诏置谏官六员，责其职事。庆历中，钱君始书其名于版。光恐久而漫灭，嘉祐八年，刻著于石。后之人将历指其名而议之曰：某也忠，某也诈，某也直，某也曲。呜呼！可不惧哉！

【注释】

①司马光（1019—1086）：字君实，陕州夏县（今属山西）人，神宗时官至御史中丞，因反对变法，离开朝廷，专力修史。其编成的《资治通鉴》，是我国一部重要的编年史。②萃：聚。③汲汲：急切的样子。④天禧：宋真宗年号（1017—1021）。庆历：宋仁宗年号（1041—1048）。嘉祐：宋仁宗年号（1056—1063）。

美文共赏

司马光为右谏议大夫期间，让谏官姓名刻于碑石上。本文就是记叙这件事情。文中首先阐明了谏官责任的重大，指出谏官应当"志其大，舍其细；先其急，后其缓"。汲汲求利，固属非是；汲汲求名，同样有害。继而说明了谏院题名的由来和意义。把设置谏官、谏院题名、易版为石这三件事交代得一清二楚。短短四十个字，时间跨度却有四十多年，既做到面面俱到，又惜墨如金。这篇杂记可谓有感而发，阐明了谏官责任的重大及应具有的品德，有深刻的现实意义，体现了作者敢于直谏，不阿谀奉承，举忠斥奸，不为身谋的精神。

通篇议论风生、感情充沛、曲折多变、文意丰厚。

本篇名句

"居是官者，当志其大，舍其细，先其急，后其缓，专利国家，而不为身谋。"

任此官者，应当牢牢记住那些大事情，舍弃那些小事；要先进谏那些急迫的问题，而后谏那些不很急迫的问题；要专为国家谋利，而不为自己打算。

朋党论（欧阳修①）

臣闻朋党之说，自古有之，惟幸人君辨其君子小人而已②。大凡君子与君子，以同道为朋；小人与小人，以同利为朋。此自然之理也。

然臣谓小人无朋，惟君子则有之。其故何哉？小人所好者，利禄也；所贪者货财也。当其同利之时，暂相党引以为朋者③，伪也。及其见利而争先，或利尽而交疏，则反相贼害，虽其兄弟亲戚，不能相保。故臣谓小人无朋，其暂为朋者，伪也。君子则不然。所守者道义，所行者忠信，所惜者名节。以之修身，则同道而相益；以之事国，则同心而共济。终始如一，此君子之朋也。

故为人君者，但当退小人之伪朋，用君子之真朋，则天下治矣。

尧之时，小人共工、驩兜等四人为一朋④，君子八元、八恺十六人为一朋⑤。舜佐尧，退四凶小人之朋，而进元、恺君子之朋，尧之天下大治。及舜自为天子，而皋、夔、稷、契等二十二人⑥并立于朝，更相称美，更相推让，凡二十二人为一朋，而舜皆用之⑦，天下亦大治。

《书》曰："纣有臣亿万，惟亿万心；周有臣三千，惟一心。"纣之时，亿万人各异心，可谓不为朋矣，然纣以亡国。周武王之臣三千人为一大朋，而周用以兴。

后汉献帝时，尽取天下名士囚禁之，目为党人⑧。及黄巾贼起，汉室大乱，后方悔悟，尽解党人而释之，然已无救矣。

唐之晚年⑨，渐起朋党之论。及昭宗时⑩，尽杀朝之名士，或投之黄河，曰："此辈清流，可投浊流。"而唐遂亡矣。

夫前世之主，能使人人异心不为朋，莫如纣；能禁绝善人为朋，莫如汉献帝；能诛戮清流之朋，莫如唐昭宗之世。然皆乱亡其国。更相称美、推让而不自疑，莫如舜之二十二臣，舜亦不疑而皆用之。然而后世不诮舜为二十二人朋党所欺⑪，而称舜为聪明之圣者，以能辨君子与小人也。周武之世，举其国之臣三千人共为一朋。自古为朋之多且大莫如周，然周用此以兴者，善人虽多而不厌也。嗟呼！治乱兴亡之迹，为人君者可以鉴矣！

【注释】

①欧阳修（1007—1072）：字永叔，号六一居士，庐陵（今江西吉安）人，为唐宋八大家之一。②朋党：原指为私利而勾结。幸：希望。③党引：结为私党，互相援引。④共工：旧传共工、驩兜、三苗和鲧为尧时的四凶。⑤八元、八恺：据《左传》，高阳氏有才子八人，世称八恺。高辛氏有才子八人，世称八元。元、恺皆和善之意，事迹不详。⑥皋：皋陶，掌管刑法。夔：掌管音乐。稷：掌管农事。契：掌管教育。⑦用：因此。⑧目为党人：东汉桓帝、灵帝时，两次兴起党狱，株连正人君子多达四千余。此言汉献帝时，误。⑨唐之晚年：指唐穆宗、宣宗年间的牛（僧孺）李（德裕）党争。⑩唐昭宗：在位十五年，904年被朱温杀害。次年，朱温又杀朝官三十余人，投之黄河，但当时仍用唐昭宗的年号。⑪诮：责备。

美文共赏

宋仁宗庆历年间，范仲淹等人实行了一些改革措施，被保守派攻击，诬陷他们任用朋党，为了驳斥保守派的说法，欧阳修向仁宗呈上了这篇《朋党论》。

文章开头作者就理直气壮地就提出"君子无党，小人有党"的观点，揭示了全文的主旨。它包含三个方面内容：朋党之说"自古有之"，朋党有君子与小人之别，人君要善于辨别。

作者首先从道理上论述君子之朋与小人之朋的本质区别；继而引用了六件史实，以事实证明了朋党的"自古有之"；最后通过对前引史实的进一步分析，论证了治国安邦必须"退小人之伪朋，用君子之真朋"的道理。文章写得不枝不蔓，中心突出，驳斥有力，理直气壮；援引古事，正反对比，排比、反复句式的运用，使文章既有气势又委婉。这篇著名的政论文，在革新派与保守派的斗争中是很有战斗意义的。

本篇名句

"大凡君子与君子，以同道为朋；小人与小人，以同利为朋。此自然之理也。"

大凡君子和君子因志同道合而结为朋党，小人和小人因私利相同而结为朋党。这是自然之理啊。

纵囚论① （欧阳修）

信义行于君子②，而刑戮施于小人③。刑入于死者，乃罪大恶极，此又小人之尤甚者也。宁以义死，不苟幸生④，而视死如归⑤，此又君子之尤难者也。

方唐太宗之六年，录大辟囚三百余人⑥，纵使还家，约其自归以就死。是以君子之难能⑦，期小人之尤者以必能也⑧。其囚及期，而卒自归无后者。是君子之所难，而小人之所易也，此岂近于人情哉？或曰：罪大恶极，诚小人矣。及施恩德以临之，可使变而为君子。盖恩德入人之深，而移人之速，有如是者矣。

曰：太宗之为此，所以求此名也。然安知夫纵之去也，不意其必来以冀免⑨，所以纵之乎？又安知夫被纵而去也，不意其自归而必获免，所以复来乎？夫意其必来而纵之，是上贼下之情也⑩；意其必免而复来，是下贼上之心也。吾见上下交相贼以成此名也，乌有所谓施恩德与夫知信义者哉？不然，太宗施德于天下，于兹六年矣，不能使小人不为极恶大罪；而一日之恩，能使视死如归，而存信义，此又不通之论也。

然则何为而可？曰：纵而来归，杀之无赦。而又纵之，而又来，则可知为恩德之致尔。然此必无之事也。若夫纵而来归而赦之，可偶一为之尔。若屡为之，则杀人者皆不死。是可为天下之常法乎⑪？不可为常者，其圣人之法乎？是以尧、舜、三王之治，必本于人情，不立异以为高，不逆情以干誉⑫。

【注释】

①纵囚：释放囚犯。唐太宗（李世民）于贞观六年（632年）十二月，把三百九十名已判死刑的囚犯释放回家，并规定于第二年秋天就刑。到时候，"纵囚来归，皆赦之。"②信义：信用，礼义。③刑戮：刑罚，杀戮。④不苟幸生：不苟且侥幸地活着。⑤视死如归：形容不怕死，把死看得像回家一样。这里指为了信义，不惜牺牲生命。⑥录：取，选择。大辟：中国古代五刑之一，后指死刑。⑦难能：难以做到。⑧期：希望。⑨冀免：希望赦免。⑩贼：揣摩，揣度。⑪常：经常，长久。⑫逆情：违背人情。干誉：求取名誉。

美文共赏

据史籍记载，贞观六年，唐太宗亲自审查了三百九十名死囚，放他们回家，约定翌年秋天回来就刑。结果他们全都如期自动归狱，太宗称许他们知诚守信，免于死罪。欧阳修认为太宗以君子最高的标准去要求小人，是不通情理；死囚以小人最劣的品行而超越君子，是不合情理。最后强调这种做法不足为训，不可作为"常法"，治国必须严肃法治，"不立异以为高，不逆情以干誉"，即这是沽名钓誉的做法。鲜明地表达了欧阳修顺应人情、严肃法治的政治观点。

这篇政论文不过四五百字，但立论新颖精辟，议论深刻严密，其写作手法也很值得借鉴。其议论纵横而不支离，文字平易而有韵味，作者悉心布局，使章法跌宕绵密，文势曲折流动。每段议论不是开门见山，直截了当地论述，而是欲擒故纵，顿挫有致，最后以通段主旨收住。整篇结构也是如此，经过曲曲折折的议论，往往复复的辩驳，最后百川归海，结出文意，将全文推向最高潮。

本篇名句

"信义行于君子，而刑戮施于小人。"

对君子讲信义，对小人施刑罚。

卷十　宋文

梅圣俞诗集序（欧阳修）

予闻世谓诗人少达而多穷①，夫岂然哉②？盖世所传诗者，多出于古穷人之辞也。凡士之蕴其所有③而不得施于世者，多喜自放于山巅水涯之外④，见虫鱼草木、风云鸟兽之状类，往往探其奇怪，内有忧思感愤之郁积，其兴于怨刺⑤，以道羁臣寡妇之所叹⑥，而写人情之难言，盖愈穷则愈工。然则非诗之能穷人，殆穷者而后工也⑦。

予友梅圣俞，少以荫补为吏⑧，累举进士，辄抑于有司。困于州县⑨凡十余年，年今五十，犹从辟书⑩，为人之佐，郁其所蓄不得奋见于事业。其家宛陵⑪，幼习于诗，自为童子，出语已惊其长老；既长，学乎六经仁义之说，其为文章，简古纯粹，不求苟说于世，世之人徒知其诗而已。然时无贤愚，语诗者必求之圣俞。圣俞亦自以其不得志者，乐于诗而发之，故其平生所作，于诗尤多。世既知之矣，而未有荐于上者。昔王文康公尝见而叹曰⑫："二百年无此作矣！"虽知之深，亦不果荐也。若使其幸得用于朝廷，作为"雅""颂"，以歌咏大宋之功德，荐之清庙，而追商、周、鲁《颂》之作者，岂不伟欤！奈何使其老不得志而为穷者之诗，乃徒发于虫鱼物类、羁愁感叹之言？世徒喜其工，不知其穷之久而将老也，可不惜哉！

圣俞诗既多，不自收拾。其妻之兄子谢景初，惧其多而易失也，取其自洛阳至于吴兴以来所作，次为十卷⑬。予尝嗜圣俞诗，而患不能尽得之，遽喜谢氏之能类次也⑭，辄序而藏之。

其后十五年，圣俞以疾卒于京师，余既哭而铭之，因索于其家，得其遗稿千余篇，并旧所藏，掇其尤者六百七十七篇，为一十五卷。呜呼！吾于圣俞诗论之详矣，故不复云。

【注释】

①少达而多穷：作诗的人在功名富贵或事业上得意的少，穷困不得志的多。达：显达。穷：穷困不得志。②夫岂然哉：难道真是这样吗？③蕴其所有：胸中怀藏他所有的才学、抱负。蕴：藏蓄，积聚。④多喜自放于山巅水涯之外：大多喜欢在山水之间放浪。指过隐居生活。⑤兴于怨刺：兴起怨恨、讽刺的念头。⑥道：表达出。羁臣：羁旅之臣，即在外地宦游

的官吏，也可泛指贬谪在外的官员。⑦殆：大概、几乎。⑧梅圣俞（1002—1060）：名尧臣，北宋诗人，为诗力主平淡，反对浮艳，在当时影响很大。有《宛陵先生集》。荫补：因上代官爵而推恩补官。⑨累举进士：屡次参加进士考试。辄抑于有司：每次都受到主考官的压抑。有司：负有专职的官吏，这里指主考官。困于州县：只在州县做小官。⑩辟书：聘书。古代地方长官可自行延聘幕僚。⑪宛陵：今安徽宣城市。⑫王文康公：王曙，官至宰相，卒谥文康。⑬次：编。⑭遽：骤然，立刻。

美文共赏

这是作者为他的朋友梅圣俞的诗集作的一篇序。梅圣俞是北宋著名诗人，在仕途上终身不得志。他的诗写得很好，风格深远闲淡，欧阳修认为他是"穷而后工"。欧阳修这篇序文之所以历来受人推重，主要原因在于作者提出了"穷而后工"的创作思想。概括了我国古代许多作家的生活与创作道路，对后世很有影响。

本文行文起伏跌宕，长于变化，多角度多手法地证明了中心论点。为了突出梅诗之"工"，先说他自幼出语惊人，这是铺垫；然后说他的文章"简古纯粹"，但人们却只知其诗，这是以文之美来衬托诗之工；再说"时无贤愚，语诗者必求之圣俞"，这是借公众的推崇来赞扬梅诗之工；接着又写到王文康公对梅诗的赞叹，这是借名人名言来旁证；最后还通过作者自己对梅诗的热爱来侧面烘托梅诗之工。再则特点是虚实并举，有起有落。作者先通过虚设，写其若能"幸得用于朝廷"，则必将功德宏伟，这是大扬；后文突转，写实，叹其终身不得志，久而将老，令人悲从中来，这是大落。一虚一实，不仅正反对举，事理昭彰，而且情致跌宕，感人备至。

本篇名句

"盖愈穷则愈工。然则非诗之能穷人，殆穷者而后工也。"

所以，越是穷困，写出来的诗就越好。那么，并非诗能使人穷困，而是诗人穷困了才能写出好诗。

送杨寘序（欧阳修）

予尝有幽忧之疾①，退而闲居，不能治也。既而学琴于友人孙道滋，受宫声数引②，久而乐之，不知其疾之在体也。夫琴之为技小矣，及其至也，大者为宫，细者为羽③。操弦骤作，忽然变之，急者凄然以促，缓者舒然以和，如崩崖裂石，高山出泉，而风雨夜至也；如怨夫寡妇之叹息，雌雄雍雍之相鸣也④。其忧深思远，则舜与文王、孔子之遗音也；悲愁感愤，则伯奇孤子、屈原忠臣之所叹也⑤。喜怒哀乐，动人必深，而纯古淡泊，与夫尧舜三代之言语、孔子之文章、《易》之忧患、《诗》之怨刺无以异。其能听之以耳，应之以手，取其和者，道其湮郁⑥，写其幽思，则感人之际，亦有至者焉。

予友杨君，好学有文，累以进士举，不得志。及从荫调，为尉于剑浦⑦，区区在东南数千里外，是其心固有不平者。且少又多疾，而南方少医药，风俗饮食异宜。以多疾之体，有不平之心，居异宜之俗，其能郁郁以久乎？然欲平其心以养其疾，于琴亦将有得焉。故予作琴说以赠其行。且邀道滋酌酒，进琴以为别。

【注释】

①幽忧：深重的忧劳。②宫：五音之一。引：乐曲体裁之一。数引：几支曲调。③羽：五音之一。④雍雍：和谐，和睦。⑤伯奇：周宣王时大臣吉甫之子，因后母进谗而被逐，作琴曲《履霜操》，曲终投河而死。⑥道：同"导"，开导。湮郁：阻塞。⑦剑浦：今福建南平市。

美文共赏

本文是作者送别朋友杨寘的一篇赠序。杨寘体弱多病，又千里迢迢远赴南方去任职。作者担心朋友远赴外地生活不习惯，内心积郁。他认为音乐有宣泄作用，能够调和不平衡的情绪，故建议朋友学琴调节自我。在序文中，作者着力描写琴声陶冶感情的力量，以自己弹琴疗疾的体会，帮助友人解除困难。劝慰杨寘用弹琴来寄托情怀，"欲平其心以养其疾，于琴亦将有得焉"。从而排遣忧愁，战胜病魔，度过异乡的艰难岁月。

作者从多方面展开比喻与联想，把音乐中传达出来的复杂、抽象的感情表现得非常具体，对琴"声"的描写既形象又生动，"急者凄然以促，缓者舒然以和，如崩崖裂石、高山出泉，而风雨夜至也"。骈句的运用也大大增强了文章本身的气势和力量。字里行间带有浓厚的感情色彩，体现着作者对朋友的真切关心。

本篇名句

"然欲平其心以养其疾，于琴亦将有得焉。"

那么，要平静他的心思，疗养他的疾病，弹弹琴也能得到一些好处吧！

五代史伶官传序① （欧阳修）

呜呼！盛衰之理，虽曰天命，岂非人事哉！原庄宗之所以得天下②，与其所以失之者，可以知之矣。

世言晋王之将终也③，以三矢赐庄宗而告之曰："梁④，吾仇也；燕王⑤，吾所立，契丹⑥，与吾约为兄弟，而皆背晋以归梁。此三者，吾遗恨也。与尔三矢，尔其无忘乃父之志⑦！"庄宗受而藏之于庙。其后用兵，则遣从事以一少牢告庙⑧，请其矢，盛以锦囊，负而前驱，及凯旋而纳之。

方其系燕父子以组⑨，函梁君臣之首⑩，入于太庙，还矢先王，而告以成功，其意气之盛，可谓壮哉！及仇雠已灭，天下已定，一夫夜呼⑪，乱者四应，仓皇东出，未见贼而士卒离散，君臣相顾，不知所归。至于誓天断发，泣下沾襟，何其衰也！岂得之难而失之易欤？抑本其成败之迹，而皆自于人欤？

《书》曰："满招损，谦得益。"忧劳可以兴国，逸豫可以忘身⑫，自然之理也。故方其盛也，举天下之豪杰，莫能与之争；及其衰也，数十伶人困之，而身死国灭，为天下笑。夫祸患常积于忽微⑬，而智勇多困于所溺，岂独伶人也哉！

【注释】

①《五代史》：记载后梁、后唐、后晋、后汉、后周五个王朝共53年的历史。有新旧两种，《新五代史》为欧阳修著。②庄宗：后唐庄宗李存勖（xù），公元923—926年在位。他宠用伶官（宫廷演员），任其横行不法，激成兵变。③晋王：庄宗之父李克用，西突厥沙陀族人，曾参与镇压黄巢起义，封晋王。④梁：指后梁太祖朱温，曾追随黄巢，降唐，成为军阀，与李克用长期对峙。⑤燕王：刘仁恭父子。刘因李克用之荐而为卢龙军节度使，据幽州。后背晋，其子刘守光受梁封，为燕王。⑥契丹：即辽国。辽太祖耶律阿保机曾与李克用结盟，不久又与朱温联合反晋。⑦乃父：你的父亲。⑧少牢：古代祭祀燕享，单用猪、羊称少牢。⑨系燕父子以组：913年，李存勖破幽州，擒刘仁恭。刘守光出走，不久亦被擒。组：丝带。⑩函梁君臣之首：923年，李存勖灭梁。梁末帝朱友贞及大臣皇甫麟自杀。⑪一夫夜呼：926年，唐军哗变。李存勖出京避乱，所部二万五千人，不久即散，李被乱兵杀死。⑫忘：通"亡"。⑬忽：寸的十万分之一。微：寸的百万分之一。

美文共赏

这是欧阳修编撰《新五代史》中的一篇，主要记述了唐庄宗李存勖宠幸伶官，沉溺酒色，最后死于兵变的史实。借助这一段历史，欧阳修在序文中阐发了"盛衰之理，虽曰天命，岂非人事哉"的感慨，即国家的盛衰、事业的成败主要取决于人事。并且提出"忧劳可以兴国，逸豫可以亡身""祸患常积于忽微，而智勇多困于所溺"的论断，令人信服，既是对当时朝廷的告诫，也为后世治国者提供借鉴。

文中疑问句、感叹句与陈述句，骈句与散句，长句与短句，错综有致，读起来抑扬顿挫，一唱三叹，感情饱满，气势旺盛；同时一再以庄宗的盛衰相对比，给人的印象也更为深刻。

文章富于现实意义，笔力雄健有气势，行文跌宕顿挫，用平实的语言生动地叙说事例，自然晓畅，多有名言警句，是古文中的名篇。

本篇名句

"夫祸患常积于忽微，而智勇多困于所溺。"

可见祸患总是从细小的事情上积累起来的，而智勇双全的人却注注困于自己所迷恋的东西。

五代史宦者传论（欧阳修）

自古宦者乱人之国，其源深于女祸。女，色而已。宦者之害，非一端也。盖其用事也近而习，其为心也专而忍。能以小善中人之意，小信固人之心，使人主必信而亲之。待其已信，然后惧以祸福而把持之。虽有忠臣、硕士列于朝廷①，而人主以为去己疏远，不若起居饮食、前后左右之亲为可恃也。故前后左右者日益亲，则忠臣、硕士日益疏，而人主之势日益孤。势孤，则惧祸之心日益切，而把持者日益牢。安危出其喜怒，祸患伏于帷闼②，则向之所谓可恃者，乃所以为患也。患已深而觉之，欲与疏远之臣图左右之亲近，缓之则养祸而益深，急之则挟人主以为质。虽有圣智，不能与谋。谋之而不可为，为之而不可成，至其甚，则俱伤而两败。故其大者亡国，其次亡身，而使奸豪得借以为资而起，至抉其种类③，尽杀以快天下之心而后已。此前史所载宦者之祸常如此者，非一世也。夫为人主者，非欲养祸于内而疏忠臣、硕士于外，盖其渐积而势使之然也。

夫女色之惑，不幸而不悟，则祸斯及矣。使其一悟，捽而去之可也④。宦者之为祸，虽欲悔悟，而势有不得而去也，唐昭宗之事是已⑤。故曰："深于女祸"者，谓此也。可不戒哉！

【注释】

①硕士：学问渊博之人。②闼（tà）：寝室旁的小门。帷闼：指皇宫近侍。③抉：挖，挑出。④捽（zuó）：揪。⑤唐昭宗之事：昭宗为宦官拥立，受其挟制，乃引朱温为外援，宦官则劫持昭宗，双方在凤翔恶战年余。后朱温得势，先杀尽宦官，再杀昭宗和朝臣，灭唐。

美文共赏

这是《新五代史·宦者传》评论中的一部分。主要是讲宦官之害，深于女祸。文章详细描述了宦官通过小善、小信而逐步把持政权的过程：他们先以"小善""小信"来固人之心，求得君主的信赖；一遇君主信任之后，即时进谗言，用祸福之事吓唬君主，离间重臣，以达到把持君主之目的。从而警告帝王们不要渐积养祸。

文章首尾照应，结构清晰，分析细密，说理层层递进，有很强的说服力。

本篇名句

"夫女色之惑，不幸而不悟，则祸斯及矣。"

人君迷惑于女色，不幸而不醒悟，祸患就临头了。

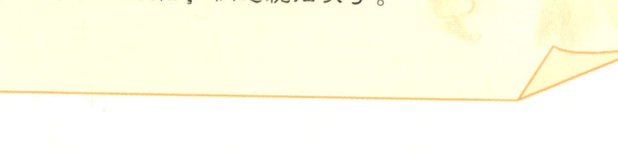

相州昼锦堂记① （欧阳修）

仕宦而至将相，富贵而归故乡，此人情之所荣，而今昔之所同也。盖士方穷时，困厄闾里，庸人孺子皆得易而侮之②，若季子不礼于其嫂，买臣见弃于其妻③。一旦高车驷马，旗旄导前④，而骑卒拥后，夹道之人相与骈肩累迹，瞻望咨嗟⑤，而所谓庸夫愚妇者，奔走骇汗，羞愧俯伏，以自悔罪于车尘马足之间。此一介之士得志于当时，而意气之盛，昔人比之衣锦之荣者也。

惟大丞相魏国公则不然⑥。公，相人也。世有令德，为时名卿。自公少时，已擢高科，登显士。海内之士闻下风而望余光者，盖亦有年矣。所谓将相而富贵，皆公所宜素有。非如穷厄之人侥幸得志于一时，出于庸夫愚妇之不意，以惊骇而夸耀之也。然则高牙大纛⑦，不足为公荣；桓圭衮裳⑧，不足为公贵。惟德被生民，而功施社稷，勒之金石，播之声诗，以耀后世而垂无穷，此公之志而士亦以此望于公也。岂止夸一时而荣一乡哉？

公在至和中，尝以武康之节⑨，来治于相，乃作昼锦之堂于后圃，既又刻诗于石，以遗相人。其言以快恩仇、矜名誉为可薄，盖不以昔人所夸者为荣，而以为戒。于此见公之视富贵为何如，而其志岂易量哉？故能出入将相，勤劳王家，而夷险一节。至于临大事，决大议，垂绅正笏⑩，不动声色，而措天下于泰山之安，可谓社稷之臣矣。其丰功盛烈，所以铭彝鼎而被弦歌者，乃邦家之光，非闾里之荣也。余虽不获登公之堂，幸尝窃诵公之诗，乐公之志有成，而喜为天下道也。于是乎书。

【注释】

①相州：今河南安阳市。②易：轻视。③季子：见卷四《苏秦以连横说秦》。买臣：朱买臣。西汉人，先贫后贵。妻改嫁，望复婚，被拒。④旄：竿顶用旄牛尾作为装饰的旗。⑤骈：并列。咨嗟：赞叹。⑥魏国公：指韩琦，北宋大臣，执政多年，并与范仲淹率兵同抗西夏，世称"韩范"。⑦牙：牙旗。纛：仪仗队的大旗。⑧桓圭：古代三公所执玉圭。衮裳：帝王和三公礼服。⑨至和：宋仁宗年号（1054—1055）。武康之节：韩琦是以"武康节度使"的官衔担任相州知州的。⑩绅：官服上的大带。笏：大臣上朝时所执的手板，以便记事。

美文共赏

本文是为相州韩琦所建的昼锦堂写的记。作者围绕"昼锦"二字，先说明富贵还乡，衣锦而荣，是古今所同，并生动描述了古人衣锦还乡、得意扬扬的场面；然后避实就虚，不写昼锦堂本身，而是着重写昼锦堂主人的高尚品德，并用苏秦、朱买臣等炫耀富贵的庸俗行为作陪衬，劝勉士大夫要以"德被生民而功施社稷"为志，进而"耀后世而垂无穷"。文章盛赞韩琦不以夸耀富贵为荣，反而引以为戒的行为，表达了对韩琦由衷的赞美敬佩之情。

全文写得含蓄隽永，迂回起伏，是历来公认的名篇。

本篇名句

"仕宦而至将相，富贵而归故乡，此人情之所荣，而今昔之所同也。"

做官做到将相，富贵之后返回故乡，这从人情上说是光荣的，从古到今都是如此啊。

丰乐亭记（欧阳修）

修既治滁之明年①，夏，始饮滁水而甘。问诸滁人，得于州南百步之近。其上则丰山耸然而特立②，下则幽谷窈然而深藏③，中有清泉滃然而仰出④。俯仰左右，顾而乐之。于是，疏泉凿石，辟地以为亭，而与滁人往游其间。

滁于五代干戈之际，用武之地也。昔太祖皇帝尝以周师破李景兵十五万于清流山下⑤，生擒其将皇甫晖、姚凤于滁东门之外，遂以平滁。修尝考其山川，按其图记，升高以望清流之关，欲求晖、凤就擒之所，而故老皆无在者，盖天下之平久矣。

自唐失其政，海内分裂，豪杰并起而争，所在为敌国者，何可胜数？及宋受天命，圣人出而四海一。向之凭恃险阻，铲削消磨，百年之间，漠然徒见山高而水清。欲问其事，而遗老尽矣。

今滁介江淮之间，舟车商贾、四方宾客之所不至，民生不见外事，而安于畎亩衣食⑥，以乐生送死。而孰知上之功德，休养生息，涵煦于百年之深也⑦。

修之来此，乐其地僻而事简，又爱其俗之安闲。既得斯泉于山谷之间，乃日与滁人仰而望山，俯而听泉，掇幽芳而荫乔木⑧，风霜冰雪，刻露清秀，四时之景无不可爱。又幸其民乐其岁物之丰成，而喜与予游也。因为本其山川，道其风俗之美，使民知所以安此丰年之乐者，幸生无事之时也。

夫宣上恩德，以与民共乐，刺史之事也。遂书以名其亭焉。

【注释】

①滁：今安徽滁州市。②特：独。③窈：深、远、幽静。④潏：形容水盛。⑤李景：指南唐中主李璟。⑥畎：田间小沟。畎亩：田地。⑦涵煦：滋润化育。⑧掇：拾取。

美文共赏

这是欧阳修被贬到滁州第二年写的一篇山水记叙文。文章除了记述丰乐亭的建造经过以及与滁州人共游之乐外，还描绘了滁州从战乱到和平的变迁，从而表达了生活安定来之不易，提醒人们居安思危，珍惜安定生活。

这篇散文，融记叙、议论、抒情和描写于一体，运用今昔对比的手法，在记叙中反复抒发感慨，写得很有感情。无论是记述还是描绘，全文都是围绕"乐"而写：建亭取名为"乐"，是思乐；与滁人共游为"乐"，是同乐。乐在亭中，乐在山川，乐在和平安定的岁月中。欧阳修体察民情，关心百姓疾苦，将滁州治理得井然有序，与百姓相处和谐，关系融洽，于是他才"乐其地僻而事简，又爱其俗之安闲"，能够与民忘情山水。"上之功德，休养生息，涵煦于百年之深也"，即这是国家的恩德。

欧阳修的散文，语言简洁，含义深远。全篇不足五百字，却多角度、深层次地写出了"丰乐亭"的"乐"意。

本篇名句

"使民知所以安此丰年之乐者,幸生无事之时也。"

使百姓知道他们能够安享丰收之乐,主要是有幸生在太平无事的年代。

醉翁亭记(欧阳修)

环滁皆山也。其西南诸峰,林壑尤美。望之蔚然而深秀者①,琅琊也。山行六七里,渐闻水声潺潺,而泻出于两峰之间者,酿泉也。峰回路转,有亭翼然临于泉上者②,醉翁亭也。作亭者谁?山之僧智仙也。名之者谁?太守自谓也。太守与客来饮于此,饮少辄醉,而年又最高,故自号曰醉翁也。醉翁之意不在酒,在乎山水之间也。山水之乐,得之心而寓之酒也。

若夫日出而林霏开,云归而岩穴暝,晦明变化者,山间之朝暮也。野芳发而幽香,佳木秀而繁阴③,风霜高洁,水落而石出者,山间之四时也。朝而往,暮而归,四时之景不同,而乐亦无穷也。

至于负者歌于涂,行者休于树,前者呼,后者应,伛偻提携④,往来而不绝者,滁人游也。临溪而渔,溪深而鱼肥;酿泉为酒,泉香而酒洌;山肴野蔌⑤,杂然而前陈者,太守宴也。宴酣之乐,非丝非竹,射者中,弈者胜,觥筹交错⑥,起坐而喧哗者,众宾欢也。苍颜白发,颓乎其中者,太守醉也。

已而夕阳在山,人影散乱,太守归而宾客从也。树林阴翳,鸣声上下,游人去而禽鸟乐也。然而禽鸟知山林之乐,而不知人之乐;人知从太守游而乐,而不知太守之乐其乐也。醉能同其乐,醒能述以文者,太守也。太守谓谁?庐陵欧阳修也⑦。

【注释】

①蔚:荟萃,聚集。蔚然:指树木茂盛。②翼然:像鸟展翅的样子。③秀:茂盛。④伛偻:弯腰驼背的样子。⑤蔌:菜。⑥觥筹:酒杯和酒令等。⑦庐陵:今江西吉安市。

美文共赏

　　本文是一篇千古传诵的游记,也是一篇具有积极思想意义的散文,具有很高的艺术性和思想性。文章主要叙述了欧阳修自己与游客在醉翁亭中畅饮的欢快情景和亭外变化多端的自然景色。表达了自己"与民同乐"的思想情怀和初见政绩之后的喜悦心情。

　　本文最大的特点就是写景和抒情的自然结合。写到亭子的远景,用"蔚然深秀"表现它的外观,又用"水声潺潺""峰回路转"表现它的姿态,使人产生赏心悦目之感。写晨昏景象之异,只用两句就概括殆尽:"日出而林霏开,云归而岩穴暝。"林、岩、晨气、暮霭,均是山间习见之物,以此下笔,切景切境。同时,"出""开"联属,"开"是"出"的后果;"归""暝"联属,"归"是"暝"的前提。动词的出神入化,互为因果,使变化着的山景逼真欲现,恍若在即。写亭的近景"有亭翼然",仅此一喻,亭的形状、风貌便画出来,活像鸟儿展翅,凌空欲飞。一幅幅生动的风景画从侧面显示出政治清明的景象,也表达了作者"与民同乐"的政治理想。像后世人们常用的觥筹交错、峰回路转、醉翁之意不在酒、水落石出、山肴野蔌均是出自本文的成语。

本篇名句

　　"然而禽鸟知山林之乐,而不知人之乐;人知从太守游而乐,而不知太守之乐其乐也。"

　　然而鸟儿只知道山林之乐,而不知人们的欢乐;人们知道同太守游山而欢乐,而不知道太守因他们的欢乐而欢乐啊。

秋声赋（欧阳修）

　　欧阳子方夜读书,闻有声自西南来者,悚然而听之①,曰:"异哉!"初淅沥以萧飒②,忽奔腾而砰湃。如波涛夜惊,风雨骤至。其触于物也,鏦鏦铮铮③,金铁皆鸣;又如赴敌之兵,衔枚疾走④,不闻号令,但闻人马之行声。予谓童子:"此何声也?汝出视之。"童子曰:"星月皎洁,明河在天⑤。四无人声,声在树间。"

予曰:"噫嘻,悲哉!此秋声也,胡为乎来哉!"盖夫秋之为状也,其色惨淡,烟霏云敛⑥;其容清明,天高日晶;其气栗冽,砭人肌骨⑦;其意萧条,山川寂寥。故其为声也,凄凄切切,呼号愤发。丰草绿缛而争茂⑧,佳木葱笼而可悦。草拂之而色变,木遭之而叶脱。其所以摧败零落者,乃一气之余烈。

"夫秋,刑官也,于时为阴;又兵象也,于行为金,是谓天地之义气⑨,常以肃杀而为心。天之于物,春生秋实,故其在乐也,商声主西方之音⑩,夷则为七月之律⑪。商,伤也,物既老而悲伤;夷,戮也;物过盛而当杀。

"嗟乎,草木无情,有时飘零。人为动物,惟物之灵,百忧感其心,万事劳其形,有动乎中,必摇其精。而况思其力之所不及,忧其智之所不能!宜其渥然丹者为槁木⑫,黟然黑者为星星⑬。奈何以非金石之质,欲与草木而争荣?念谁为之戕贼,亦何恨乎秋声?"

童子莫对,垂头而睡。但闻四壁虫声唧唧,如助予之叹息。

【注释】

①悚:恐惧。②淅沥:形容雨、雪、风等的声音。萧飒:风声。③鏦鏦铮铮:金属相击的声音。④衔枚:古代行军常令士兵口中横衔着一种形状像筷子的器具,防止喧哗,以免被敌人发觉。⑤明河:天河,银河。⑥霏:云气。⑦砭:刺。⑧缛:繁多,繁茂。⑨义气:刚正之气。⑩商:古乐五声之一。⑪夷则:古乐十二调之一。⑫渥:浓郁。丹:红色。⑬黟:黑色。

美文共赏

这是一篇借秋景来感怀人生,抒发惆怅心情的著名文赋。

此文最佳绝妙之处就是作者把秋色写得可见可闻,活灵活现。用一连串的比喻把秋声比作"波涛夜惊""风雨骤至""鏦鏦铮铮""金铁皆鸣""衔枚疾走"的人马声,通过这些恰当的比喻把难以捉摸的东西变得具体。

另外作者也巧妙地利用"听"的过程写秋声,由"初"到"忽",再到"触于物",写出了由远而近、由小到大、凭虚而来的撞击物体的秋声夜至的动态过程,突出了秋声变化的急剧和来势的猛烈。

全文从秋之色、容、气、意四个方面,把秋天的到来之后万物所呈现的风貌和秋之内在"气质"描绘得形象具体,把"秋"之威力作了生动的再现,让人如闻其声，如临其境。

文中把作者的"悚然"与童子的若无其事，作者的悲凉之感与童子的朴拙稚幼互相对比，这样对秋声的两种不同的感受相映成趣，也很富于意味。

作者由感慨自然而叹惋人生，借景抒写了对人事忧劳和与秋关联的音声情象的悲感，但最后"念谁为之戕贼，亦何恨乎秋声！"却转喻祸根在人。全篇把写景、抒情、记事、议论熔为一炉，浑然天成。语言流畅、声情并茂，是篇富于文采的佳作。

本篇名句

"人为动物，惟物之灵，百忧感其心，万事劳其形，有动乎中，必摇其精。而况思其力之所不及，忧其智之所不能！"

我们人类，本是万物之灵。百忧感其心，万事劳其形。心中常受激动，必定损伤精神，何况要思其力之所不及，忧其智之所不能？

祭石曼卿文^①（欧阳修）

维治平四年七月日，具官欧阳修^②，谨遣尚书都省令史李敭至于太清^③，以清酌庶羞之奠^④，致祭于亡友曼卿之墓下，而吊之以文曰：

呜呼曼卿！生而为英，死而为灵。其同乎万物生死，而复归于无物者，暂聚之形；不与万物共尽，而卓然其不朽者，后世之名。此自古圣贤莫不皆然，而著在简册者昭如日星。

呜呼曼卿！吾不见子久矣，犹能仿佛子之平生。其轩昂磊落，突兀峥嵘^⑤而埋藏于地下者，意其不化为朽壤，而为金玉之精。不然，生长松之千尺，产灵芝而九茎。奈何荒烟野蔓，荆棘纵横，风凄露下，走磷飞萤？但见牧童樵叟，歌吟而上下，与夫惊禽骇兽，悲鸣踯躅而咿嘤^⑥。今固如此，更千秋而万岁兮，安知其不穴藏狐貉与鼯鼪^⑦？此自古圣贤亦皆然兮，独不见夫累累乎旷野与荒城？

呜呼曼卿！盛衰之理，吾固知其如此，而感念畴昔，悲凉凄怆，不觉临风而陨涕者，有愧夫太上之忘情^⑧。

尚飨！

【注释】

①石曼卿：见《释秘演诗集序》。②维：发语词。具官：唐宋以后，在公文函牍或其他应酬文字上，常把应写明的官爵品级简写为"具官"。③太清：地名。④清酌：古代称祭祀用的酒。庶羞：多种佳肴。⑤轩昂：气度不凡。磊落：胸怀坦白，仪态俊伟。突兀峥嵘：本是形容山势的险峻，此处借以形容死者的气概非凡。⑥踯躅：徘徊不进。啁啾：象声词，形容鸟兽啼叫。⑦鼯：大飞鼠。鼪：黄鼠狼。⑧太上：指圣人。

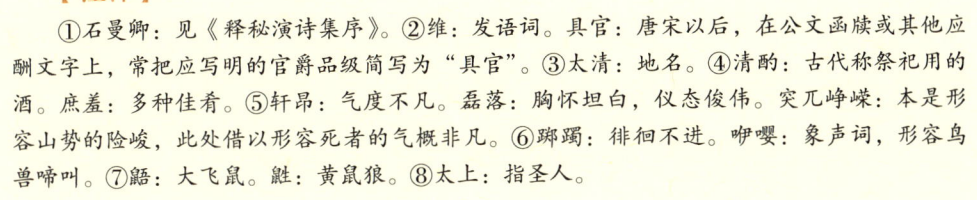

美文共赏

这是作者为悼念诗友石曼卿而写的一篇祭文。石曼卿为人豪爽，喜欢喝酒，工诗善书，但一生冷落不遇，中年即亡。作者十分怀念这位志同道合的朋友，文章避免了一般祭文的呆板格式，内容不是为死者作平生概括，而是通过三呼曼卿，先称赞其声名不朽，"少亦以气自豪，读书不治章句，独慕古人奇节伟行非常之功，视世俗屑屑无足动其意者"，惋其生前怀才不遇，悲其死后墓地凄凉，颂其身虽亡而名长存，以告慰亡灵。文章写得凄凉哀婉，荡气回肠。整篇祭文集描写、议论、抒情于一体，有回想、有感喟、有痛悼，感情低沉回转，作者对亡友的一片挚情笃意，不能不令人动容。全文采用辞赋形式，文句散中有骈，通篇押韵，更增强了文章的抒情性和感染力。

本篇名句

"生而为英，死而为灵。其同乎万物生死，而复归于无物者，暂聚之形；不与万物共尽，而卓然其不朽者，后世之名。"

生前既是英杰，死后必是神灵！那跟万物一样有生有死，而最后归于无物的境地的，是你由精气暂时聚合的身躯；那不跟万物同归于尽，而出类拔萃永垂不朽的，是你流传后世的名声。

管仲论（苏洵①）

管仲相威公，霸诸侯，攘夷狄，终其身齐国富强，诸侯不敢叛。管仲死，竖刁、易牙、开方用②，威公薨于乱，五公子争立③，其祸蔓延，讫简公④，齐无宁岁。夫功之成，非成于成之日，盖必有所由起；祸之作，不作于作之日，亦必有所由兆。故齐之治也，吾不曰管仲，而曰鲍叔⑤。及其乱也。吾不曰竖刁、易牙、开方，而曰管仲。何则？竖刁、易牙、开方三子，彼固乱人国者，顾其用之者，威公也。夫有舜而后知放四凶⑥，有仲尼而后知去少正卯⑦。彼威公何人也？顾其使威公得用三子者，管仲也。仲之疾也，公问之相。当是时也，吾意以仲且举天下之贤者以对。而其言乃不过曰：竖刁、易牙、开方三子，非人情，不可近而已。呜呼！仲以为威公果能不用三子矣乎？仲与威公处几年矣，亦知威公之为人矣乎？威公声不绝于耳，色不绝于目，而非三子者则无以遂其欲。彼其初之所以不用者，徒以有仲焉耳。一日无仲，则三子者可以弹冠而相庆矣。仲以为将死之言可以絷威公之手足耶⑧？夫齐国不患有三子，而患无仲。有仲，则三子者，三匹夫耳。不然，天下岂少三子之徒哉？虽威公幸而听仲，诛此三人，而其余者，仲能悉数而去之耶？呜呼！仲可谓不知本者矣。因威公之问，举天下之贤者以自代，则仲虽死，而齐国未为无仲也。夫何患三子者？不言可也。

五伯莫盛于威、文⑨。文公之才，不过威公，其臣又皆不及仲。灵公之虐⑩，不如孝公之宽厚。文公死，诸侯不敢叛晋，晋袭文公之余威，犹得为诸侯之盟主百余年。何者？其君虽不肖，而尚有老成人焉。威公之薨也，一败涂地，无惑也，彼独恃一管仲，而仲则死矣。

夫天下未尝无贤者，盖有有臣而无君者矣。威公在焉，而曰天下不复有管仲者，吾不信也。仲之书，有记其将死，论鲍叔、宾胥无之为人，且各疏其短。是其心以为数子者皆不足以托国。而又逆知其将死，则其书诞谩不足信也⑪。吾观史䲡⑫，以不能进蘧伯玉，而退弥子瑕，故有身后之谏。萧何且死，举曹参以自代⑬。大臣之用心，固宜如此也。夫国以一人兴，以一人亡。贤者不悲其身之死，而忧其国之衰，故必复有贤者，而后可以死。彼管仲者，何以死哉？

【注释】

①苏洵（1009—1066）：字明允，号老泉，眉州眉山（今属四川）人，相传他二十七岁始发愤读书，四十七岁才成名，与其子苏轼、苏辙同列唐宋八大家。做过小官，有《嘉祐集》。②竖刁：自宫以侍桓公。易牙：善烹调，曾烹子为羹以献桓公。开方：背亲以事桓公。③五公子：齐桓公有子十余人，得君位者五人。无诡立三月被杀，继位的有孝公（10年）、昭公（20年）、懿公（4年）、惠公（10年）。④简公：齐简公，公元前484年立，上距齐桓公之死约160年。⑤鲍叔：齐大臣，管仲本齐桓公之仇，因鲍叔力荐而重用。⑥四凶：尧时共工、驩（huān）兜、三苗、鲧。⑦少正卯：春秋时鲁人。聚徒讲学，传说孔子任鲁司寇，三月即诛少正卯。⑧絷：拴，捆。⑨五伯：五霸。春秋时先后称霸的五个诸侯，以齐桓、晋文为最。

⑩灵公：晋灵公，晋文公的少子，暴虐，在位14年被杀。⑪诞谩：荒诞。⑫史鰌：春秋时卫国大夫。身后不成礼，卫君闻之感悟，退弥子瑕而用蘧伯玉。⑬萧何：汉初丞相，死后由曹参继任，一切遵照萧何原定制度，世称"萧规曹随"。

美文共赏

本文是对春秋时期著名政治家管仲的评论。文章先叙述了"管仲相威公，霸诸侯，攘夷狄"的不朽业绩，后述管仲死后竖刁等三佞乱政，五公子争位，"齐无宁岁"的灾祸，由此说明贤者死时不能推荐贤人代替自己位置，因而给小人以可乘之机，留下齐国内乱的祸根。通过分析，作者进一步强调了"荐贤"对于国家政治安定强盛的重要作用，这种举贤任能的观点，不失为一种卓越的见解，具有深远的意义，发人深省。这篇史论层层推进，层层翻驳，文句得当警策，新意频出无尽，显示了苏洵严密的逻辑思维和独到见解。

本篇名句

"夫功之成，非成于成之日，盖必有所由起；祸之作，不作于作之日，亦必有所由兆。"

功业的成就，并非成于成功之日，必定有它的起因；灾祸的发生，也非生于发生之日，必定有它的先兆。

辨奸论（苏洵）

事有必至，理有固然。惟天下之静者，乃能见微而知著。月晕而风，础润而雨①，人人知之。人事之推移，理势之相因，其疏阔而难知，变化而不可测者，孰与天地阴阳之事？而贤者有不知，其故何也？好恶乱其中，而利害夺其外也。

昔者，山巨源见王衍②曰："误天下苍生者，必此人也。"郭汾阳见卢杞③，曰："此人得志，吾子孙无遗类矣。"自今而言之，其理固有可见者。以吾观之，王衍之为人，容貌言语，固有以欺世而盗名者，然不忮不求④，与物浮沉。使晋无惠帝⑤，仅得中主，虽衍百千，何从而乱天下乎？卢杞之奸，固足以败国，然而不学无文，容貌不足以动人，言语不足以眩世，非德宗之鄙暗⑥，亦何从而用之？由是言之，二公之料二子，亦容有未必然也⑦。

今有人，口诵孔、老之言，身履夷、齐之行，收召好名之士、不得志之人，相与造作言语，私立名字，以为颜渊、孟轲复出，而阴贼险狠，与人异趣。是王衍、卢杞合而为一人也，其祸岂可胜言哉？夫面垢不忘洗，衣垢不忘浣，此人之至情也。今也不然，衣臣虏之衣，食犬彘之食，囚首丧面，而谈诗书⑧，此岂其情也哉？凡事之不近人情者，鲜不为大奸慝⑨，竖刁、易牙、开方是也。以盖世之名，而济其未形之患，虽有愿治之主，好贤之相，犹将举而用之。则其为天下患，必然而无疑者，非特二子之比也。

孙子曰："善用兵者，无赫赫之功。"使斯人而不用也，则吾言为过，而斯人有不遇之叹，孰知祸之至于此哉？不然，天下将被其祸，而吾获知言之名。悲夫！

【注释】

①础：柱子底下的石墩。②山巨源：山涛，西晋名士。王衍：西晋大臣，少年才华出众，晋代清谈之风，由他创始。后任宰相，处乱世而专图自保，为石勒俘获，被杀。③郭汾阳：唐代名将郭子仪，封汾阳郡王。卢杞：唐奸相，陷害忠良，搜刮民财，后死于贬所。④不忮（zhì）不求：不忌妒，不贪求。⑤晋惠帝：白痴，闻百姓饿死，问何不食肉糜。⑥唐德宗：在位二十五年，局势日坏。曾问左右："人皆言卢杞奸邪，朕独不觉，何也？"⑦容：或许。⑧囚首丧（sāng）面：不梳头，不洗脸，像个囚犯，像居丧。此指王安石。⑨慝（tè）：邪恶。

【美文共赏】

据前人考证，这篇文章是南宋道学家为攻击王安石而假托苏洵之名而写的，其真伪学术界一直没有定论。文中反映了苏洵思想的局限性，但是就其艺术特色来说，有很多可圈可点之处。

全文都是围绕着"误天下苍生者必此人也"展开论述的，中心是强调"辨奸"。文章先把"事有必至，理有固然"，万事均可"见微而知著"的预测规律，作为立论基础。然后以山巨源预见王衍、郭子仪预见卢杞为例证，类比王安石"衣臣虏之衣，食犬彘之食，囚首丧面而谈诗书"的行为"不近人情"，进而推导出王安石得志必为奸臣、为害国家的结论。

从一个人的衣着、生活习惯的"不近人情"，就断定将来必为大奸，有点牵强附会。但是不论苏洵对王安石的看法多么偏激，从本文总体来看，并不是在发泄个人私愤，而是在为天下思虑。全文观点鲜明，中心突出，结构谨严，文笔畅达，有苏洵散文所特有的雄辩风格。

本篇名句

"事有必至，理有固然。惟天下之静者，乃能见微而知著。月晕而风，础润而雨，人人知之。"

事情有它必定会达到的地步，道理有它本该如此的规律。天下只有那头脑冷静的人，才能够看到一点苗头，就可预见到明显的后果。月亮周围起了晕，就会刮风；柱子底下的基石潮湿，就会下雨，这是人人都知道的自然现象。

张益州画像记[①]（苏洵）

至和元年秋，蜀人传言有寇至边。边军夜呼，野无居人。妖言流闻，京师震惊。方命择帅，天子曰："毋养乱，毋助变，众言朋兴，朕志自定。外乱不足，变且中起。既不可以文令，又不可以武竞，惟朕一二大吏。孰为能处兹文、武之间，其命往抚朕师。"乃推曰："张公方平其人。"天子曰："然。"公以亲辞，不可，遂行。冬十一月，至蜀。至之日，归屯军，撤守备。使谓郡县："寇来在吾，无尔劳苦。"明年正月朔旦，蜀人相庆如他日，遂以无事。又明年正月，相告留公像于净众寺，公不能禁。

眉阳苏洵言于众曰："未乱易治也，既乱易治也。有乱之萌，无乱之形，是谓将乱。将乱难治。不可以有乱急，亦不可以无乱弛。惟是元年之秋，如器之欹，未坠于地[2]。惟尔张公，安坐于其旁，颜色不变，徐起而正之。既正，油然而退，无矜容。为天子牧小民不倦，惟尔张公。尔繄以生[3]，惟尔父母。且公尝为我言：'民无常性，惟上所待。人皆曰蜀人多变，于是待之以待盗贼之意，而绳之以绳盗贼之法。重足屏息之民，而以砧斧令[4]，于是民始忍以其父母妻子之所仰赖之身，而弃之于盗贼，故每每大乱。夫约之以礼，驱之以法，惟蜀人为易。至于急之而生变，虽齐、鲁亦然。吾以齐、鲁待蜀人，而蜀人亦自以齐、鲁之人待其身。若夫肆意于法律之外，以威劫齐民，吾不忍为也。'呜呼！爱蜀人之深，待蜀人之厚，自公而前，吾未始见也。"皆再拜稽首曰："然。"

苏洵又曰："公之恩在尔心，尔死，在尔子孙。其功业在史官，无以像为也。且公意不欲。如何？"皆曰："公则何事于斯？虽然，于我心有不释焉。今夫平居闻一善，必问其人之姓名，与其邻里之所在，以至于其长短、小大、美恶之状，甚者或诘其平生所嗜好，以想见其为人。而史官亦书之于其传，意使天下之人，思之于心，则存之于目。存之于目，故其思之于心也固。由此观之，像亦不为无助。"苏洵无以诘，遂为之记。

公南京人[5]，为人慷慨有大节，以度量雄天下。天下有大事，公可属。系之以诗曰：

天子在祚[6]，岁在甲午。西人传言，有寇在垣。庭有武臣，谋夫如云。天子曰嘻，命我张公。公来自东，旗纛舒舒。西人聚观，于巷于涂。谓公暨暨[7]，公来于于。公谓西人："安尔室家，无敢或訛。訛言不祥，往即尔常。春尔条桑，秋尔涤场。"西人稽首，公我父兄。公在西囿，草木骈骈[8]。公宴其僚，伐鼓渊渊。西人来观，祝公万年。有女娟娟，闺闼闲闲。有童哇哇，亦既能言。昔公未来，期汝弃捐。禾麻芃芃[9]，仓庾崇崇。嗟我妇子，乐此岁丰。公在朝廷，天子股肱。天子曰归，公敢不承？作堂严严，有庑有庭。公像在中，朝服冠缨。西人相告，无敢逸荒。公归京师，公像在堂。

【注释】

①张益州：指张方平（1007—1092），曾以吏部侍郎知益州。他善理财，两任三司使，主持中央财政，有人将其列入中国古代"十大理财家"。此事在宋仁宗至和元年（1062年）。②欹：倾斜。③繄：惟，是。④重足：叠足而立，恐惧不敢前进。屏息：不敢出大气。砧：古代腰斩时用的垫板。⑤南京：今河南商丘市，因赵匡胤称帝之前曾在那里做节度使。⑥祚：皇位。⑦暨暨：果敢坚决的样子。于于：行动舒缓自得的样子。⑧骈骈：繁茂的样子。⑨芃芃：茂密繁盛的样子。

美文共赏

本文是苏洵对张方平治理益州政绩的追述。文章极力赞扬了张方平在混乱的局面中,沉着冷静,以仁爱待人,恰当地平息了一场可能发生的动乱,成功地缓和了动荡的局势。同时也抒写了益州人民对张方平的怀念之情,使一个封建社会的循吏形象跃然纸上。

文章前一部分叙事,文辞简洁,着力渲染环境气氛来突出张方平的治绩;在此基础上展开议论,在对话中巧设问答,点明画像的由来及其用意;后一部分又用四言诗为他高唱颂歌。

全文叙事简明,用笔刚健;议论一问一答,深入具体;颂辞华贵典雅。三者有机结合,构成了这篇庄重堂皇的歌颂文章。本文是苏洵杂记体,记叙文的代表作。

本篇名句

"未乱易治也,既乱易治也。有乱之萌,无乱之形,是谓将乱。将乱难治。"

祸乱未生,治理不难;祸乱已生,治理也易。有乱才萌,无乱之形,这是将乱,最伤脑筋。

范增论① (苏轼)

汉用陈平计,间疏楚君臣。项羽疑范增与汉有私,稍夺其权。增大怒曰:"天下事大定矣,君王自为之,愿赐骸骨归卒伍②。"归未至彭城,疽发背死③。

苏子曰:增之去善矣。不去羽必杀增,独根其不早耳。然则当以何事去?增劝羽杀沛公④,羽不听,终以此失天下,当于是去耶?曰:否。增之欲杀沛公,人臣之分也。羽之不杀,犹有君人之度也。增曷为以此去哉?《易》曰:"知幾其神乎⑤!"《诗》曰:"相彼雨雪,先集维霰⑥。"增之去,当于羽杀卿子冠军时也⑦。

　　陈涉之得民也⑧，以项燕、扶苏。项氏之兴也，以立楚怀王孙心。而诸侯叛之也，以弑义帝⑨。且义帝之立，增为谋主矣。义帝之存亡，岂独为楚之盛衰，亦增之所与同祸福也。未有义帝亡，而增独能久存者也。羽之杀卿子冠军也，是弑义帝之兆也。其弑义帝，则疑增之本也，岂必待陈平哉？物必先腐也，而后虫生之；人必先疑也，而后谗入之。陈平虽智，安能间无疑之主哉？吾尝论义帝天下之贤主也。独遣沛公入关，不遣项羽；识卿子冠军于稠人之中，而擢以为上将。不贤而能如是乎？羽既矫杀卿子冠军，义帝必不能堪。非羽弑帝，则帝杀羽。不待智者而后知也。增始劝项梁立义帝，诸侯以此服从；中道而弑之，非增之意也。夫岂独非其意，将必力争而不听也。不用其言而杀其所立，羽之疑增，必自是始矣。

　　方羽杀卿子冠军，增与羽比肩而事义帝，君臣之分未定也。为增计者，力能诛羽则诛之，不能则去之，岂不毅然大丈夫也哉？增年已七十，合则留，不合则去。不以此时明去就之分，而欲依羽以成功名，陋矣！虽然，增，高帝之所畏也。增不去，项羽不亡。呜呼！增亦人杰也哉！

【注释】

　　①范增（公元前277—公元前204）秦末居巢（今巢湖市）人，为项羽主要谋士，被项羽尊为"亚父"。在鸿门宴上多次示意项羽杀刘邦，终未获成功。原因是陈平使离间计，使其被项羽猜忌，范增辞官归里，途中病死。②骸骨：身体的代称。古代臣子事君，看作是以身许人。愿赐骸骨，意即辞官引退。伍：古代乡里的基层组织。愿赐骸骨：意即请求辞官引退。③疽：一种毒疮。④沛公：即刘邦，因在沛县起义，大家推举他为沛县令，故称沛公。⑤知几其神乎：见《周易·系辞下》。几："动之微，吉之先见者也。"⑥霰：俗称软雹，常于大雪前阵性降落。⑦卿子冠军：指秦末起义军将领宋义，统兵北伐，中途停顿不前，为项羽所杀。⑧陈涉：即陈胜。陈胜起义时曾借用项燕和扶苏的名义。项燕是楚国大将，扶苏是秦始皇长子，被秦二世杀害。⑨义帝：楚怀王孙，名心。项梁起兵反秦时，立为王。后项羽尊他为义帝，又暗杀之。

美文共赏

　　范增先后为项梁、项羽的重要谋士，被项羽尊为亚父。刘邦的谋士陈平施反间计，离间项羽与谋臣范增的关系，使得范增离开项羽。本文就是对这件史事展开的一篇评论。

文章先简述范增离开项羽的事实经过，接着就在赞同范增应该离开的基础上，进而提出的中心论点：范增离开项羽的最佳时机应在项羽杀卿子冠军的时候；然后就义帝、范增、卿子冠军三人的关系，推论项羽杀义帝是疑心范增的根源；最后批评范增没有适时退身。文章主旨在于以范增为例，论证封建士大夫应掌握处世原则和进退时机。文中这种论述，有事实、有设想，有正写、有反写，环环相扣、层层深入，多方论证、起伏跌宕，加之语言的简明畅达，使其文章逻辑性和论辩力很强。

苏轼自幼"好观前世盛衰之迹，与其一时风俗之变"，因而具有开阔的眼界和广博的历史知识。他的史论文章惯于从旧史料中翻新出奇，常能广搜遗文，博采史事，反复剖析，多方论证，具有很强的说服力。《范增论》就是这样一篇艺术上值得称道的史论佳作。

本篇名句

"物必先腐也，而后虫生之。人必先疑也，而后谗入之。"

物必先腐而后虫生，人必自己先有疑心，然后人家才进谗言。

留侯论（苏轼）

古之所谓豪杰之士，必有过人之节①，人情有所不能忍者。匹夫见辱，拔剑而起，挺身而斗，此不足为勇也。天下有大勇者，卒然临之而不惊②，无故加之而不怒，此其所挟持者甚大，而其志甚远也。

夫子房受书于圯上之老人也③，其事甚怪。然亦安知其非秦之世有隐君子者，出而试之？观其所以微见其意者，皆圣贤相与警戒之义，而世不察，以为鬼物，亦已过矣。且其意不在书。当韩之亡，秦之方盛也，以刀锯鼎镬待天下之士④，其平居无罪夷灭者不可胜数。虽有贲、育⑤，无所获施。夫持法太急者，其锋不可犯，而其势未可乘。子房不忍忿忿之心，以匹夫之力，而逞于一击之间⑥。当此之时，子房之不死者，其间不能容发，盖亦危矣。

千金之子⁷，不死于盗贼。何者？其身可爱，而盗贼之不足以死也。子房以盖世之才，不为伊尹、太公之谋，而特出于荆轲、聂政之计，以侥幸于不死，此圯上老人之所为深惜者也。是故倨傲鲜腆而深折之⁸。彼其能有所忍也，然后可以就大事。故曰"孺子可教也"。

楚庄王伐郑，郑伯肉袒牵羊以迎⁹。庄王曰："其主能下人，必能信用其民矣。"遂舍之。句践之困于会稽，而归臣妾于吴者，三年而不倦。且夫有报人之志，而不能下人者，是匹夫之刚也。

夫老人者，以为子房才有余而忧其度量之不足，故深折其少年刚锐之气，使之忍小忿而就大谋。何则？非有平生之素，卒然相遇于草野之间，而命以仆妾之役，油然而不怪者，此固秦皇之所不能惊，而项籍之所不能怒也。

观夫高祖之所以胜，而项籍之所以败者，在能忍与不能忍之间而已矣。项籍唯不能忍，是以百战百胜，而轻用其锋；高祖忍之，养其全锋而待其敝，此子房教之也。当淮阴破齐⑩而欲自王，高祖发怒，见于词色。由是观之，犹有刚强不能忍之气，非子房其谁全之！

太史公疑子房以为魁梧奇伟，而其状貌乃如妇人女子，不称其志气⑪。呜呼！此其所以为子房欤！

【注释】

①节：气节，操守。②卒：同"猝"，突然。③圯桥：故址在今江苏睢宁北。相传张良遇黄石公于圯上，老人故意折辱他，他都忍气顺从，遂授以兵书，说："读此可为王者师。"④镬：一种烹饪器具，形似大鼎而无足。古代有以鼎镬烹人的酷刑。⑤贲、育：古代勇士孟贲、夏育。⑥一击之间：张良曾与刺客同在博浪沙狙击秦始皇，误中副车。⑦千金之子：指富贵人家子弟。⑧鲜腆：无礼。⑨肉袒：脱衣露体，表示谢罪。事见《左传》。⑩当淮阴破齐：淮阴指韩信，他平定齐地时，请求刘邦封他为"假王"。刘邦当时处境危急，因此发怒，经张良提醒，乃封韩信为齐王，使其出兵攻灭项羽。⑪称：适合，相当。

美文共赏

本文是苏轼在二十五岁为应制科考试而呈上的《进论》之一。

根据《史记·留侯世家》所记张良圯下受书及辅佐刘邦统一天下的事例，论证了"忍小忿而就大谋""养其全锋而待其敝"的策略的重要性。文章开篇即亮出了"文眼"："天下有大勇者，卒然临之而不惊，无故加之而不怒，此其所挟持者甚大，而其志甚远也。"这句话凝结了青年苏轼对世事人生波折的经验，然后文章以"忍"字为纲，明写留侯之忍，实际上是以古喻今，告诫自己不能锋芒太露，面对复杂人生，只有隐忍才能成就大业。作者广征史实，不仅引用了郑伯肉袒迎楚、勾践卧薪尝胆等善于隐忍的正面典型，而且引项羽、韩信等不善于隐忍的反面典型，从正反两方面加以论证发挥。文章结构首尾呼应，文笔纵横捭阖，行文雄辩而富有气势，体现了苏轼史论汪洋恣肆的风格，显示了苏轼杰出的文学才华，千百年来成为立论文章的典范。

本篇名句

"天下有大勇者，卒然临之而不惊，无故加之而不怒，此其所挟持者甚大，而其志甚远也。"

天下真正具有豪杰气概的人，遇到突发的情形毫不惊慌，当无故受到别人侮辱时，也不愤怒。这是因为他们胸怀极大的抱负，志向非常高远。

贾谊论（苏轼）

非才之难，所以自用者实难。惜乎！贾生，王者之佐，而不能自用其才也。夫君子之所取者远，则必有所待；所就者大，则必有所忍。古之贤人，皆负可致之才，而卒不能行其万一者，未必皆其时君之罪，或者其自取也。

愚观贾生之论，如其所言，虽三代何以远过？得君如汉文，犹且以不用死。然则是天下无尧、舜，终不可有所为耶？仲尼圣人，历试于天下，苟非大无道之国，皆欲勉强扶持，庶几一日得行其道①。将之荆②，先之以冉有，申之以子夏，君子之欲得其君，如此其勤也。孟子去齐③，三宿而后出昼，犹曰："王其庶几召我。"君子之不忍弃其君，如此其厚也。公孙丑问曰："夫子何为不豫④？"孟子曰："方今天下，舍我其谁哉⑤？而吾何为不豫？"君子之爱其身，如此其至也。夫如此而不用，然后知天下果不足与有为，而可以无憾矣。若贾生者，非汉文之不能用生，生之不能用汉文也。

夫绛侯亲握天子玺而授之文帝，灌婴连兵数十万⑥，以决刘、吕之雌雄，又皆高帝之旧将，此其君臣相得之分，岂特父子骨肉手足哉？贾生，洛阳之少年，欲使其一朝之间，尽弃其旧而谋其新，亦已难矣。为贾生者，上得其君，下得其大臣，如绛、灌之属，优游浸渍而深交之，使天子不疑，大臣不忌，然后举天下而唯吾之所欲为，不过十年，可以得志。安有立谈之间，而遽为人"痛哭"哉⑦！观其过湘为赋以吊屈原，萦纡郁闷，趯然有远举之志⑧。其后以自伤哭泣⑨，至于夭绝。是亦不善处穷者也。夫谋之一不见用，则安知终不复用也？不知默默以待其变，而自残至此。呜呼！贾生志大而量小，才有余而识不足也。

古之人，有高世之才，必有遗俗之累⑩。是故非聪明睿智不惑之主，则不能全用。古今称苻坚得王猛于草茅之中⑪，一朝尽斥去其旧臣，而与之谋。彼其匹夫略有天下之半，其以此哉！愚深悲生之志，故备论之。亦使人君得如贾生之臣，则知其有狷介之操⑫，一不见用，则忧伤病沮，不能复振，而为贾生者，亦谨其所发哉！

【注释】

①庶几：也许可以。②将之荆：将要到楚国去。③孟子去齐：孟轲因齐宣王不用他的主张而离去，在齐国边境的昼邑住了三晚，希望宣王召回他。④豫：愉快。⑤舍我其谁：孟子去齐时曾说：如果想使天下太平，在今天除我以外还有谁呢？⑥绛侯：周勃，封绛侯。吕后死，他诛除诸吕，夺回兵权，迎立汉文帝。灌婴：与周勃共同诛除诸吕。⑦痛哭：贾谊上治安策，认为当时局势有可痛哭者一，可流涕者二，可长叹息者六。⑧趯：跳跃，飘然远引。⑨其后：贾谊后为梁王太傅。梁王坠马死，贾谊悲伤而死，年仅三十二岁。⑩遗俗之累：指世俗难以理解的情况。⑪苻坚：十六国时期的前秦君主，起用平民王猛，统一北方。⑫狷介：孤高，洁身自好。

美文共赏

这是苏轼应制科考试所献二十五篇《进论》之一。历来评论贾谊，大都归罪大臣的排挤和汉文帝不能用人。苏轼力排众议，认为主要是由于贾谊"不能自用其才""志大而量小，才有余而识不足""不善处穷"和不知"待"与"忍"，才造成他的悲剧结局。末尾又以苻坚用王猛为例，主张人君应当爱惜人才，让人才充分发挥作用。文章论说得相当全面。

作者论贾谊，一是告诫有志之士应胸怀开阔，学会等待和利用时机，从而实现自己的抱负；二在提醒为人君者对贾谊这样的人重用。文中提出的观点颇有见地，发人深省。文章立论新颖高远，论述旁征博引，正反对比，设身处地，析理详明，又笔带感情，文气贯通，是历代传诵的名篇。

> **本篇名句**
>
> "夫君子之所取者远,则必有所待;所就者大,则必有所忍。"
>
> 君子的目标放得远,就必须有所等待;事业要做得大,就必须有所忍耐。

晁错论①（苏轼）

天下之患,最不可为者,名为治平无事,而其实有不测之忧。坐观其变,而不为之所②,则恐至于不可救。起而强为之,则天下狃于治平之安③,而不吾信。惟仁人君子豪杰之士,为能出身为天下犯大难,以求成大功。此固非勉强期月之间④,而苟以求名之所能也。天下治平,无故而发大难之端。吾发之,吾能收之,然后有辞于天下。事至而循循焉欲去之⑤,使他人任其责,则天下之祸,必集于我。

昔者晁错尽忠为汉,谋弱山东之诸侯。山东诸侯并起,以诛错为名。而天子不之察,以错为之说。天下悲错之以忠而受祸,不知错有以取之也。

古之立大事者,不惟有超世之才,亦必有坚忍不拔之志。昔禹之治水,凿龙门,决大河,而放之海。方其功之未成也,盖亦有溃冒冲突可畏之患。惟能前知其当然,事至不惧而徐为之图,是以得至于成功。夫以七国之强,而骤削之,其为变岂足怪哉?错不于此时捐其身,为天下当大难之冲,而制吴、楚之命,乃为自全之计,欲使天子自将而己居守。且夫发七国之难者谁乎?己欲求其名,安所逃其患?以自将之至危,与居守之至安,己为难首,择其至安,而遗天子以其至危,此忠臣义士所以愤怨而不平者也。当此之时,虽无袁盎⑥,亦未免于祸。何者?己欲居守,而使人主自将,以情而言,天子固已难之矣,而重违其议,是以袁盎之说得行于其间。使吴、楚反,错以身任其危,日夜淬砺⑦,东向而待之,使不至于累其君,则天子将恃之以为无恐。虽有百盎,可得而间哉?

嗟夫!世之君子欲求非常之功,则无务为自全之计。使错自将而讨吴、楚,未必无功。惟其欲自固其身,而天子不悦,奸臣得以乘其隙。错之所以自全者,乃其所以自祸欤!

【注释】

①晁错（前200—前154），西汉政治家、政论家。颍川（今河南南禹县）人。早年学申商刑名之学，后以通晓文献大典故任太常掌故。景帝即位，任内史，迁御史大夫。吴楚七国叛乱时，他为政敌袁盎等所谗害，终于被杀。晁错文三十一篇，今存者不到十篇，以《论贵粟疏》《守边劝农疏》《言兵事疏》为最有名，论述关于经济兵事、边防等问题，主张守边备塞，劝农力本，广积粮食。其文论事说理，切中要害，分析利弊，具体透彻，唯文采略逊于贾谊。②所：处所。这里指解决问题的措施。③狃（niǔ）：习以为常。④期（jī）月：一个月。这里泛指短时期。⑤偱偱：徐徐。⑥袁盎：西汉大臣，陷害晁错以报私仇。⑦淬：把刀烧红入水，使之坚硬。砺：把刀磨快。

美文共赏

晁错在汉景帝时为御史大夫，曾提出"削藩"的建议，由于七国的压力和袁盎等人的谗言，景帝诛杀了晁错。对于此事，苏轼翻空出奇，以独特的视角总结了这一历史教训，阐述了晁错受祸，既有天子失察等外在原因，更有晁错咎由自取的主观原因。提出了仁人君子、豪杰之士应"出身为天下犯大难，以求成功"的主张。"欲求非常之功，则无务为自全之计"，这一历史教训值得后人重视。

本文议论纵横，雄辩滔滔，有理论，有事实，正反论证，见解新颖，笔势纵横，显示出作者超人的韬略、宏大的气魄、非凡的睿智。

本篇名句

"世之君子欲求非常之功，则无务为自全之计。"

世上的君子如果要建立非凡的功业，就不要只考虑如何保全自己。

卷十一 宋元文

上梅直讲书① （苏轼）

轼每读《诗》至《鸱鸮》，读《书》至《君奭》，常窃悲周公之不遇②。及观《史》，见孔子厄于陈、蔡之间，而弦歌之声不绝，颜渊、仲由之徒相与问答。夫子曰："'匪兕匪虎，率彼旷野③。'吾道非耶？吾何为于此？"颜渊曰："夫子之道至大，故天下莫能容。虽然，不容何病？不容然后见君子。"夫子油然而笑曰："回，使尔多财，吾为尔宰④。"夫天下虽不能容，而其徒自足以相乐如此。乃今知周公之富贵，有不如夫子之贫贱。夫以召公之贤，以管、蔡之亲，而不知其心，则周公谁与乐其富贵？而夫子之所与共贫贱者，皆天下之贤才，则亦足以乐乎此矣。

轼七、八岁时，始知读书，闻今天下有欧阳公者，其为人如古孟轲、韩愈之徒。而又有梅公者从之游，而与之上下其议论。其后益壮，始能读其文词，想见其为人。意其飘然脱去世俗之乐，而自乐其乐也。方学为对偶声律之文，求升斗之禄，自度无以进见于诸公之间。来京师逾年，未尝窥其门。

今年春，天下之士群至于礼部，执事与欧阳公实亲试之⑤。轼不自意获在第二。既而闻之，执事爱其文，以为有孟轲之风，而欧阳公亦以其能不为世俗之文也而取，是以在此。非左右为之先容⑥，非亲旧为之请属，而向之十余年间闻其名而不得见者，一朝为知己。退而思之，人不可以苟富贵，亦不可以徒贫贱。有大贤焉而为其徒，则亦足恃矣。苟其侥一时之幸，从车骑数十人，使闾巷小民聚观而赞叹之，亦何以易此乐也！

传曰："不怨天，不尤人⑦"，盖"优哉游哉，可以卒岁⑧"。执事名满天下，而位不过五品，其容色温然而不怒，其文章宽厚敦朴而无怨言。此必有所乐乎斯道也，轼愿与闻焉。

【注释】

①梅直讲：指梅尧臣。直讲：学官名。参见卷十《梅圣俞诗集序》。②鸱鸮：猫头鹰。《鸱鸮》一诗，旧说是周公向成王表白心迹。君奭：《尚书》篇名，周公向召公表白、劝解之词。③匪：同"非"。兕：犀牛之类的野兽。④宰：管家。⑤执事：敬称，不直指对方，而指其左右办事人员。⑥先容：事先致意，介绍推荐。⑦语见《论语·宪问》。⑧语见《左传》襄公二十一年。

美文共赏

苏轼进士及第，他的文章深受主考官欧阳修和编排官梅尧臣的赏识。本文是苏轼考中之后写给梅尧臣的信。信的主旨是"士遇知己而乐"。信中援引史实，把周公和孔子相互比较，由此说明只有同道知己才能相乐的道理。又以孔子与其弟子来比拟欧、梅与自己的关系，热烈地推崇他们，充分地表达了士遇知己的快乐以及自己内心高远的抱负。整封信围绕着知己相乐的论点，层层铺展，前后呼应，而作者对欧、梅的敬仰之情也跃然纸上。

文章谈古论今，直抒胸臆，用衬托的手法来叙写人物，使所赞颂之人形象倍增高大之感，显得气度不凡。作者表述私人感情，却能写得超尘脱俗，富有韵致，既有词采，又意境深远。

本篇名句

"人不可以苟富贵，亦不可以徒贫贱。有大贤焉而为其徒，则亦足恃矣。"

人不能够苟且追求富贵，也不能够空守着贫贱。有大贤人而能成为他的学生，那也很值得自负了。

喜雨亭记（苏轼）

亭以雨名，志喜也。古者有喜，则以名物，示不忘也。周公得禾，以名其书；汉武得鼎，以名其年；叔孙胜敌，以名其子①。其喜之大小不齐，其示不忘一也。予至扶风之明年②，始治官舍。为亭于堂之北，而凿池其南，引流种树，以为休息之所。是岁之春，雨麦于岐山之阳，其占为有年。既而弥月不雨，民方以为忧。越三月，乙卯乃雨，甲子又雨，民以为未足。丁卯大雨，三日乃止。官吏相与庆于庭，商贾相与歌于市，农夫相与忭于野③，忧者以喜，病者以愈，而吾亭适成。

于是举酒于亭上，以属客而告之，曰："五日不雨可乎？曰：'五日不雨则无麦。'十日不雨可乎？曰：'十日不雨则无禾。'无麦无禾，岁且荐饥④，狱讼繁兴而盗贼滋炽。则吾与二三子，虽欲优游以乐于此亭⑤，其可得耶？今天不遗斯民，始旱而赐之以雨，使吾与二三子得相与优游而乐于此亭者，皆雨之赐也。其又可忘耶？"

既以名亭，又从而歌之，曰："使天而雨珠，寒者不得以为襦⑥；使天而雨玉，饥者不得以为粟。一雨三日，伊谁之力？民曰太守。太守不有，归之天子。天子曰不然，归之造物⑦，造物不自以为功，归之太空。太空冥冥⑧，不可得而名。吾以名吾亭。"

【注释】

①周公得禾：所得为一株特异的禾，因作《嘉禾》，已佚。汉武得鼎：公元前117年，汾水发现宝鼎，次年改年号为元鼎。叔孙胜敌：春秋的鲁大夫叔孙得臣击败狄军，获其首领侨如，因名其子为侨如。②扶风：汉代郡名，此指凤翔府，今陕西宝鸡市东，苏轼时任凤翔判官。③忭：喜乐。④荐饥：连年饥荒。⑤优游：叠韵联绵字，从容不迫的样子。⑥襦：短衣。⑦造物：造物主。⑧冥冥：渺茫。

美文共赏

苏轼到凤翔府供职后的第二年，当地整整一个月没有下雨，旱情显现。恰逢喜降春雨，于是给新建的亭子命名为"喜雨亭"。本文即记述此事，表达人们久旱逢雨的喜悦，反映了作者重农、重民的仁政思想。

用散文的形式写作喜雨，在文学史上并不多见。因此，苏轼的这篇散文《喜雨亭记》就显得十分突出。而最为可贵的是这篇散文自身具有很高的艺术价值，有许多令人品味的地方。

文章用了"喜"字，来说明人对于雨的感受和评论。全文紧扣"喜雨亭"来展开描述，分写、合写、倒写、顺写、对比写，或用主客问答的方式来渲染为雨而喜的喜气洋洋的气氛。"官吏相与庆于庭……农夫相与忭于野……病者以愈……"这是一幅万民同乐、官民同欢的喜庆图，我们仿佛也身临其境，同苏轼一起融入了喜雨的场景中。正因如此，苏轼为新落成的亭子命名"喜雨"才是顺理成章，具有意义。

苏轼像

文中援引了历史上的三件事作铺垫，说明古人有了喜事，常常用这件喜事来命名，以纪念喜事，这三件事都与国家的政治有关系，并多少含有天人的关系。有了这一铺垫，再说亭、事和雨就顺理成章。

文章思路开阔，句法灵活，寓议论于风趣的谈话之中，用轻松活泼的笔调抒发了作者的感受，以吟咏的形式收尾，更加摇曳多姿。文中排比句式和押韵的使用，给人以神气充足、优雅俊美之感。

本篇名句

"使天而雨珠，寒者不得以为襦；使天而雨玉，饥者不得以为粟。"

如果天上落珍珠，寒来不能缝衣服；如果天上落玉石，饿了不能当粮食。

凌虚台记（苏轼）

国于南山之下①，宜若起居饮食与山接也。四方之山，莫高于终南，而都邑之丽山者②，莫近于扶风。以至近求最高，其势必得。而太守之居，未尝知有山焉。虽非事之所以损益，而物理有不当然者。此凌虚之所为筑也。

方其未筑也，太守陈公杖履逍遥于其下③。见山之出于林木之上者，累累如人之旅行于墙外而见其髻④，曰："是必有异。"使工凿其前为方池，以其土筑台，高出于屋之檐而止。然后人之至于其上者，恍然不知台之高，而以为山之踊跃奋迅而出也。公曰："是宜名凌虚。"以告其从事苏轼⑤，而求文以为记。轼复于公曰："物之废兴成毁，不可得而知也。昔者荒草野田，霜露之所蒙翳，狐虺之所窜伏⑥。方是时，岂知有凌虚台耶？废兴成毁，相寻于无穷，则台之复为荒草野田，皆不可知也。尝试与公登台而望，其东则秦穆之祈年、橐泉也⑦，其南则汉武之长杨、五柞⑧，而其北则隋之仁寿、唐之九成也⑨。计其一时之盛，宏杰诡丽⑩，坚固而不可动者，岂特百倍于台而已哉！然而，数世之后，欲求其仿佛，而破瓦颓垣无复存者，既已化为禾黍荆棘丘墟陇亩矣，而况于此台欤！夫台犹不足恃以长久，而况于人事之得丧，忽往而忽来者欤？而或者欲以夸世而自足，则过矣。盖世有足恃者，而不在乎台之存亡也。"

既以言于公，退而为之记。

【注释】

①国：指都市，城邑。这里用如动词，建城。②丽：附着。终南：山名，亦名南山，在西安市南。③陈公：当时的知府陈希亮，字公弼，青神（今四川青神县）人。宋仁宗（赵祯）天圣年间进士。公，对人的尊称。杖履：指老人出游。④累累（léi léi）：多而重叠貌，连贯成串的样子。旅行：成群结队地行走。髻（jì）：挽束在头顶上的发。⑤从事：汉以后的官名，宋代已废除，此处指僚属。⑥虺（huǐ）：毒虫，毒蛇。窜伏：潜藏，伏匿。⑦祈年、橐泉：秦时二宫名。⑧长杨、五柞：汉朝二宫名。长杨本秦旧宫，至汉代又加以修饰。⑨仁寿：隋代宫名。九成：即仁寿宫。⑩诡：怪异。

美文共赏

苏轼的上司凤翔府知府陈希亮建了一座登高眺望的土台。本文就是苏轼为这座土台撰写的一篇记事文章。

文章前半部分记了筑台的缘起,太守择地、凿池、筑台的过程及命名"凌虚"的原因,这一部分是实写;后一部分虚写,借物抒情,抒发了"物之废兴成毁,不可得而知也"和"台犹不足恃以长久,而况于人事之得丧,忽往而忽来者"的思想感情,点出了"世有足恃者,却不在乎台之存亡"的观点,表现了作者的历史沧桑感和旷达的人生态度,与当时一些士大夫的消极颓废、吊古伤今的思想相比,显得很可贵。文章结尾处,不直接点出究竟什么是"足恃"的东西,这就使文章更为含蓄而耐人寻味。

本文内容具体实在,直陈其事,严谨畅达,有实有虚,实虚结合,含意颇深,发人深省。

本篇名句

"物之废兴成毁,不可得而知也。"
事物的兴废和成毁,无法预料啊。

超然台记(苏轼)

凡物皆有可观。苟有可观,皆有可乐。非必怪奇伟丽者也,餔糟啜醨,皆可以醉[①],果蔬草木,皆可以饱。推此类也,吾安往而不乐?

夫所为求福而辞祸者,以福可喜而祸可悲也。人之所欲无穷,而物之可以足吾欲者有尽。美恶之辨战于中,而去取之择交乎前,则可乐者常少,而可悲者常多。是谓求祸而辞福。夫求祸而辞福,岂人之情也哉?物有以盖之矣[②]。彼游于物之内,而不游于物之外。物非有大小也,自其内而观之,未有不高且大者也。

彼挟其高大以临我，则我常眩乱反复，如隙中之观斗，又乌知胜负之所在？是以美恶横生，而忧乐出焉，可不大哀乎！

予自钱塘移守胶西③，释舟楫之安，而服车马之劳；去雕墙之美，而庇采椽之居④；背湖山之观，而行桑麻之野。始至之日，岁比不登，盗贼满野，狱讼充斥，而斋厨索然，日食杞菊，人固疑予之不乐也。处之期年，而貌加丰，发之白者日以反黑。予既乐其风俗之淳，而其吏民亦安予之拙也。于是治其园囿，洁其庭宇，伐安邱、高密之木⑤，以修补破败，为苟完之计。而园之北，因城以为台者旧矣，稍葺而新之。

时相与登览，放意肆志焉。南望马耳、常山，出没隐见，若近若远，庶几有隐君子乎？而其东则庐山，秦人卢敖之所从遁也⑥。西望穆陵，隐然如城郭，师尚父、齐威公之遗烈⑦犹有存者。北俯潍水，慨然太息，思淮阴之功，而吊其不终。台高而安，深而明，夏凉而冬温，雨雪之朝，风月之夕，予未尝不在，客未尝不从。撷园蔬，取池鱼，酿秫酒⑧，瀹脱粟而食之⑨，曰："乐哉！游乎！"

方是时，予弟子由，适在济南，闻而赋之，且名其台曰"超然"。以见予之无所往而不乐者，盖游于物之外也。

【注释】

①餔：吃。啜：喝。醨：薄酒。②蔽：蒙蔽。③胶西：汉置胶西郡，宋为密州，今山东高密。④采椽：用柞木作椽子。⑤安邱、高密：均密州属县。⑥卢敖：秦博士，传说隐于此山，修道成仙。⑦齐威公：即齐桓公。⑧撷：采摘。秫：黏高粱。⑨瀹：煮。脱粟：指糙米。

美文共赏

苏轼调任密州知州期间修缮了一座高台。其弟苏辙起名曰"超然"。于是，苏轼就撰写了"超然台记"。全文紧紧围绕"超然"两字来议论、抒情和描写。首先以说理挈领，"凡物皆有可观。苟有可观，皆有可乐"，然后写建台的背景和经过，进而写登台之乐，简笔点染四方形胜佳景，末尾卒章显志，说明了"超然物外了则虽苦犹乐，若不能超然物外，则为物欲所困，乐少悲多"的道理。文章虚实相生，议论纵横，推理严密，叙事脉络清晰，层次分明，充分体现出作者洒脱、旷达的胸怀，以及其浓郁的生活情趣和旺盛的创作活力没有因为处于逆境而泯灭的宝贵精神。

本篇名句

"凡物皆有可观。苟有可观,皆有可乐。"

任何事物都有可观赏的地方。如有可观赏的地方,那么都可使人有快乐。

放鹤亭记①（苏轼）

熙宁十年秋,彭城大水②。云龙山人张君之草堂,水及其半扉③。明年春,水落,迁于故居之东、东山之麓。升高而望,得异境焉,作亭于其上。彭城之山,冈岭四合,隐然如大环,独缺其西一面,而山人之亭,适当其缺。春夏之交,草木际天,秋冬雪月,千里一色,风雨晦明之间,俯仰百变。山人有二鹤,甚驯而善飞,旦则望西山之缺而放焉,纵其所如,或立于陂田④,或翔于云表,暮则傃东山而归⑤,故名之曰"放鹤亭"。

郡守苏轼,时从宾客僚吏往见山人,饮酒于斯亭而乐之。挹山人而告之曰⑥:"子知隐居之乐乎?虽南面之君⑦,未可与易也。《易》曰:'鸣鹤在阴,其子和之。'《诗》曰:'鹤鸣于九皋⑧,声闻于天。'盖其为物清远闲放,超然于尘埃之外,故《易》《诗》人以比贤人君子。隐德之士,狎而玩之,宜若有益而无损者,然卫懿公好鹤则亡其国⑨。周公作《酒诰》,卫武公作《抑》戒⑩,以为荒惑败乱,无若酒者,而刘伶、阮籍之徒,以此全其真而名后世⑪。嗟夫!南面之君,虽清远闲放如鹤者,犹不得好,好之则亡其国。而山林遁世之士,虽荒惑败乱如酒者,犹不能为害,而况于鹤乎?由此观之,其为乐未可以同日而语也。"山人欣然而笑曰:"有是哉!"乃作放鹤、招鹤之歌曰:"鹤飞去兮西山之缺,高翔而下览兮择所适。翻然敛翼,宛将集兮,忽何所见,矫然而复击。独终日于涧谷之间兮,啄苍苔而履白石。鹤归来兮东山之阴。其下有人兮,黄冠草屦,葛衣而鼓琴。躬耕而食兮,其余以汝饱。归来归来兮,西山不可以久留。"

【注释】

①放鹤亭:在今江苏徐州市云龙山上。宋神宗元丰元年(1078年)张天骥建。张天骥也

就是文中的云龙山人。②熙宁十年：即公元1077年。熙宁，宋神宗年号。彭城：今江苏徐州市。③扉：门扇。④陂：水田。⑤愬（sù）：向，向着，沿着。⑥挹（yì）：舀，汲取。这里指酌酒。⑦南面之君：指帝王。⑧九皋：深远的水泽洼地。二句引自《诗经·小雅·鹤鸣》。⑨卫懿公：好鹤，以鹤乘大夫的车子。狄人侵卫，国人不肯应征，说：应当派鹤去打仗。因此国灭身亡。⑩抑：《诗·大雅》中的一篇。⑪刘伶、阮籍：皆属西晋"竹林七贤"，好饮酒，实借酒以免卷入官场是非，故说"全其真"。

美文共赏

本文是苏轼谪贬徐州的第二年所作。文章记叙了隐居在云龙山的张天骥修建放鹤亭和放鹤怡情的事情以及作者与张天骥在亭中共饮的欢乐之情。文章的主体是作者与云龙山草堂主人张天骥的一番问答及讨论。特别重要的是作者在文中提出了这样的观点：鹤本是清远闲放之物，但卫懿公却因好鹤而亡国；酒本是荒惑败乱之物，因此"周公作《酒诰》，卫武公作《抑》戒，以为荒惑败乱，无若酒者"来劝诫人们不要为酒所迷，但刘伶、阮籍却因酒而出名。云龙山草堂主人解释，隐居山林的人酒色都不能惑乱，何况鹤呢？从而点明了好鹤与纵酒这两种嗜好，君主可能因之而乱政亡国，隐士却可以因此怡情全真的主旨。

文章写景与叙事相结合，寓议论于对话之中，引用典故能切中当今；用活泼的对答歌咏方式抒情达意，气势纵横，自然清畅，完全是作者性情的流露。歌颂隐逸者的乐趣，寄寓自己政治失意时向往清远闲放的情怀。

> **本篇名句**
>
> "春夏之交，草木际天，秋冬雪月，千里一色，风雨晦明之间，俯仰百变。"
>
> 春夏两季交替的时候，草木茂盛，似乎接近天空；秋月冬雪，使广阔的大地一片洁白；在刮风、下雨、阴暗、晴朗的天气中间，景色瞬息万变。

石钟山记（苏轼）

《水经》云："彭蠡之口，有石钟山焉①。"郦元以为下临深潭②，微风鼓浪，水石相搏，声如洪钟。是说也，人常疑之。今以钟磬置水中，虽大风浪不能鸣也，而况石乎！至唐李渤始访其遗踪，得双石于潭上。扣而聆之，南声函胡③，北音清越，桴止响腾④，余韵徐歇。自以为得之矣。然是说也，余尤疑之。石之铿然有声者，所在皆是也，而此独以钟名，何哉？

元丰七年六月丁丑，余自齐安舟行适临汝，而长子迈将赴饶之德兴尉⑤，送之至湖口，因得观所谓石钟者。寺僧使小童持斧，于乱石间择其一二扣之，硿硿然。余固笑而不信也。至其夜月明，独与迈乘小舟，至绝壁下。大石侧立千尺，如猛兽奇鬼，森然欲搏人；而山人栖鹘，闻人声亦惊起，磔磔云霄间⑥；又有若老人咳且笑于山谷中者，或曰："此鹳鹤也。"余方心动欲还，而大声发于水上，噌吰如钟鼓不绝⑦。舟人大恐。徐而察之，则山下皆石穴罅，不知其浅深，微波入焉，涵澹澎湃而为此也⑧。舟回至两山间，将入港口，有大石当中流，可坐百人，空中而多窍，与风水相吞吐，有窾坎镗鞳之声⑨，与向之噌吰者相应，如乐作焉。因笑谓迈曰："汝识之乎？噌吰者，周景王之无射也⑩；窾坎镗鞳者，魏献子之歌钟也⑪。古之人不余欺也！"

事不目见耳闻而臆断其有无，可乎？郦元之所见闻殆与余同，而言之不详；士大夫终不肯以小舟夜泊绝壁之下，故莫能知；而渔工水师虽知而不能言，此世所以不传也⑫。而陋者乃以斧斤考击而求之⑬，自以为得其实。余是以记之，盖叹郦元之简，而李渤之陋也。

【注释】

①彭蠡：即鄱阳湖。石钟山在湖的北端，属湖口县。②郦元：郦道元，北魏人，地理学家，著《水经注》。③函胡：含糊，模糊。清越：清澈激扬。④枹：鼓槌。⑤齐安：指黄州。临汝：今河南临汝。德兴：今江西德兴，当时属饶州。⑥鹘：一种猛禽。磔磔：鹘鸣声。⑦噌吰：洪大沉重的钟声。⑧罅：裂缝。涵澹：水动荡的样子。⑨窾坎：击物声。镗鞳：钟鼓声。⑩无射：古钟名。周景王：东周十三代王。⑪魏献子：春秋时魏国大夫。⑫此世所以不传也：这（就是）世上没有流传下来（石钟山得名由来）的缘故。⑬陋者：浅陋的人。以斧斤考击而求之：用斧头敲打石头的办法来寻求（石钟山得名的）原因。

美文共赏

这篇文章记叙了"石钟山"得名缘由的探究过程，是一篇考察性的游记。写于宋神宗元丰七年夏季，苏轼由黄州赴任汝州的旅途中。

本文最突出的写作特色是记叙、议论和写景相结合。以叙事过程的波澜起伏取胜，又以景物描写的生动形象取胜，叙事、描写交相烘托，把理性分析与形象描绘完全融合起来。

文中夜游石钟山的一段记叙绝壁下的情景：看见的是"侧立千尺，如猛兽奇鬼，森然欲搏人"的大石；听到的是"云霄间"鹘鸟的"磔磔"的惊叫声，以及"山谷中"鹳鹤像老人边咳边笑的怪叫声，描绘出一幅阴森恐怖、冷清凄厉的石钟山夜景，有远有近，有高有低，有动有静，有形有声，十分逼真，使人有身临其境之感。这段描写着力渲染阴森恐怖的环境气氛，烘托出亲身探访的不易。既贯穿了考察的完整经过，又有作者议论兼抒情的踌躇满志的感慨，写得饶有兴味。然后从这一经历中领悟出一个道理："事不目见耳闻，而臆断其有无，可乎？"凡事要经过实际深入的调查研究再下结论，而不能单凭主观臆断，这种实事求是的态度在今天也是值得提倡的。

本篇名句

"事不目见耳闻，而臆断其有无，可乎？"

凡事不亲眼看到亲耳听到，却根据主观猜测去推断它的有或没有（正不正确）行吗？

前赤壁赋（苏轼）

壬戌①之秋，七月既望，苏子与客泛舟游于赤壁之下。清风徐来，水波不兴。举酒属②客，诵《明月》之诗，歌《窈窕》之章。少焉，月出于东山之上，徘徊于斗牛③之间。白露横江，水光接天。纵一苇之所知，凌万顷之茫然。浩浩乎如凭虚御风，而不知其所止；飘飘乎如遗世独立，羽化而登仙。

于是饮酒乐甚，扣舷而歌之。歌曰："桂棹兮兰桨，击空明兮溯流光④。渺渺兮予怀，望美人兮天一方。"客有吹洞箫者，依歌而和之。其声呜呜然，如怨如慕，如泣如诉，余音袅袅，不绝如缕，舞幽壑之潜蛟，泣孤舟之嫠妇⑤。

苏子愀然，正襟危坐而问客曰："何为其然也？"

客曰："'月明星稀，乌鹊南飞'，此非曹孟德之诗乎？西望夏口，东望武昌，山川相缪⑥，郁乎苍苍，此非孟德之困于周郎者乎？方其破荆州，下江陵，顺流而东也，舳舻千里，旌旗蔽空，酾酒临江，横槊赋诗，固一世之雄也，而今安在哉？况吾与子渔樵于江渚之上，侣鱼虾而友麋鹿，驾一叶之扁舟，举匏⑦樽以相属。寄蜉蝣于天地，渺沧海之一粟，哀吾生之须臾，羡长江之无穷。挟飞仙以遨游，抱明月而长终。知不可乎骤得，托遗响于悲风。"

苏子曰："客亦知夫水与月乎？逝者如斯，而未尝往也；盈虚者如彼，而卒莫消长也。盖将自其变者而观之，而天地曾不能一瞬；自其不变者而观之，则物与我皆无尽也，而又何羡乎？且夫天地之间，物各有主，苟非吾之所有，虽一毫而莫取。惟江上之清风，与山间之明月，耳得之而为声，目遇之而成色。取之无禁，用之不竭，是造物者之无尽藏也，而吾与子之所共适。"

客喜而笑，洗盏更酌，肴核既尽，杯盘狼藉。相与枕藉乎舟中，不知东方之既白。

【注释】

①壬戌：宋神宗元丰五年（1082年）。既望：已经过了望日，即阴历每月的十六日。望：阴历每月的十五日。②属：劝请。③斗牛：即"南斗"和"牵牛"，星宿名。④溯流光：指船在浮动着月光的江面上逆流而进。⑤嫠妇：寡妇。⑥缪：同"缭"，缠绕。⑦匏：一种葫芦，锯开可以作酒器。

美文共赏

苏轼被贬黄州团练副使期间,西游城外赤壁,作前后《赤壁赋》。本文是前一篇。文章先叙良夜美景凑得鱼酒,乘兴游赤壁。紧接着细致描画出赤壁冬夜之景与登山泛舟情况。清风、明月、秋江、夜色,泛舟赤壁,饮酒赋诗,抒发了作者对人生与世界的感慨。

本文是苏轼散文的代表作,这篇文章几乎包揽了苏文的主要风格特点。

苏文的风格是自由豪放、恣肆雄健的阳刚之美。文中无论说理,还是叙事、抒情,都能"随物赋形""穷形尽相"。写欢快时可以羽化登仙、飘然世外;述哀伤时,又能拿动蛟龙、泣嫠妇作比;语言精练生动、词简情真,在文章中信手举来,"徘徊于斗牛之间"的"徘徊";"渺沧海之一粟"的"渺",都是一字千钧。文章充分体现了苏轼散文自然本色、平易明畅的特色,纯真自然之美给古往今来的无数读者带来了难忘的艺术享受。

文章也是韵文,从头至尾换了十二次韵;像汉赋一样,采用主客答问的方式来阐述作者的思想、认识;行文之中常使用排比与对偶,多处运用散文笔法,句式参差错落,可以称得上是散韵巧妙结合、诗文和谐统一的佳篇,对辞赋体的发展与突破作出了巨大的贡献。成语"正襟危坐、遗世独立、不绝如缕、杯盘狼藉"即出自本文。

本篇名句

"寄蜉蝣于天地,渺沧海之一粟,哀吾生之须臾,羡长江之无穷。"

渺小如大海中的谷粒,短促如天地间的蜉蝣。哀叹我生命的有限,羡慕长江的无尽无穷。

后赤壁赋(苏轼)

是岁十月之望,步自雪堂,将归于临皋。二客从予,过黄泥之坂①。霜露既降,木叶尽脱。人影在地,仰见明月,顾而乐之,行歌相答。已而叹曰:"有客无酒,有酒无肴。月白风清,如此良夜何!"客曰:"今者薄暮,举网得鱼,巨口细鳞,状如松江之鲈②。顾安所得酒乎?"归而谋诸妇。妇曰:"我有斗酒,藏之久矣,以待子不时之需"。

于是携酒与鱼,复游于赤壁之下。江流有声,断岸千尺,山高月小,水落石出。曾日月之几何,而江山不可复识矣!予乃摄衣而上,履巉岩,披蒙茸③,踞虎豹,登虬龙④,攀栖鹘之危巢,俯冯夷之幽宫⑤。盖二客不能从焉。划然长啸⑥,草木震动,山鸣谷应,风起水涌。予亦悄然而悲,肃然而恐,凛乎其不可留也⑦。反而登舟,放乎中流,听其所止而休焉。时夜将半,四顾寂寥。适有孤鹤,横江东来,翅如车轮,玄裳缟衣,戛然长鸣⑧,掠予舟而西也。

须臾客去,予亦就睡。梦一道士,羽衣蹁跹,过临皋之下。揖予而言曰:"赤壁之游乐乎?"问其姓名,俯而不答。呜呼噫嘻!我知之矣!"畴昔之夜⑨,飞鸣而过我者,非子也耶?"道士顾笑,予亦惊寤。开户视之,不见其处。

【注释】

①雪堂:苏轼住所。临皋:亭名。坂:斜坡。②松江:即今吴淞江,流经江苏南部和上海市。③巉岩:险峻的山岩。蒙茸:丛生的野草。④虎豹:高大的山石。虬:小龙,这里用以形容弯曲的树木。⑤冯夷:传说中的水神名,即河伯。⑥划然:象声词,形容长啸声。⑦凛乎:恐惧的样子。⑧玄裳缟衣:黑裙白衣,形容鹤身白,尾黑。戛然:尖声高叫。⑨畴:语助词。

美文共赏

这篇赋是继《前赤壁赋》后三个月,苏轼第二次游赤壁时所作。此时已由一片秋色转换为初冬景象。文章的基调比前赋显得低沉、消极。但是全文骈散并用,情景兼备,堪称优美的散文诗。"江流有声,断岸千尺,山高月小,水落石出"写出赤壁的崖峭山高而天清月小、水溅流缓而石出有声的初冬独特夜景;"履巉岩,披蒙茸,踞虎豹,登虬龙;攀栖鹘之危巢,俯冯夷之幽宫",奇异惊险的景物令人心胸开阔、境界高远;当苏轼独自一人临绝顶时,"划然长啸,草木震动,山鸣谷应,风起水涌"的场景使他产生凄清之情、忧惧之心;结尾忽梦道士化鹤,更显得迷离恍惚,处处流露出作者想要摆脱现实而又挥之不去的苦闷情绪。文章铺叙有致,有真实,有梦幻,有层次,有情致,写鹤以寄意,托梦以寓怀，匠心独具。

> **本篇名句**
>
> "曾日月之几何，而江山不可复识矣！"
> 才相隔多少日子，江山的面貌改变太大了，再也认不出来了！

三槐堂铭（苏轼）

天可必乎？贤者不必贵，仁者不必寿。天不可必乎？仁者必有后。二者将安取衷哉①？

吾闻之申包胥曰②："人定者胜天，天定亦能胜人。"世之论天者，皆不待其定而求之，故以天为茫茫。善者以怠，恶者以肆。盗跖之寿③，孔、颜之厄，此皆天之未定者也。松柏生于山林，其始也，困于蓬蒿，厄于牛羊，而其终也，贯四时、阅千岁而不改者，其天定也。善恶之报，至于子孙，则其定也久矣。吾以所见所闻考之，而其可必也审矣。

国之将兴，必有世德之臣厚施而不食其报，然后其子孙能与守文太平之主共天下之福。故兵部侍郎晋国王公④，显于汉、周之际，历事太祖⑤、太宗，文武忠孝，天下望以为相，而公卒以直道不容于时。盖尝手植三槐于庭，曰："吾子孙必有为三公者⑥。"已而其子魏国文正公⑦，相真宗皇帝于景德、祥符之间，朝廷清明、天下无事之时，享其福禄荣名者十有八年。今夫寓物于人，明日而取之，有得有否。而晋公修德于身，责报于天，取必于数十年之后，如持左契⑧，交手相付，吾是以知天之果可必也。

吾不及见魏公，而见其子懿敏公。以直谏事仁宗皇帝，出入侍从将帅三十余年，位不满其德。天将复兴王氏也欤？何其子孙之多贤也？世有以晋公比李栖筠者，其雄才直气，真不相上下。而栖筠之子吉甫⑨、其孙德裕，功名富贵略与王氏等。而忠恕仁厚，不及魏公父子。由此观之，王氏之福，盖未艾也。

懿敏公之子巩与吾游，好德而文，以世其家，吾以是铭之。铭曰：呜呼休哉！魏公之业，与槐俱萌。封植之勤，必世乃成。既相真宗，四方砥平，归视其家，槐荫满庭。吾侪小人，朝不及夕，相时射利，皇恤厥德⑩？庶几侥幸，不种而获。不有君子，其何能国？王城之东，晋公所庐，郁郁三槐，惟德之符。呜呼休哉！

【注释】

①衷：适当。②申包胥：春秋时楚国贵族，曾求秦出兵救楚。引文见《史记·伍子胥列传》。③盗跖：春秋时大盗。孔、颜：孔子、颜回。④王公：即王祐，封晋国公。汉、周之际：指五代的后汉、后周。⑤太祖、太宗：宋朝开国皇帝赵匡胤（927—976，在位16年）及其弟赵光义（939—997，在位21年）。⑥三公：大臣的最高职衔。西汉时以丞相、太尉、御史大夫为三公，后以大司徒、大司马、大司空为三公，东汉以太尉、司徒、司空为三公，唐宋以来，都作为荣誉职衔。⑦魏国文正公：指王旦，北宋贤相，封魏国公，谥文正。⑧左契：古代契约分左右两联，左契凭以索偿。⑨李吉甫、李德裕：均唐代贤相。⑩皇：通"遑"，此处应作"不遑"解，即来不及之意。

美文共赏

苏轼在湖州任上为学生王巩家中"三槐堂"题写的铭词即是本文。三槐堂，是北宋初年兵部侍郎王佑家的祠堂，因王佑手植三棵槐树于庭而得名。古代传说，三槐象征朝廷官吏中职位最高的三公。王佑是王巩的曾祖父。文章主题在于歌颂王佑的品德和功业。本文首先从天命的有常立论，肯定了善恶的因果报应，提出"仁者必有后"的观点，是全文的理论基础；然后记叙了王佑手植三槐的经过和期待，以及王佑子孙后代多有仁德贤能者的事实，说明王佑仁爱厚施、积善成德，因此才子孙多贤，福祚绵绵不绝，从而论证了观点，突出了主旨。开头提出一个疑问，再以王氏的情况来解释这个疑问，是相当巧妙的歌颂。本文善于剖析事例，烘托陪衬，娓娓道来，通畅流转，在写作方面有值得借鉴的地方。在写法上，穿插了比喻、衬托、设问等修辞手段，造成了极好的艺术效果和气势，显示出作者高超的艺术才能。

本篇名句

"贤者不必贵，仁者不必寿。"

贤德的人不一定富贵，仁爱的人不一定长寿。

方山子传（苏轼）

方山子，光、黄间隐人也①。少时慕朱家、郭解为人②，闾里之侠皆宗之③。稍壮，折节读书④，欲以此驰骋当世，然终不遇。晚乃遁于光、黄间，曰岐亭⑤。庵居蔬食，不与世相闻。弃车马，毁冠服，徒步往来山中，人莫识也。见其所著帽，方耸而高，曰："此岂古方山冠之遗像乎⑥？"因谓之方山子。

余谪居于黄，过岐亭，适见焉。曰："呜呼！此吾故人陈慥季常也⑦，何为而在此？"方山子亦矍然问余所以至此者⑧。余告之故。俯而不答，仰而笑，呼余宿其家，环堵萧然⑨，而妻子奴婢皆有自得之意。

余既耸然异之。独念方山子少时，使酒好剑，用财如粪土。前十九年，余在岐山，见方山子从两骑，挟二矢，游西山，鹊起于前，使骑逐而射之，不获。方山子怒马独出，一发得之。因与余马上论用兵及古今成败，自谓一时豪士。今几日耳，精悍之色，犹见于眉间，而岂山中之人哉？

然方山子世有勋阀⑩，当得官。使从事于其间，今已显闻。而其家在洛阳，园宅壮丽，与公侯等。河北有田，岁得帛千匹，亦足以富乐。皆弃不取，独来穷山中，此岂无得而然哉？

余闻光、黄间多异人，往往佯狂垢污，不可得而见，方山子傥见之欤⑪？

【注释】

①光、黄：光州（今河南潢川）、黄州（今湖北黄冈）。②朱家、郭解：西汉时著名游侠。

③闾里：乡里。④折节：改变从前的志节、行为。⑤岐亭：镇名，在今湖北麻城。⑥方山冠：汉代祭祀时乐师所戴。⑦陈慥：其父陈希亮，曾任凤翔知府，苏轼任凤翔府签判，与其父子友善。⑧矍：惊惶、急视的样子。⑨萧然：空寂的样子。⑩勋阀：功绩、爵位。⑪傥：同"倘"，或许。

美文共赏

苏轼被贬到黄州，与老友方山子偶然相遇。此时的方山子从"使酒好剑"的豪侠变成了隐士，作者为他写了这篇小传，寄托了对人生的无限感慨，流露出自己因仕途坎坷而郁郁不得志的心情。

文章构思巧妙，没有像一般传记，平铺直叙地介绍人物的姓氏、乡里、家世、生平等，而是"随物赋形"，极其切合隐士的身份，由隐而显，由略而详，层层设疑，层层呼应，愈深愈见方山子的不同寻常和卓立无匹。本文的另外一个特色是语言精练、奇妙。文中用"庵居蔬食，弃车马，毁冠服"等几个词语，把隐居表现得具体可观。当得知作者被贬的原因时，方山子的反应是"俯而不答，仰而笑"，不仅活灵活现地写出了其神态，更表现了方山子对于黑暗腐败世道的熟悉，见怪不惊，含蓄表达了方山子对作者的理解和同情，而且也蕴含了多少人生的沧桑与感慨！"余谪居于黄，过岐亭，适见焉"，一个"适"字刻画出作者想见已久而又不期而遇的喜悦心情。文章把叙事、描写、议论融为一体，善于抓住人物特征，达到了形象生动、性格鲜明的效果。

本篇名句

"稍壮，折节读书，欲以此驰骋当世，然终不遇。"

渐渐到了壮年，改变志向，发愤读书，想干出一番事业，终于未遇知音。

六国论（苏辙）①

尝读六国世家②，窃怪天下之诸侯以五倍之地、十倍之众，发愤西向，以攻山西千里之秦，而不免于灭亡③。常为之深思远虑，以为必有可以自安之计。盖未尝不咎其当时之士虑患之疏而见利之浅，且不知天下之势也。

夫秦之所与诸侯争天下者，不在齐、楚、燕、赵也，而在韩、魏之郊④。诸侯之所与秦争天下者，不在齐、楚、燕、赵也，而在韩、魏之野。秦之有韩、魏，譬如人之有腹心之疾也。韩、魏塞秦之冲，而蔽山东之诸侯，故夫天下之所重者，莫如韩、魏也。昔者范雎用于秦而收韩⑤，商鞅用于秦而收魏⑥。昭王未得韩、魏之心，而出兵以攻齐之刚、寿⑦，而范雎以为忧，然则秦之所忌者可以见矣。

秦之用兵于燕、赵，秦之危事也。越韩过魏而攻人之国都，燕、赵拒之于前，而韩、魏乘之于后，此危道也。而秦之攻燕、赵，未尝有韩、魏之忧，则韩、魏之附秦故也。夫韩、魏诸侯之障，而使秦人得出入于其间，此岂知天下之势耶？委区区之韩、魏，以当强虎狼之秦，彼安得不折而入于秦哉？韩、魏折而入于秦，然后秦人得通其兵于东诸侯，而使天下遍受其祸。

夫韩、魏不能独当秦，而天下之诸侯藉之以蔽其西，故莫如厚韩亲魏以摈秦。秦人不敢逾韩、魏以窥齐、楚、燕、赵之国，而齐、楚、燕、赵之国，因得以自完于其间矣。以四无事之国，佐当寇之韩、魏，使韩、魏无东顾之忧，而为天下出身以当秦兵。以二国委秦，而四国休息于内，以阴助其急，若此可以应夫无穷。彼秦者将何为哉？不知出此，而乃贪疆场尺寸之利⑧，背盟败约，以自相屠灭。秦兵未出，而天下诸侯已自困矣。至于秦人得伺其隙，以取其国，可不悲哉！

【注释】

①苏辙（1039—1112）：字子由，苏洵次子，苏轼弟，亦为唐宋八大家之一，有《栾城集》。②世家：《史记》中的一体，主要记各国诸侯事迹。③山西：崤山以西地区，与"山东"的六国相对。④韩、魏：主要在今山西南部、河南中部。⑤范雎：秦国丞相，主张远交近攻，先取韩国。⑥商鞅：曾建议秦孝公伐魏。⑦刚、寿：今山东兖州、东平。⑧疆场：

国界。

美文共赏

六国灭亡的原因，是历代文人探讨不衰的论题。苏辙撰写《六国论》时，北宋正面临东北的契丹、西北的西夏的严重威胁。但是，北宋统治者没有积极抗御外族的入侵，反而每年向他们送币纳绢，乞取苟安。在这种严峻的形势下，苏辙以古论今，阐述了六国被秦灭亡的历史及其教训。

这篇史论，首先开门见山地提出齐、楚、燕、赵、韩、魏六国被千里之秦灭亡的论点，在于"虑患之疏而见利之浅，且不知天下之势"。接着，分别从六国失去韩、魏要害两地的后果，造成"秦人得通其兵于东诸侯，而使天下遍受其祸"和六国不团结，"贪疆场尺寸之利，背盟败约，以自相屠灭"。最后，作出总结，呼应开端，"秦兵未出，而天下诸侯已自困"，"秦人得伺其隙，以取其国"。文章围绕中心论点，采取一正一反的手法，从秦、齐楚燕赵、韩魏这三个方面逐层演绎、步步深入。说服力强，有明确的针对性和现实性。观点鲜明，脉络清晰，分析精当，逻辑严密，体现出苏辙散文气势奔放、笔力雄健的一面。

本篇名句

"贪疆场尺寸之利，背盟败约，以自相屠灭。"
贪图边境上尺寸土地的小利，背弃盟约，自相屠杀。

上枢密韩太尉书（苏辙）[①]

太尉执事[②]：辙生好为文，思之至深。以为文者气之所形，然文不可以学而能，气可以养而致。孟子曰："我善养吾浩然之气。"今观其文章，宽厚宏博，充乎天地之间，称其气之小大。太史公行天下，周览四海名山大川，与燕、赵间豪俊交游，故其文疏荡，颇有奇气③。此二子者，岂尝执笔学为如此之文哉？其气充乎其中而溢乎其貌，动乎其言而见乎其文，而不自知也。

辙生十有九年矣。其居家所与游者，不过其邻里乡党之人；所见不过数百里之间，无高山大野可登览以自广；百氏之书④，虽无所不读，然皆古人之陈迹，不足以激发其志气。恐遂汩没，故决然舍去，求天下奇闻壮观，以知天地之广大。过秦、汉之故都，恣观终南、嵩、华之高，北顾黄河之奔流，慨然想见古之豪杰。至京师，仰观天子宫阙之壮，与仓廪、府库、城池、苑囿之富且大也，而后知天下之巨丽。见翰林欧阳公⑤，听其议论之宏辩，观其容貌之秀伟，与其门人贤士大夫游，而后知天下之文章聚乎此也。太尉以才略冠天下，天下之所恃以无忧，四夷之所惮以不敢发，入则周公、召公，出则方叔、召虎⑥。而辙也未之见焉。且夫人之学也，不志其大，虽多而何为？辙之来也，于山见终南、嵩、华之高，于水见黄河之大且深，于人见欧阳公，而犹以为未见太尉也。故愿得观贤人之光耀，闻一言以自壮，然后可以尽天下之大观而无憾者矣。

辙年少，未能通习吏事。向之来，非有取于斗升之禄，偶然得之，非其所乐。然幸得赐归待选⑦，使得优游数年之间，将以益治其文，且学为政。太尉苟以为可教而辱教之，又幸矣！

【注释】

①枢密：指枢密使，掌管全国军政。韩太尉：韩琦，北宋贤相、名将。太尉是高级武官的尊称。参见本书卷十《相州昼锦堂记》。②执事：左右办事的人。这是尊敬对方的说法，表示不敢直接致信对方。③疏荡：疏放、跌宕。④百氏之书：指诸子百家著作。⑤欧阳公：欧阳修。⑥方叔、召虎：均周宣王时大臣，征讨荆蛮、淮夷有功。⑦赐归待选：苏辙已中进士，依宋制，仅取得作官的资格，还须经吏部考试合格，才能授官。

美文共赏

宋仁宗嘉祐二年，苏辙考中进士。返乡时，苏辙给枢密院使韩琦呈上了这封信。此信着意表示对韩琦的仰慕求见之心，阐明了修养气质、生活实践、文章风格与写作水平有着必然的关系。

文章的本意是为求见，但作者在文中，起笔却撇开求见之意，而从作文养气说起，谈到游历名山大川，继而说到晋见欧阳修，又由欧阳修说到愿见韩太尉，方点出上书本意，巧妙地把干谒求进之事纳入文学活动的范围，显得高雅拔俗，比一般的请谒之作高明了许多，"注意在此，而立言在彼"的结构方式，也大大增强了本文的思想力量。文中，苏辙提出的"文气说"，强调后天实践对文学创作的重要性，丰富和发展了中国古代关于"文气"的文学理论，几百多年来，这篇佳作一直传诵不衰，深受人们喜爱。

全文理直气壮，层层深入，步步逼近，既论证了所要说明的问题，又充分表达了欲见太尉之意，顺理成章，文情奔放，用语得体而自然。

本篇名句

"太史公行天下，周览四海名山大川，与燕、赵间豪俊交游，故其文疏荡，颇有奇气。"

司马迁游历天下，看尽天下的名山大川，又同燕、赵一带的豪侠交注，所以他的文章疏朗豪放，颇有奇特的气势。

黄州快哉亭记（苏辙）

江出西陵①，始得平地，其流奔放肆大；南合湘沅，北合汉沔，其势益张②；至于赤壁之下，波流浸灌，与海相若。清河张君梦得谪居齐安，即其庐之西南为亭，以览观江流之胜，而余兄子瞻名之曰"快哉"。

盖亭之所见，南北百里，东西一舍③，涛澜汹涌，风云开阖④；昼则舟楫出没于其前，夜则鱼龙悲啸于其下；变化倏忽⑤，动心骇目，不可久视。今乃得玩之几席之上，举目而足。西望武昌诸山，冈陵起伏，草木行列，烟消日出，渔夫、樵父之舍，皆可指数，此其所以为"快哉"者也。至于长洲之滨，故城之墟，曹孟德、孙仲谋之所睥睨⑥，周瑜、陆逊之所驰骛⑦，其流风遗迹，亦足以称快世俗。昔楚襄王从宋玉、景差于兰台之宫⑧，有风飒然至者⑨，王披襟当之，曰："快哉此风！寡人所与庶人共者耶？"宋玉曰："此独大王之雄风耳，庶人安得共之！"玉之言盖有讽焉。夫风无雄雌之异，而人有遇不遇之变。楚王之所以为乐，与庶人之所以为忧，此则人之变也，而风何与焉？士生于世，使其中不自得，将何往而非病？使其中坦然，不以物伤性，将何适而非快？今张君不以谪为患，收会稽之余⑩，而自放山水之间，此其中宜有以过人者。将蓬户瓮牖⑪，无所不快，而况乎濯长江之清流，挹西山之白云，穷耳目之胜以自适也哉！不然，连山绝壑，长林古木，振之以清风，照之以明月，此皆骚人思士之所以悲伤憔悴而不能胜者，乌睹其为快也哉！

【注释】

①西陵：西陵峡，长江三峡之一。②沔：汉水的北源。汉沔：即汉水。③一舍：古时行军以三十里为一舍。④阖：同"合"。⑤倏忽：很快。⑥睥睨：侧目窥视。⑦驰骛：追逐，驰骋。陆逊：东吴大将，曾大破刘备于夷陵。⑧宋玉、景差：战国时楚国辞赋家，后于屈原。⑨飒：形容风声。⑩会稽：同"会计"，掌管征收赋税钱谷等事。⑪牖：窗。蓬户瓮牖：极言房屋之卑陋。

美文共赏

苏辙贬官筠州期间作了这篇脍炙人口的游记文章。文章描述了快哉亭上所见的事物，抒发能够随遇而安的旷达胸怀和作者的思想感情。

文章融叙事、描写、抒情、议论于一体，行文汪洋淡泊、潇洒闲放，极具艺术性。而最出色的地方，在于它的议论。文中以人对外物的感受是千差万别、因人而异的事实立论，得出"使其中不自得，将何往而非病？使其中坦然，不以物伤性，将何适而非快"的结论，使一篇写景文章有了更深刻的意义。立论正确，论证有力，结论无可辩驳，令人信服。

这些议论都近乎于言情、近乎于绘景，显得情韵十足，无丝毫议论常有的逼人气势。文中"风无雄雌之异……而风何与焉？""连山绝壑……乌睹其为快也哉"等就是这种风格。此文因其高超的艺术技巧，历来被人推崇备至。

本篇名句

"士生于世，使其中不自得，将何往而非病？使其中坦然，不以物伤性，将何适而非快？"

读书人生活在世上，如果他的内心不能自得其乐，那么，他到什么地方去会不忧愁呢？如果他心情开朗，不因为环境的影响而伤害自己的情绪，那么，他到什么地方去会不整天愉快呢？

寄欧阳舍人书（曾巩）①

　　去秋人还，蒙赐书及所撰先大父墓碑铭②，反复观诵，感与惭并。

　　夫铭志之著于世，义近于史，而亦有与史异者。盖史之于善恶无所不书，而铭者，盖古之人有功德、材行、志义之美者，惧后世之不知，则必铭而见之，或纳于庙，或存于墓，一也。苟其人之恶，则于铭乎何有？此其所以与史异也。其辞之作，所以使死者无有所憾，生者得致其严③。而善人喜于见传，则勇于自立；恶人无有所纪，则以愧而惧。至于通材达识、义烈节士，嘉言善状，皆见于篇，则足为后法。警劝之道，非近乎史，其将安近？

　　及世之衰，人之子孙者，一欲褒扬其亲而不本乎理。故虽恶人，皆务勒铭以夸后世④。立言者，既莫之拒而不为，又以其子孙之请也，书其恶焉，则人情之所不得，于是乎铭始不实。后之作铭者，当观其人。苟托之非人，则书之非公与是，则不足以行世而传后。故千百年来，公卿大夫至于里巷之士，莫不有铭，而传者盖少，其故非他，托之非人，书之非公与是故也。

　　然则孰为其人而能尽公与是欤？非畜道德而能文章者⑤无以为也。盖有道德者之于恶人则不受而铭之，于众人则能辨焉。而人之行，有情善而迹非，有意奸而外淑，有善恶相悬而不可以实指，有实大于名，有名侈于实。犹之用人，非畜道德者，恶作辨之不惑，议之不徇⑥？不惑不徇，则公且是矣。而其辞之不工，则世犹不传，于是又在其文章兼胜焉。故曰非畜道德而能文章者无以为也。岂非然哉？

　　然畜道德而能文章者，虽或并世而有，亦或数十年或一二百年而有之。其传之难又如此，其遇之难又如此。若先生之道德文章，固所谓数百年而有者也。先祖之言行卓卓，幸遇而得铭其公与是，其传世行后无疑也。而世之学者，每观传记所书古人之事，至于所可感，则往往蠹然不知涕之流落也⑦，况其子孙也哉？况巩也哉？其追晞祖德而思所以传之之由⑧，则知先生推一赐于巩而及其三世。其感与报，宜若何而图之？抑又思若巩之浅薄滞拙而先生进之，先祖之屯蹶否塞以死⑨而先生显之，则世之魁闳豪杰不世出之士，其谁不愿进于门？潜遁幽抑之士，其谁不有望于世？善谁不为？而恶谁不愧以惧？为人之父祖者，孰不欲教其

277

子孙？为人之子孙者，孰不欲宠荣其父祖？此数美者，一归于先生。

既拜赐之辱，且敢进其所以然。所论世族之次⑩，敢不承教而加详焉？愧甚，不宣。

【注释】

①欧阳舍人：欧阳修。舍人：官名。曾巩（1019—1083）：字子固，南丰（今属江西）人，与苏轼同榜进士。唐宋八大家之一，有《元丰类稿》。②大父：祖父。③致：表达。严：尊敬。④勒：刻。⑤畜：同"蓄"。⑥徇：徇情，屈从于私情。⑦蠢然：悲痛伤心的样子。⑧睎：仰慕。⑨屯蹶：艰难，受挫折。否塞：穷困不得志。⑩世族之次：祖先的世代次序等情况。

美文共赏

这是作者感谢欧阳修为其祖父曾致尧写墓志铭的书信，是一篇独具特色的感谢信。它没有平常的客套，也没有空泛的溢美之辞，而是通过对铭志作用及流传条件的分析，来述说"立言"的社会意义，阐发"文以载道"的主张，表达了对道德文章兼胜的赞许与追求。

文章首先交代写这封信的缘起与观诵墓碑后总的感受。接着叙及撰写墓志铭的意义。先提出论点"铭志之著于世，义近于史"，然后比较铭、史之异同，强调立言者的素质是纠除今弊的根本条件，提出："立言者"必须是"畜道德而能文章者"的观点。最后盛誉欧阳修之贤，深谢欧阳修赐铭之恩。这样就与文章的开头相互呼应。在唐宋八大家当中，曾巩是最重视章法的，从上文可以看到曾巩文章的这一特点，结构十分严谨，内容环环相扣，起承转合，如行云流水。此文可称得上曾巩文章这一方面的典范之作。

本篇名句

"善人喜于见传，则勇于自立；恶人无有所纪，则以愧而惧。"

行善之人喜欢自己的善行善言流传后世，就会发奋有所建树；作恶之人没有什么可记，就会感到惭愧和恐惧。

赠黎安二生序（曾巩）

　　赵郡苏轼，予之同年友也①。自蜀以书至京师遗予，称蜀之士曰黎生、安生者。既而黎生携其文数十万言，安生携其文亦数千言，辱以顾予。读其文，诚闳壮隽伟②，善反复驰骋，穷尽事理。而其材力之放纵，若不可极者也。二生固可谓魁奇特起之士，而苏君固可谓善知人者也。

　　顷之，黎生补江陵府司法参军③，将行，请予言以为赠。予曰："予之知生，既得之于心矣，乃将以言相求于外邪？"黎生曰："生与安生之学于斯文，里之人皆笑以为迂阔。今求子之言，盖将解惑于里人。"予闻之，自顾而笑。夫世之迂阔，孰有甚于予乎④？知信乎古，而不知合乎世；知志乎道，而不知同乎俗。此予所以困于今而不自知也。世之迂阔，孰有甚于予乎？今生之迂，特以文不近俗，迂之小者耳，患为笑于里之人。若于之迂大矣，使生持吾言而归，且重得罪，庸讵止于笑乎⑤？然则若余之于生，将何言哉？谓予之迂为善，则其患若此。谓为不善，则有以合乎世，必违乎古；有以同乎俗，必离乎道矣。生其无急于解里人之惑，则于是焉必能择而取之。遂书以赠二生，并示苏君以为何如也。

【注释】

①赵郡：即赵州，今河北省赵县。苏轼是四川眉山人，但其远祖却是赵州人。同年：同榜考取功名者。②闳：宏大。③参军：府、州、县的低级官员。④迂阔：不切实情。⑤庸讵：岂，难道。

美文共赏

　　黎、安二生是苏轼写信推荐给曾巩的朋友，他们拿着自己的文章来京师请教曾巩，于是曾巩就写了这篇赠序。文中针对黎、安二生想要学古文，又怕世人笑他们迂阔，内心矛盾重重的情形发出一番议论，旨在勉励二生不要怕世俗之人的讥笑，坚持走自己的路，学习古文，反对华而不实的俗文。这是一项很重要的主张，作者的创作观和写作实践是一致的。

其实，文中二生的"迂阔"是小迂，是文风问题，而作者所指自己是大迂，是为人处世的迂腐，是道的问题，表现了作者绝不附和颓废的世风，对道的忠诚不渝，反映了作者在宋代古文运动中的革新精神，有积极的进步意义。文中正话反说，文曲意直，是讽世之词。文章结合作者自身的体会来谈，娓娓道出，循循善诱，笔调风趣，字字从肺腑流出，言外之意，耐人咀嚼。

本篇名句

"知信乎古，而不知合乎世；知志乎道，而不知同乎俗。此予所以困于今而不自知也。"

只知道信奉古训，却不懂得迎合当世；只知道立志于圣贤之道，却不懂得随同世俗。这就是我为什么困顿到现在而自己尚不知道的原因啊。

读孟尝君传（王安石）

世皆称孟尝君能得士①，士以故归之，而卒赖其力，以脱于虎豹之秦。嗟呼！孟尝君特鸡鸣狗盗之雄耳②，岂足以言得士？不然，擅齐之强③，得一士焉，宜可以南面而制秦，尚何取鸡鸣狗盗之力哉？鸡鸣狗盗之出其门，此士之所以不至也。

【注释】

①孟尝君：战国时齐大臣田文，参见本书卷四《冯谖客孟尝君》。②特：但，只。鸡鸣狗盗：孟尝君出使秦国，被囚，门客装狗，盗得狐白裘献给秦王宠姬，宠姬劝秦王释放了孟尝君。孟尝君连夜逃至函谷关，天未亮，关门未开，门客学鸡叫，骗开关门，才逃回齐国。③擅：依靠，据有。

美文共赏

王安石读了《史记·孟尝君列传》后写了这篇谋篇布局严谨自然、遣词造句也极其简练的论说文。孟尝君一向以广纳人才被人称道，王安石一反传统，指出"鸡鸣狗盗之出其门,此士之所以不至也",即鸡鸣狗盗之徒并不能作为国家栋梁之"士",提出招揽人才应从政治大局着眼的主张,成为其推行新法的一项主张。全文仅八十八个字,却理直气壮,令人信服。文章抑扬顿挫,三次转折,两个反问,驳倒千古以来的世俗之论。可谓文笔雄健,被历代文论家誉为"文短气长"的典范。成语"鸡鸣狗盗"出自本文。

本篇名句

"鸡鸣狗盗之出其门,此士之所以不至也"。
鸡鸣狗盗之徒出现在他的门庭上,这就是贤士不归附他的原因。

同学一首别子固（王安石）

江之南有贤人焉,字子固①,非今所谓贤人者,予慕而友之。淮之南有贤人焉,字正之②,非今所谓贤人者,予慕而友之。

二贤人者,足未尝相过也,口未尝相语也,辞币未尝相接也③,其师若友,岂尽同哉?予考其言行,其不相似者何其少也!曰:学圣人而已矣。学圣人,则其师若友④必学圣人者。圣人之言行,岂有二哉?其相似也适然。

予在淮南,为正之道子固,正之不予疑也。还江南,为子固道正之,子固亦以为然。予又知所谓贤人者,既相似又相信不疑也。子固作《怀友》一首遗余,其大略欲相扳⑤以至乎中庸而后已。正之盖亦尝云尔。

夫安驱徐行,辅中庸之庭而造于其室⑥,舍二贤人者而谁哉?予昔非敢自必其有至也,亦愿从事于左右焉尔,辅而进之其可也。

噫!官有守,私有系,会合不可以常也。作《同学》一首别子固,以相警,且相慰云。

【注释】

①子固:即曾巩,江西南丰人,唐宋八大家之一。②正之:孙侔,为文奇古,终身不仕。

③辞：言辞，指书信。币：相互赠送的礼物。④若：与，和。⑤扳：挽引。⑥辅：车轮碾过。

美文共赏

曾巩，字子固，是王安石的好友，他们都是有志青年，携手共进。起初是曾巩撰写《怀友》一文赠王安石，然后王安石即撰写此文作答。这篇文章写于宋仁宗庆历三年，王安石在扬州任签书淮南判官的时候。

文章简约地介绍了二贤人曾巩和孙侔；中间叙述曾巩和孙侔虽然素不相互交往，但是都学圣人，所以能相似，又互相信赖，彼此勉励，"欲相扳以至乎中庸而后已"；最后说明回赠本文的意图，是为了互相慰勉，一起追求圣贤之道。文章不拘泥常规，感情真挚，言简意赅，以孙侔陪衬曾巩，则更加突出了曾巩，同时又把自己的看法融入其中，进行归纳，进而互相映衬，令人回味。

本篇名句

"夫安驱涂行，车蹍中庸之庭而造于其室。"
驾着车子稳步前进，碾过中庸的门庭而进入内室。

游褒禅山记（王安石）

褒禅山亦谓之华山①。唐浮图慧褒②，始舍于其址，而卒葬之。以故其后名之曰褒禅。今所谓慧空禅院者，褒之庐冢也。距其院东五里，所谓华山洞者，以其乃华山之阳名之也。距洞百余步，有碑仆道，其文漫灭③，独其为文犹可识曰"花山"。今言"华"如"华实"之"华"者，盖音谬也。

其下平旷，有泉侧出，而记游者甚众，所谓"前洞"也。由山以上五六里，有穴窈然④，入之甚寒，问其深，则其好游者不能穷也，谓之"后洞"。余与四人拥火以入⑤，入之愈深，其进愈难，而其见愈奇。有怠而欲出者，曰："不出，

火且尽。"遂与之俱出。盖予所至,比好游者尚不能十一,然视其左右,来而记之者已少。盖其又深,则其至又加少矣。方是时,予之力尚足以入,火尚足以明也。既其出,则或咎其欲出者,而予亦悔其随之,而不得极乎游之乐也。

于是予有叹焉。古人之观于天地、山川、草木、虫鱼、鸟兽,往往有得,以其求思之深而无不在也。夫夷以近⑥,则游者众;险以远,则至者少。而世之奇伟、瑰怪、非常之观,常在于险远,而人之所罕至焉,故非有志者不能至也。有志矣,不随以止也,然力不足者,亦不能至也。有志与力,而又不随以怠,至于幽暗昏惑而无物以相之,亦不能至也。然力足以至焉,于人为可讥,而在己为有悔。尽吾志也而不能至者,可以无悔矣,其孰能讥之乎?此予之所得也。

予于仆碑,又以悲夫古书之不存,后世之谬其传而莫能名者,何可胜道也哉!此所以学者不可以不深思而慎取之也。

四人者:庐陵萧君圭君玉⑦,长乐王回深父,余弟安国平父、安上纯父。

【注释】

①褒禅山:在今安徽含山县北。②浮图:佛,也指僧人。③仆:跌倒。其文:指整篇文字。其为文:指碑上残存的字。④窈然:幽暗深远。⑤拥:持。⑥夷:平坦。⑦萧君圭君玉:君玉是他的字。

美文共赏

这是一篇游记形式的议论文,作者通过记述游褒禅山华山洞的所见所闻,说明做事和治学不能半途而废,更不能道听途说,以讹传讹。必须探本求源,深思慎取。这些反映了他的改革精神和治学态度。

本文不同于一般的游记，不重山川风物的描绘，而重在因事说理，以说理为目的，记游的内容只是说理的材料和依据。是故文章前面记游山，后面谈道理，记叙和议论结合得紧密而自然，并且前后呼应。谋篇布局，精心裁剪，详略得当。其中阐述的诸多思想，不仅在当时难能可贵，在当今社会也具有极其深远的现实意义。文中的一些句子，如"入之愈深，其进愈难，而其见愈奇"，"夫夷以近，则游者众；险以远，则至者少"，"世之奇伟、瑰怪、非常之观，常在于险远，而人之所罕至焉"，"尽吾志也而不能至者，可以无悔矣"，都是平实而深刻、言简而意丰的警句。

本篇名句

"世之奇伟、瑰怪、非常之观，常在于险远，而人之所罕至焉，故非有志者不能至也。"

世上奇妙雄伟、珍贵奇特、非同寻常的景观，常常在那险阻、僻远、少有人至的地方，所以没有意志的人是不能到达的。

泰州海陵县主簿许君墓志铭（王安石）

君讳平，字秉之，姓许氏。余尝谱其世家，所谓今泰州海陵县主簿者也①。君既与兄元相友爱称天下，而自少卓荦不羁②，善辩说，与其兄俱以智略为当世大人所器。

宝元时，朝廷开方略之选③，以招天下异能之士，而陕西大帅范文正公、郑文肃公争以君所为书以荐，于是得召试，为太庙斋郎④，已而选泰州海陵县主簿。贵人多荐君有大才，可试以事，不宜弃之州县。君亦尝慨然自许，欲有所为。然终不得一用其智能以卒。噫！其可哀也已。

士固有离世异俗，独行其意，骂讥、笑侮、困辱而不悔，彼皆无众人之求而有所待于后世者也，其龃龉⑤固宜。若夫智谋功名之士，窥时俯仰以赴势利之会，而辄不遇者，乃亦不可胜数⑥。辩足以移万物，而穷于用说之时；谋足以夺三军，而辱于右武之国⑦，此又何说哉？嗟乎！彼有所待而不悔者，其知之矣。

君年五十九，以嘉祐某年某月某甲子葬真州之杨子县甘露乡某所之原。夫人李氏。子男瓌，不仕；璋，真州司户参军；琦，太庙斋郎；琳，进士。女子五人，已嫁二人，进士周奉先、泰州泰兴令陶舜元。

铭曰：有拔而起之，莫挤而止之。呜呼许君！而已于斯，谁或使之？

【注释】

①海陵：今江苏省泰州市。主簿：辅佐县令，主管簿籍文书。②卓荦（luò）：超越，特出。③宝元：宋仁宗年号（1038—1040）。方略：治国用兵的计谋。④太庙：天子的祖庙。斋郎：办理祭祀事务的小吏。⑤龃龉（jǔ yǔ）。⑥不可胜（shēng）数。⑦右武：崇尚武功。

美文共赏

这是王安石为已故的泰州海陵县主簿许平撰写的墓志铭。许平是个终身不得志的普通官吏。他本该是个幸运者，因当朝显贵推荐而得官，仕途中又未曾遭人嫉妒排挤而堵住进身之阶；可是其结局却又极其不幸：仅仅停留在县主簿这样一个低微的职位上。这一极不合理的现象，又是谁造成的呢？作者由此展开议论，感慨趋时之士亦未必能得重用，从而指出君子应贵于自守，不应遭遇困顿而悔恨。在写作手法上，本文以议论代叙事，与历史墓志铭以叙事为主的写法不同，而成为王安石所写墓志铭的一个显著特点。文章笔调深沉含蓄，充满无限悲凉，行文体现出作者对遭遇及现实状况不满的愤慨。

本篇名句

"辩足以移万物，而穷于用说之时；谋足以夺三军，而辱于右武之国，此又何说哉？"

辩说足以感化万物，却在看重游说的时代遭到困窘；智谋足以降服三军，却在崇尚武力的国家受到屈辱，这又怎么解释呢？

卷十二　明文

送天台陈庭学序（宋濂①）

西南山水，惟川蜀最奇。然去中州万里。陆有剑阁栈道之险②，水有瞿唐滟滪之虞。跨马行，则竹间山高者，累旬日不见其巅际，临上而俯视，绝壑万仞，杳莫测其所穷，肝胆为之掉栗。水行，则江石悍利，波恶涡诡，舟一失势尺寸，辄糜碎土沉，下饱鱼鳖。其难至如此。故非仕有力者，不可以游；非材有文者，纵游无所得；非壮强者，多老死于其地。嗜奇之士恨焉。

天台陈君庭学，能为诗，由中书左司掾，屡从大将北征，有劳，擢四川都指挥司照磨，由水道至成都③。成都，川蜀之要地，扬子云、司马相如、诸葛武侯之所居，英雄俊杰战攻驻守之迹，诗人文士游眺、饮射、赋咏、歌呼之所，庭学无不历览。既览必发为诗，以纪其景物时世之变，于是其诗益工。

越三年，以例自免归。会予于京师。其气愈充，其语愈壮，其志意愈高，盖得于山水之助者侈矣。予甚自愧，方予少时，尝有志于出游天下，顾以学未成而不暇。及年壮可出，而四方兵起，无所投足。逮今圣主兴而宇内定，极海之际，合为一家，而予齿益加耄矣④。欲如庭学之游，尚可得乎？然吾闻古之贤士，若颜回、原宪⑤，皆坐守陋室，蓬蒿没户，而志意常充然，有若囊括于天地者。此其故何也？得无有出于山水之外者乎？庭学其试归而求焉。苟有所得，则以告予，予将不一愧而已也。

【注释】

①宋濂：浦江（今浙江金华）人，元代被荐为翰林院编修，辞不就职。明代官至学士承旨知制诰，被誉为"开国文臣之首"。有《宋学士全集》。天台：县名，今属浙江。②栈道：在峭壁上凿孔架木接连而成的道路，极为艰险。古代川陕间交通，多依赖栈道。剑阁：县名，在今四川省北部。③掾：政府机关的属员。擢：提升。都指挥司：掌一方军政。照磨：主管文书的小官。④耄：年老，七十岁以上。⑤颜回、原宪：皆孔子学生。

美文共赏

这是宋濂写给天台陈庭学的一篇赠序。文章先叙川蜀山水之奇，接着历叙陆路、水路之奇险，以引出"非仕有力者，不可以游；非材有文者，纵游无所得；

非壮强者，多老死于其地。嗜奇之士恨焉"以便衬托出陈庭学为"仕有力者""材有文者"和"壮强者"，由此下文写陈庭学在四川的游宦就值得赞扬了。然后写宋濂的夙愿和感受以及古圣贤的典故，以此来表明他对陈庭学的勉励和期望，外出游历固然重要，但是也更应该注重学识和修养的提高。

文章运用了衬托和对比的手法，行文起伏变化，文意层层递进，序次有条不紊，语言简洁不繁缛，不啻为古代赠序中的典范。

本篇名句

"既览必发为诗，以纪其景物时世之变，于是其诗益工。"

他既经游览，就必定写诗抒发感受，来记写那景物时世的变迁。于是他的诗歌愈加工妙。

阅江楼记①（宋濂）

金陵为帝王之州。自六朝迄于南唐，类皆偏据一方，无以应山川之王气。逮我皇帝，定鼎于兹，始足以当之②。由是声教所暨，罔间朔南，存神穆清，与天同体，虽一豫一游，亦可为天下后世法③。

京城之西北，有狮子山，自卢龙蜿蜒而来，长江如虹贯，蟠绕其下。上以其地雄胜，诏建楼于巅，与民同游观之乐。遂锡嘉名为"阅江"云。登览之顷，万象森列，千载之秘，一旦轩露。岂非天造地设，以俟夫一统之君，而开千万世之伟观者欤？当风日清美，法驾幸临，升其崇椒④，凭阑遥瞩，必悠然而动遐思。见江汉之朝宗⑤，诸侯之述职，城池之高深。关阨之严固，必曰："此朕栉风沐雨⑥，战胜攻取之所致也。中夏之广，益思有以保之。"见波涛之浩荡，风帆之上下，番舶接迹而来庭，蛮琛联肩而入贡，必曰："此朕德绥威服，覃及内外之所及也⑦。四陲之远，益思有以柔之。"见两岸之间、四郊之上，耕人有炙肤皲足之烦，农女有捋桑行馌之勤，必曰："此朕拔诸水火，而登于衽席者也⑧。万方之民，益思有以安之。"触类而思，不一而足。臣知斯楼之建，皇上所以发舒精神，因物兴感，无不寓其致治之思，奚止阅夫长江而已哉！

彼临春、结绮，非不华矣；齐云、落星，非不高矣⑨。不过乐管弦之淫响，藏燕、赵之艳姬，一旋踵间而感慨系之，臣不知其为何说也。虽然，长江发源岷山，委蛇七千馀里而入海⑩，白涌碧翻。六朝之时，往往倚之为天堑⑪。今则南北一家，视为安流，无所事乎战争矣。然则果谁之力欤？逢掖之士⑫，有登斯楼而阅斯江者，当思圣德如天，荡荡难名，与神禹疏凿之功同一罔极。忠君报上之心，其有不油然而兴耶？

臣不敏，奉旨撰记。欲上推宵旰图治之功者，勒诸贞珉⑬：他若留连光景之辞，皆略而不陈，惧亵也。

【注释】

①阅江楼：因故未建。二十一世纪初，南京始议兴建。②定鼎：传说夏禹铸九鼎以象九州，从商至周都作为传国重器，置于国都，因此称定都或建立王朝为定鼎。③暨：至，到。罔间：不分。朔：北方。穆清：指陶冶人的性情，像清和的风化育万物。旧时常用以颂扬帝王或有才德的人。豫：欢喜，快乐。④法驾：皇帝的车驾。椒：山顶。⑤朝宗：诸侯朝见天子。此处借指百川入海。⑥栉风沐雨：用风梳头发，用雨洗头，形容艰苦奋斗。⑦琛：珍宝。罩：延及。⑧馌：给在田里耕种的人送饭。衽席：卧席。⑨临春、结绮：南朝陈后主所建；落星：东吴所建；均在南京。齐云：唐朝恭王所建，在苏州。⑩委蛇：同"逶迤"，绵延曲折。⑪天堑：天然的战壕，指长江。⑫逢掖：袖子宽大的衣服，儒士所穿。⑬宵旰："宵衣旰食"的省略语，天不亮就穿衣起来，天黑才吃饭，形容勤政。贞珉：石刻碑铭的美称。

美文共赏

这篇游记主要是歌颂大明皇帝朱元璋的。由于作者是奉诏而作，是故文章中充满了大量对明王朝歌功颂德的溢美之词。在歌功颂德的同时，以六朝偏安为契机，规劝皇帝流连景物之时不忘居安思危，安抚四夷，戒骄戒躁，以国计民生为重。文章将对朱元璋的殷切希望巧妙地融入对朱元璋的颂扬之中，实属难得，体现了作者为国政着想的政治襟怀。

文章的主脉是"颂君"，写景议论都紧扣这一点，全文结构严谨。写景、叙事和议论三者巧妙结合，穿插自然，语言高度精练。

本篇名句

"登览之顷，万象森列，千载之秘，一旦轩露。岂非天造地设，以俟夫一统之君，而开千万世之伟观者欤？"

登楼一望，万般景象都纷纷陈列；千载以来大地蕴藏的奥秘，一下子全都揭开了。岂不是天造地设，专门等待着一统天下的君王，在这里开创千秋万代的奇观吗？

司马季主论卜（刘基[①]）

东陵侯既废[②]，过司马季主而卜焉。

季主曰："君侯何卜也？"东陵侯曰："久卧者思起，久蛰者思启，久懑者思嚔[③]。吾闻之蓄极则池，闷极则达，热极则风，壅极则通。一冬一春，靡屈不伸；一起一伏，无往不复。仆窃有疑，愿受教焉。"

季主曰："若是，则君侯已喻之矣，又何卜为？"

东陵侯曰："仆未究其奥也，愿先生卒教之"。

季主乃言曰："呜呼！天道何亲？惟德之亲；鬼神何灵？因人而灵。夫蓍[④]，枯草也；龟，枯骨也，物也。人，灵于物者也，何不自听而听于物乎？且君侯何不思昔者也？有昔者必有今日。是故碎瓦颓垣，昔日之歌楼舞馆也；荒榛断梗，昔日之琼蕤玉树也[⑤]；露蛩风蝉[⑥]，昔日之凤笙龙笛也；鬼磷萤火，昔日之金釭华烛也；秋荼春荠，昔日之象白驼峰也[⑦]；丹枫白荻，昔日之蜀锦齐纨也。昔日之所无，今日有之不为过；昔日之所有，今日无之不为不足。是故一昼一夜，华开者谢；一春一秋，物故者新。激湍之下，必有深潭；高丘之下，必有浚谷[⑧]。君侯亦知之矣，何以卜为？"

【注释】

①刘基（1311—1375）：字伯温，处州青田（今属浙江）人，为明代开国功臣，有《诚意伯文集》。②东陵侯：秦贵族，秦亡，为平民，卖瓜为生。司马季主：汉初楚人，以卖卜为

生,见《史记·日者列传》。本文系假托古人之作。③憫:烦闷。④著:用著草占卜叫筮(shì),用龟甲占卜叫卜。⑤蕤:指花。⑥蛩:蟋蟀。原选本误作"蚕",依文集改正。⑦荼:苦菜。象白:象脂。驼峰:骆驼背上隆起的肉峰。二者均指珍贵的食品。⑧浚:深。

美文共赏

本篇选自《郁离子·天道篇》,文章采用对话的形式,借东陵侯被废黜之后想重新得到起用一事,以日常所见的盛衰变化,阐述事物总是向对立面转化的辩证观点,劝诫世人不要盲目地追求功名富贵。同时对天道、鬼神及占卜也提出怀疑和否定。这一切在思想上有很大的进步性。文章采用《楚辞·卜居》的表现手法,善于利用比喻、骈句和排比,铺陈畅叙,使文章音韵铿锵,朗朗上口,大为增色。尤其是文中虚拟对比的手法,使阐述的抽象哲理形象化,收到了寓意于事,化枯燥为生动的效果。

本篇名句

"天道何亲?惟德之亲;鬼神何灵?因人而灵。"

天道与谁常在呢?它只照应有德行的人啊;鬼神本身有什么灵验呢?它是靠人事才显现出灵验来的。

卖柑者言(刘基)

杭有卖果者,善藏柑,涉寒暑不溃,出之烨然①,玉质而金色。剖其中,干若败絮。置于市,贾十倍,人争鬻之②。予贸得其一,剖之,如有烟扑口鼻。视其中,则干若败絮。予怪而问之曰:"若所市于人者③,将以实笾豆④,奉祭祀,供宾客乎?将衒外以惑愚瞽乎?甚矣哉为欺也!"

卖者笑曰:"吾业是有年矣。吾赖是以食吾躯。吾售之,人取之,未闻有言,而独不足子所乎?世之为欺者不寡矣,而独我也乎?吾子未之思也!今夫佩虎

符、坐皋比者⑤，洸洸乎干城之具也⑥，果能授孙、吴之略耶？峨大冠、拖长绅者，昂昂乎庙堂之器也，果能建伊、皋之业耶？盗起而不知御，民困而不知救，吏奸而不知禁，法斁而不知理⑦，坐縻廪粟而不知耻⑧。观其坐高堂，骑大马，醉醇醴而饫肥鲜者⑨，孰不巍巍乎可畏、赫赫乎可象也？又何往而不金玉其外、败絮其中也哉！今子是之不察，而以察吾柑。"

予默然无应。退而思其言，类东方生滑稽之流。岂其忿世嫉邪者耶？而托于柑以讽耶？

【注释】

①烨然：光彩照耀的样子。②贾：同"价"。鬻（yù）：此处指买。自"置于市"至"如有烟扑口鼻"句，原选本缺，据《诚意伯文集》（四部丛刊本）补。③若：你。④笾豆：古代祭祀或宴会时装食物的器具，笾是竹制的，豆是木制或陶器。⑤虎符：虎形兵符。皋比：虎皮。⑥洸洸：威武的样子。干城：将才。⑦斁：败坏。⑧縻：通"糜"，耗费。⑨饫：饱食。象：效法。

美文共赏

这是一篇著名的寓言体散文。作者大约作于元朝末年。他借卖柑者之口，尖锐地揭露了那些腰金衣紫、神气十足的文武大臣，其实都是些不懂用兵、不会治国的愚蠢之辈，如同"金玉其外，败絮其中"的柑子。文章构思奇妙，开头的记事是全文的引子，作者先极写柑之外形有金玉之美，接着用一个鲜明的对比，抓住外形的好看与实质的败劣，突出一个"欺"字，引出下文卖柑者的一番议论，深刻揭露并讽刺了元代末年那些文臣武将们的腐朽本质。

文章结构上采用由远及近，由表入里的方法，使文章层次分明。形式上运用问答的方式，不仅深化了主题，而且突出了文章的情趣、气势和感情色彩。文中尤其是卖柑者的笑谈，妙语联珠，层层反诘，句式整齐，文辞犀利，读来有酣畅淋漓之感，反映了作者对不公平现象的愤怒之情。

本篇名句

"金玉其外、败絮其中。"

外表像金玉、内里像破败的棉絮。

深虑论（方孝孺①）

虑天下者，常图其所难，而忽其所易；备其所可畏，而遗其所不疑。然而祸常发于所忽之中，而乱常起于不足疑之事。岂其虑之未周与②？盖虑之所能及者，人事之宜然，而出于智力之所不及者，天道也。

当秦之世，而灭六诸侯，一天下，而其心以为周之亡在乎诸侯之强耳，变封建而为郡县。方以为兵革可不复用，天子之位可以世守，而不知汉帝起陇亩之中，而卒亡秦之社稷。汉惩秦之孤立，于是大建庶孽而为诸侯③，以为同姓之亲，可以相继而无变，而七国萌篡弑之谋④。武、宣以后，稍剖析之而分其势，以为无事矣，而王莽卒移汉祚⑤。光武之惩哀、平⑥，魏之惩汉，晋之惩魏，各惩其所由亡而为之备，而其亡也，皆出其所备之外。

唐太宗闻武氏之杀其子孙⑦，求人于疑似之际而除之，而武氏日侍其左右而不悟。宋太祖见五代方镇之足以制其君，尽释其兵权⑧，使力弱而易制，而不知子孙卒困于敌国。此其人皆有出人之智、负盖世之才，其于治乱存亡之几⑨，思之详而备之审矣。虑切于此而祸兴于彼，终至乱亡者何哉？盖智可以谋人，而不可以谋天。

良医之子，多死于病；良巫之子，多死于鬼。彼岂工于活人而拙于活己之子哉？乃工于谋人而拙于谋天也。古之圣人，知天下后世之变非智虑之所能周，非法术之所能制，不敢肆其私谋诡计，而唯积至诚、用大德以结乎天心，使天眷其德，若慈母之保赤子而不忍释。故其子孙虽有至愚不肖者足以亡国，而天卒不忍遽亡之。此虑之远者也。

　　夫苟不能自结于天，而欲以区区之智笼络当世之务，而必后世之无危亡，此理之所必无者也，而岂天道哉！

【注释】

①方孝孺（1357—1402）：浙江宁海（今浙江象山县）人，惠帝时任侍讲学士，燕王（即成祖朱棣）进南京后，命他起草登位诏书，他拒绝，因此被灭十族（九族及其学生），死者达八百七十余人。有《逊志斋集》。②与：同"欤"。③庶孽：妾所生之子。④七国：汉景帝时，吴、楚等七个诸侯国叛。⑤武、宣：汉武帝、宣帝。王莽：西汉大臣，以外戚夺权，篡汉。⑥哀、平：指西汉末年的哀帝，平帝，亡于外戚。⑦唐太宗：贞观二十二年，有秘传的预言，说女主武氏将代有天下。唐太宗乃尽杀疑似者。⑧释兵权：宋太祖惩于唐藩镇之乱，解除功臣兵权，全由中央控制。⑨几：事物变化前的细微迹象。

美文共赏

　　这篇史论是方孝孺《深虑论》十篇中的第一篇。作者以时间为线索，列举各朝各代兴亡的大量史实，论证了"祸常发于所忽之中，而乱常起于不足疑之事"，从而引出中心论点"盖虑之所能及者，人事之宜然。而出于智力所不能及者，天道也。"即智可以谋人，但是不可以谋天。希望统治者引以为鉴，思虑长治久安的策略。作者占有大量的史料，经过高度概括，为文章所用，然后通过正反阐述和论证，不仅言之有据，而且增强了文章的可读性。

本篇名句

"然而祸常发于所忽之中，而乱常起于不足疑之事。"
然而，灾祸常常在疏忽之际发生，变乱常常在不加疑虑的事上突起。

象祠记（王守仁）

灵博之山，有象祠焉①。其下诸苗夷之居者，咸神而祠之。宣尉安君，因诸苗夷之请②，新其祠屋，而请记于予。予曰："毁之乎，其新之也？"曰："新之。""新之也何居乎？"曰："斯祠之肇也，盖莫知其原，然吾诸蛮夷之居是者，自吾父、吾祖溯曾、高而上，皆尊奉而禋祀焉，举而不敢废也。"予曰："胡然乎？有鼻之祀③，唐之人盖尝毁之。象之道，以为子则不孝，以为弟则傲。斥于唐，而犹存于今；坏于有鼻，而犹盛于兹土也。胡然乎？"我知之矣：君子之爱若人也，推及于其屋之乌，而况于圣人之弟乎哉！然则祠者为舜，非为象也。意象之死，其在干羽既格之后乎④？不然，古之骜桀者岂少哉？而象之祠独延于世。吾于是盖有以见舜德之至，入人之深，而流泽之远且久也。

象之不仁，盖其始焉耳，又乌知其终之不见化于舜也？《书》不云乎："克谐以孝，烝烝乂，不格奸"，"瞽瞍亦允若"。则已化而为慈父⑤。象犹不弟，不可以为谐。进治于善，则不至于恶。不底于奸，则必入于善。信乎象盖已化于舜矣。《孟子》曰⑥："天子使吏治其国。"象不得以有为也。斯盖舜爱象之深而虑之详，所以扶持辅导之者之周也。不然，周公之圣，而管、蔡不免焉。斯可以见象之见化于舜，故能任贤使能，而安于其位，泽加于其民，既死而人怀之也。诸侯之卿，命于天子，盖《周官》之制，其殆仿于舜之封象欤？

吾于是盖有以信人性之善，天下无不可化之人也。然则唐人之毁之也，据象之始也；今之诸苗之奉之也，承象之终也。斯义也，吾将以表于世。使知人之不善虽若象焉，犹可以改；而君子之修德，及其至也，虽若象之不仁，而犹可以化之也。

【注释】

①象：舜的异母弟，与其父瞽瞍屡次谋害舜。灵博：山名，在今贵州黔西县。一说为灵鹫山、博高山，在今云南境内。②宣尉：即宣慰使。明代在少数民族地区设置宣慰司，长官叫宣慰使，由各族首长担任。一般称为"土司"。③有鼻：今湖南道县。据传舜封象于此。唐代道州刺史薛伯高毁象祠。④干羽：古代舞者所执的两种舞具。相传舜攻有苗不克，归而讲求道德礼乐，舞干羽，感化有苗。⑤烝烝：淳厚，美盛。乂：治理，安定。瞽瞍：舜父。前

三句见《尧典》,赞美舜感化了他的父母兄弟。后一句见《大禹谟》。⑥《孟子》曰:全句意为:象虽受封,但无实权,不能为恶。

美文共赏

传说象是舜的同父异母弟弟,多次企图加害舜,但都没有成功。舜即位以后,反而封他为鼻国国君。作者借苗人翻修象祠一事,引出一番议论。象之所以被祭祀,是因为在圣人的感化下改恶从善,宣扬"人性之善,天下无不可化之人",即君子应该修身树德,以德感化天下之人。文章具有激励人改过向善的积极意义。

作者从具体的事实作出抽象的推断,并以此作为立论的根据。构思巧妙,见解独特。

本篇名句

"吾于是盖有以信人性之善,天下无不可化之人也。"

我由此更加相信人性是善良的,天下没有不可感化的人。

信陵君救赵论① (唐顺之②)

论者以窃符为信陵君之罪,余以为此未足以罪信陵也。夫强秦之暴亟矣,今悉兵以临赵,赵必亡。赵,魏之障也。赵亡,则魏且为之后。赵、魏,又楚、燕、齐诸国之障也,赵、魏亡,则楚、燕、齐诸国为之后。天下之势,未有岌岌于此者也。故救赵者,亦以救魏;救一国者,亦以救六国也。窃魏之符以纾魏之患,借一国之师以分六国之灾,夫奚不可者。

然则,信陵果无罪乎?曰:又不然也。余所诛者,信陵君之心也。信陵一公子耳,魏固有王也。赵不请救于王,而谆谆焉请救于信陵,是赵知有信陵,不知有王也。平原君以婚姻激信陵,而信陵亦自以婚姻之故,欲急救赵,是信陵知有婚姻，不知有王也。其窃符也，非为魏也，非为六国也，为赵焉耳。非为赵也，为一平原君耳。使祸不在赵，而在他国，则虽撤魏之障，撤六国之障，信陵亦必不救。使赵无平原，或平原而非信陵之姻戚，虽赵亡，信陵亦必不救。则是赵王与社稷之轻重，不能当一平原公子，而魏之兵甲所恃以固其社稷者，只以供信陵君一姻戚之用。幸而战胜，可也，不幸战不胜，为虏于秦，是倾魏国数百年社稷以殉姻戚，吾不知信陵何以谢魏王也。夫窃符之计，盖出于侯生，而如姬成之也。侯生教公子以窃符，如姬为公子窃符于王之卧内，是二人亦知有信陵，不知有王也。

余以为信陵之自为计，曷若以唇齿之势，激谏于王，不听，则以其欲死秦师者，而死于魏王之前，王必悟矣。侯生为信陵计，曷若见魏王而说之救赵，不听，则以其欲死信陵君者而死于魏王之前，王亦必悟矣。如姬有意于报信陵，曷若乘王之隙而日夜劝之救，不听，则以其欲为公子死者，而死于魏王之前，王亦必悟矣。如此，则信陵君不负魏，亦不负赵；二人不负王，亦不负信陵君。何为计不出此？

信陵知有婚姻之赵，不知有王。内则幸姬，外则邻国，贱则夷门野人，又皆知有公子，不知有王。则是魏仅有一孤王耳。呜呼！自世之衰，人皆习于背公死党之行[3]而忘守节奉公之道。有重相而无威君，有私仇而无义愤，如秦人知有穰侯，不知有秦王，虞卿知有布衣之交，不知有赵王[4]，盖君若赘旒久矣[5]。由此言之，信陵之罪，固不专系乎符之窃不窃也。其为魏也，为六国也，纵窃符犹可。其为赵也，为一亲戚也，纵求符于王，而公然得之，亦罪也。虽然，魏王亦不得为无罪也。兵符藏于卧内，信陵亦安得窃之？信陵不忌魏王，而径请之如姬，其素窥魏王之疏也。如姬不忌魏王，而敢于窃符，其素恃魏王之宠也。木朽而蛀生之矣。古者人君持权于上，而内外莫敢不肃。则信陵安得树私交于赵？赵安得私请救于信陵？如姬安得衔信陵之恩？信陵安得卖恩于如姬？履霜之渐[6]，岂一朝一夕也哉！由此言之，不特众人不知有王，王亦自为赘旒也。

故信陵君可以为人臣植党之戒，魏王可以为人君失权之戒。《春秋》书葬原仲、翚帅师[7]。嗟夫！圣人之为虑深矣！

【注释】

①信陵君救赵：公元前257年，秦军围攻赵都邯郸。赵向魏求救，魏王派晋鄙率十万大军前往，晋鄙畏秦，屯兵不前。赵相平原君的夫人，是魏相信陵君的姐姐，平原君向信陵君求救。看守大梁东门的侯生，教他请魏王宠爱的如姬偷取虎符，信陵君凭虎符夺取晋鄙的兵权，率兵救赵，解邯郸之围。信陵君名无忌，是魏王的异母弟。②唐顺之（1507—1560）：江

苏武进人，嘉靖八年（1529年）状元。在浙江破海寇有功，升右佥都御史、代凤阳巡抚。③背公死党：背弃公事，替同党尽死力。④穰侯：战国时秦国大臣魏冉，秦昭王太后异母弟，专权。昭王后用范雎计，夺了他的权。虞卿：赵国上卿。⑤赘旒：缀在旌旗上的飘带，比喻君主实权旁落。⑥履霜：《易·坤》："履霜坚冰至。"足踩霜就知寒冬将至，比喻由目前迹象而对未来有所戒备。⑦翚师：鲁大夫羽父（翚）强迫鲁君出兵援宋。《春秋》记事都含贬义。

美文共赏

　　这篇文章是对历史上的故事"信陵君窃符救赵"一事进行的评论。作者在文中另辟蹊径，提出了自己独到的见解：他一方面肯定了信陵君对救赵存魏所起的客观作用；另一方面又尖锐地批评了信陵君目无君主，无视朝纲，窃符救赵动机不良。而为人君主的魏王君权不明，君威不振。整篇文章构思严谨，逻辑特征鲜明，以驳斥原有论点开篇，一步一步有条不紊地陈述自己的论点。然后运用辩证法对论点详加阐明，使全文无懈可击。

　　作者这样写，其目的主要是针砭时弊，把矛头指向明朝中叶出现的人臣结党营私的政治局面，要求加强君主的权力，巩固明王朝的统治。

本篇名句

"自世之衰，人皆习于背公死党之行，而忘守节奉公之道。"
自从世道衰微，人们已惯于背离公道、私结死党，而忘记守节奉公这个根本的原则了。

报刘一丈书（宗臣①）

　　数千里外，得长者时赐一书，以慰长想，即亦甚幸矣。何至更辱馈遗，则不才益将何以报焉②？书中情意甚殷，即长者之不忘老父，知老父之念长者深也。

至以"上下相孚③，才德称位"语不才，则不才有深感焉。夫才德不称，固自知之矣。至于不孚之病，则尤不才为甚。且今之所谓孚者何哉？日夕策马，候权者之门。门者故不入，则甘言媚词作妇人状，袖金以私之。即门者持刺入④，而主人又不即出见，立厩中仆马之间⑤，恶气袭衣袖，即寒毒热不可忍，不去也。抵暮，则前所受赠金者出，报客曰："相公倦⑥，谢客矣，客请明日来。"即明日又不敢不来。夜披衣坐，闻鸡鸣即起盥栉⑦，走马推门。门者怒曰："为谁？"则曰："昨日之客来。"则又怒曰："何客之勤也？岂有相公此时出见客乎？"客心耻之，强忍而与言曰："亡奈何矣，姑容我入。"门者又得所赠金，则起而入之。又立向所立厩中。幸主者出，南面召见，则惊走匍匐阶下⑧。主者曰："进！"则再拜，故迟不起，起则上所上寿金。主者故不受，则固请；主者故固不受，则又固请。然后命吏纳之。则又再拜，又故迟不起，起则五六揖始出。出揖门者曰："官人幸顾我，他日来，幸无阻我也！"门者答揖。大喜，奔出。马上遇所交识，即扬鞭语曰："适自相公家来，相公厚我，厚我！"且虚言状。即所交识亦心畏相公厚之矣。相公又稍稍语人曰："某也贤，某也贤。"闻者亦心计交赞之。此世所谓上下相孚也。长者谓仆能之乎？

　　前所谓权门者，自岁时伏腊一刺之外⑨，即经年不往也。间道经其门，则亦掩耳闭目，跃马疾走过之，若有所追逐者。斯则仆之褊衷⑩。以此长不见悦于长吏⑪，仆则愈益不顾也。每大言曰："人生有命，吾惟守分而已。"长者闻之，得无厌其为迂乎？

【注释】

①宗臣（1525—1560）：扬州人，嘉靖进士，因此文忤严嵩。出为福建参议，后因击退倭寇有功，升提学副使，病死任上。他是明代"后七子"之一。②不才：不成才的人，作者的谦词。③孚：信任。④刺：相当于如今的名片。⑤厩：马棚。⑥相公：指宰相。当时宰相为严嵩。⑦盥栉：洗脸和梳头。⑧匍匐：身子伏在地上。⑨伏腊：夏天的伏日，冬天的腊日，都是节日。⑩褊衷：气量狭小。⑪长吏：高级官吏。

美文共赏

　　这是一篇书信体的优秀散文，是作者答复刘一丈的一封书信。文中借用刘一丈来信所写"上下相孚，才德称位"八个字，用漫画的手法，描写了两次典型的干谒场面，勾画出了权奸的贪污受贿、故意做作，干谒者的奴颜婢膝、受宠若惊，门者的狐假虎威、敲诈勒索，都写得活灵活现，穷形尽相。

　　作者主要是通过行为描写来刻画人物的。文中那个小官僚听说召见后，"惊走""匍匐""再拜""固请""故迟不起"，起则"上所上寿金""又故迟不起""起则五六揖"，一连串的动作描写，层层渲染，把一个受宠若惊、故作恭谨惶恐之态的小丑形象描绘得栩栩如生。而反观当权者，他自恃为尊，金口难开，只一个"进"字，就足见他骄横跋扈，赫赫威势。对"所上受金，故不受""故固不受"，姿态做作，虚伪奸诈，寥寥几笔，声威俱全。作者最后精练的议论，使所表达的形象由感性上升到理性的高度，深化了主题，因而本文具有强烈的讽刺力量，倾注了作者对丑恶事物的痛恨之情。

本篇名句

"上下相孚，才德称位。"

上下要互相信任，才能和品德要与职位相符合。

《吴山图》记（归有光①）

　　吴、长洲二县②，有郡治所，分境而治。而郡西诸山，皆在吴县。其最高者，穹窿、阳山、邓尉、西脊、铜井。而灵岩，吴之故宫在焉，尚有西子之遗迹。若虎丘、剑池及天平、尚方、支硎，皆胜地也。而太湖汪洋三万六千顷，七十二峰沉浸其间，则海内之奇观矣。

　　余同年友魏君用晦为吴县，未及三年，以高第召入为给事中③。君之为县有惠爱，百姓扳留之不能得，而君亦不忍于其民，由是好事者绘《吴山图》以为赠。夫令之于民诚重矣。令诚贤也，其地之山川草木亦被其泽而有荣也；令诚不贤也，其地之山川草木亦被其殃而有辱也。君于吴之山川，盖增重矣。异时吾民将择胜于岩峦之间，尸祝于浮屠、老子之宫也④，固宜。而君则亦既去矣，何复惓惓于此山哉⑤？昔苏子瞻称韩魏公去黄州四十余年而思之不忘，至以为思黄州诗，子瞻为黄人刻之于石。然后知贤者于其所至，不独使其人之不忍忘而已，亦不能自忘于其人也。君今去县已三年矣，一日与余同在内庭，出示此图，展玩太息，因命余记之。噫！君之于吾吴，有情如此，如之何而使吾民能忘之也？

【注释】

①归有光（1506—1571）：昆山（今属江苏，邻近上海）人，三十五岁中举，八次考进士未中，六十岁始中进士，官长兴知县，南京太仆寺丞。散文被誉为明代第一。②长洲、吴：县名，两县同城而治，即今江苏苏州市。1912年两县合并。③给事中：官名。明代设吏、户、礼、兵、刑、工六科，每科设都给事中一人，给事中若干人，抄发章疏，稽察违误，其权颇重。④尸：代表鬼神受享祭的人。祝：传告鬼神言辞的人。尸祝：此处表示在祠庙中为逝世的好官立牌位。⑤惓惓：恳切的样子。

美文共赏

《吴山图》是作者的朋友魏用晦离任吴县县令时，当地百姓送给他的一幅山水画，蕴含着老百姓对廉洁贤明县令的热爱之情。

本文以这幅画为线索，先极写吴县的山川形胜，然后再引出《吴山图》的故事，顺理成章地将一地的山川形胜与为官一任、造福一方的贤能县令联系起来。又用历史上苏轼和韩琦的故事为例，说明贤能官吏自然会得到当地百姓的深切怀念。最后点明真正的贤者是"不独使其人之不忍忘而已，亦不能自忘于其人也。"即人民不会忘记他，他也不会忘记人民。

文辞委婉，感情真挚，充分体现了归有光散文的特色。

本篇名句

"令诚贤也，其地之山川草木亦被其泽而有荣也；令诚不贤也，其地之山川草木亦被其殃而有辱也。"

县令如果贤明，当地的山川草木也沾光，享有荣耀；县令如果不贤，当地的山川草木也遭殃而蒙受耻辱。

沧浪亭记（归有光）

　　浮图文瑛，居大云庵，环水，即苏子美沧浪亭之地也①。亟求余作《沧浪亭记》，曰："昔子美之记，记亭之胜也，请子记吾所以为亭者。"余曰：昔吴越有国时②，广陵王镇吴中③，治南园于子城之西南④，其外戚孙承佑，亦治园于其偏。迨淮南纳土⑤，此园不废。苏子美始建沧浪亭，最后禅者居之。此沧浪亭为大云庵也。有庵以来二百年，文瑛寻古遗事，复子美之构于荒残灭没之余，此大云庵为沧浪亭也。夫古今之变，朝市改易。尝登姑苏之台，望五湖之渺茫⑥，群山之苍翠，太伯、虞仲之所建⑦，阖闾、夫差之所争⑧，子胥、种、蠡之所经营⑨，今皆无有矣，庵与亭何为者哉？虽然，钱镠因乱攘窃，保有吴、越，国富兵强，垂及四世，诸子姻戚，乘时奢僭，宫馆苑囿，极一时之盛，而子美之亭，乃为释子所钦重如此。可以见士之欲垂名于千载，不与澌然而俱尽者，则有在矣。文瑛读书喜诗，与吾徒游⑩，呼之为沧浪僧云。

【注释】

①苏子美：苏舜钦，北宋文学家，诗与梅尧臣齐名，世称"苏梅"。免官后居苏州，筑沧浪亭。清代重修，至今仍为苏州市名胜。②吴越：五代时十国之一，钱镠（音流）所建，据有今浙江省及江苏的一部分。后降宋。③广陵王：吴越国君钱镠之子，曾任苏州刺史。④子城：附属于大城的小城，此指内城。⑤淮南纳土：公元978年，吴越国君降宋，献所据两浙十三州。⑥五湖：有几种说法。此处指太湖，太湖古亦称五湖。⑦太伯：春秋时吴国的始祖，虞仲为其弟。⑧阖闾、夫差：春秋时吴国最后两王。⑨子胥：伍子胥，吴国大臣。种、蠡：文种、范蠡，越国大臣，辅勾践灭吴。⑩吾徒：即吾辈。

美文共赏

　　沧浪亭是苏州著名园林胜地之一，北宋诗人苏舜钦建造。文章采用自然流畅的笔调，历述了沧浪亭的修造与兴废变迁，说明朝代有兴衰，人事有变迁，古代的人和事早已随着历史湮灭，而沧浪亭屡经改朝换代却保留至今，四面环水，风光依旧，可以"望五湖之渺茫，群山之苍翠"，美景尽收眼底，极其巧妙地烘托出文章的主旨：沧浪亭被后人喜爱，不仅是因为亭园的美丽，更是创建者苏舜钦的人格与才华被人们尊敬。文章通过古今对比，突出了主旨，有较强的感染力。平淡质朴中见出深意，这正是作者散文的特点。

本篇名句

"可以见士之欲垂名于千载，不与渐然而俱尽者，则有在矣。"

可见读书人想要垂名千载，不跟形体一同消失，这确实另有一番道理存在呢。

蔺相如完璧归赵论（王世贞①）

蔺相如之完璧②，人皆称之，予未敢以为信也。

夫秦以十五城之空名，诈赵而胁其璧，是时言取璧者情也，非欲以窥赵也。赵得其情则弗予，不得其情则予；得其情而畏之则予，得其情而弗畏之则弗予。此两言决耳，奈之何既畏而复挑其怒也！

且夫秦欲璧，赵弗予璧，两无所曲直也。入璧而秦弗予城，曲在秦。秦出城而璧归，曲在赵。欲使曲在秦，则莫如弃璧；畏弃璧，则莫如弗予。夫秦王既按图以予城，又设九宾③，斋而受璧，其势不得不予城。璧入而城弗予，相如则前请曰："臣固知大王之弗予城也。夫璧非赵璧乎？而十五城秦宝也。今使大王以璧故，而亡其十五城，十五城之子弟皆厚怨大王以弃我如草芥也。大王弗予城而绐赵璧④，以一璧故，而失信于天下，臣请就死于国，以明大王之失信。"秦王未必不返璧也。今奈何使舍人怀而逃之⑤，而归直于秦⑥？是时秦意未欲与赵绝耳。令秦王怒，而僇相如于市，武安君十万众压邯郸⑦，而责璧与信，一胜而相如族，再胜而璧终入秦矣。吾故曰，蔺相如之获全于璧也，天也。若其劲渑池⑧，柔廉颇⑨，则愈出而愈妙于用。所以能完赵者，天固曲全之哉！

【注释】

①王世贞（1526—1590）：太仓（今属江苏）人，嘉靖进士，著有《弇州山人四部稿》。

②蔺相如：战国时赵国人。赵王得和氏璧，秦昭王愿用十五城交换。秦强赵弱，赵王不敢不献，又怕秦王骗他。蔺相如自愿奉璧前往，见秦王无意兑现，后完璧归赵。回国后得到重用。③九宾：古代朝会大典设九宾，即自公、侯以至大夫、士，九种人都参加。④绐：欺骗。⑤舍人：此处指左右亲近之人。⑥归直于秦：反使秦国理直了。⑦武安君：秦大将白起。⑧劲渑池：公元前279年，秦王约赵王相会于渑池（今属河南）。在宴席上，秦王请赵王鼓瑟，以侮辱赵王。蔺相如当即请秦王击缶，秦王不肯，蔺相如即以刺杀相威胁。秦王无奈，只得击了一下。⑨柔廉颇：渑池之会后，蔺相如当了赵相，赵国名将廉颇不服，多次想侮辱他。他处处退让，终于使廉颇感悟，负荆请罪。相将和好，保证了赵国的安全。

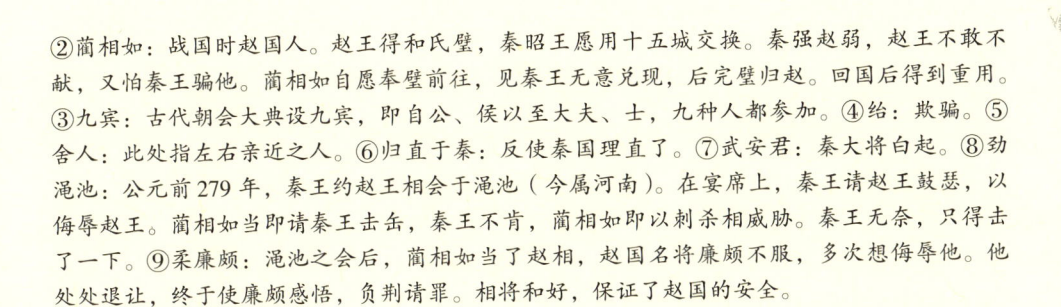

美文共赏

　　王世贞针对"蔺相如完璧归赵"这一史实作了这篇有名的史论。作者在文章开头就以"蔺相如之完璧，人皆称之，予未敢以为信也"开宗明义，对该史实发表了截然不同的看法，先声夺人；接着，从三个方面阐述了否定的理由。首先，分析秦以十五城的空名取璧的真实意图，指责蔺相如所为是"既畏而复挑其怒"的举动，失于智；接着，重点分析了蔺相如的曲直论，先明秦赵"两无所曲直"，后又代替相如策划，指出相如"使舍人怀而逃之"是"归直于秦"，失于信；最后，文章分析相如完璧的后果是族灭国破，失于利；从而得出秦国不想和赵国为敌，因此蔺相如能够完璧归赵"天固曲全之哉"的结论。文章逻辑清晰，论述严密，辩驳有力，尤其文中假设论证的一段文字，合情合理，是故这篇翻案文章贵在识见高远，令人信服。总体看来，不失为一家之言。

本篇名句

"蔺相如之完璧，人皆称之，予未敢以为信也。"
蔺相如完璧归赵，人人都称赞他，我却不敢苟同。

徐文长传（袁宏道）①

　　徐渭，字文长，为山阴诸生，声名籍甚。薛公蕙校越时，奇其才，有国士之目。然数奇，屡试辄蹶②。

中丞胡公宗宪闻之③，客诸幕。文长每见，则葛衣乌巾，纵谈天下事，胡公大喜。是时公督数边兵，威镇东南，介胄之士，膝语蛇行，不敢举头，而文长以部下一诸生傲之，议者方之刘真长、杜少陵云④。会得白鹿，属文长作表，表上，永陵喜⑤。公以是益奇之，一切疏计，皆出其手。文长自负才略，好奇计，谈兵多中，视一世士无可当意者。然竟不偶。

文长既已不得志于有司，遂乃放浪曲蘖⑥，恣情山水，走齐、鲁、燕、赵之地，穷览朔漠。其所见山奔海立、沙起云行、雨鸣树偃、幽谷大都、人物鱼鸟，一切可惊可愕之状，一一皆达之于诗。其胸中又有勃然不可磨灭之气，英雄失路、托足无门之悲，故其为诗，如嗔如笑，如水鸣峡，如种出土，如寡妇之夜哭，羁人之寒起。虽其体格时有卑者，然匠心独出，有王者气，非彼巾帼而事人者所敢望也⑦。文有卓识，气沉而法严，不以模拟损才⑧，不以议论伤格，韩、曾之流亚也⑨。文长既雅不与时调合，当时所谓骚坛主盟者，文长皆叱而奴之，故其名不出于越，悲夫！

喜作书，笔意奔放如其诗，苍劲中姿媚跃出，欧阳公所谓"妖韶女⑩，老自有余态"者也。间以其余，旁溢为花鸟，皆超逸有致。

卒以疑杀其继室，下狱论死。张太史元汴力解，乃得出⑪。晚年愤益深，佯狂益甚，显者至门，或拒不纳。时携钱至酒肆，呼下隶与饮。或自持斧击破其头，血流被面，头骨皆折，揉之有声。或以利锥锥其两耳，深入寸余，竟不得死。周望言晚岁诗文益奇⑫，无刻本，集藏于家。余同年有官越者，托以钞录，今未至。余所见者，《徐文长集》《阙编》二种而已。然文长竟以不得志于时，抱愤而卒。

石公曰⑬：先生数奇不已，遂为狂疾。狂疾不已，遂为囹圄。古今文人牢骚困苦，未有若先生者也。虽然，胡公间世豪杰，永陵英主。幕中礼数异等，是胡公知有先生矣；表上，人主悦，是人主知有先生矣，独身未贵耳。先生诗文崛起，一扫近代芜秽之习，百世而下，自有定论，胡为不遇哉？

梅客生尝寄予书曰："文长吾老友，病奇于人，人奇于诗。"余谓文长无之而不奇者也。无之而不奇，斯无之而不奇也⑭。悲夫！

【注释】

①徐文长（1521—1593），明代文学家、艺术家。除诗文、书、画外，尚有杂剧《四声猿》，在戏曲史上有重要地位。袁宏道（1568—1610）：字中郎，湖广公安（今属湖北）人，万历进士，为明末"公安派"领袖。著有《袁中郎集》。②数奇：命运不好，遇事多不利。

蹶：挫，失败。③中丞：原为御史台的长官。明清因各省巡抚例兼右都御史，故称巡抚为中丞。胡宗宪：曾任浙江巡抚八年，全力抗倭。但颇事搜刮，交结权奸，后下狱死。④介胄之士：指武官。膝语蛇行：跪着讲话，爬着走路。刘真长：东晋人，简文帝（司马昱）作丞相时，待之如上宾。杜少陵：唐代诗人杜甫，西川节度使严武曾待如上宾。⑤永陵：指明世宗，年号嘉靖。⑥曲蘖：酒母，亦指酒。⑦体格：体裁风格。巾帼：古代妇女的头巾和发饰，代指妇女。⑧模拟：依样仿效。⑨流亚：同一类人物。韩、曾：韩愈、曾巩。⑩妖韶：艳丽美好。⑪太史：明清对翰林的尊称。⑫周望：名陶望龄，与下文的梅客生，都是作者的朋友。⑬石公：作者号石公。⑭无之而不奇，斯无之而不奇也：第一个"奇"为奇特之奇，后一个"奇"是数奇的奇。

美文共赏

这是袁宏道为同时代的著名文人徐渭作的一篇有名的传记。文章简明扼要地叙述了徐文长的生平、遭遇和文艺上的成就。作者以"数奇"作为全文的主线，突出渲染了徐文长的气质、才华和命运，"病奇于人，人奇于诗""无之而不奇，斯无之而不奇也"是作者最后对徐文长的高度评价。然而这么有才华的人"竟以不得志于时，抱愤而卒"，其不惜以生命与世俗相抗衡的悲剧命运，数百年来令人感慨。文中写徐文长创作"匠心独出""不以模拟损才，不以议论伤格"，流露出袁宏道的惺惺相惜之情，充满了对徐文长的敬慕和叹息。文章客观上也批判了当时的社会制度对杰出人才的摧残。

本篇名句

"无之而不奇，斯无之而不奇也"。

因为没有一处不怪异奇特，所以也就注定他一生命运没有一处不艰难、不坎坷。

五人墓碑记（张溥）①

五人者，盖当蓼洲周公之被逮②，激于义而死焉者也。至于今，郡之贤士大夫，请于当道，即除魏阉废祠之址以葬之③，且立石于其墓之门，以旌其所为。呜呼！亦盛矣哉！

夫五人之死，去今之墓而葬焉，其为时止十有一月耳。夫十有一月之中，凡富贵之子，慷慨得志之徒，其疾病而死，死而湮没不足道者，亦已众矣。况草野之无闻者欤？独五人之曒曒④，何也？

予犹记周公之被逮，在丁卯三月之望。吾社之行为士先者，为之声义，敛资财以送其行⑤，哭声震动天地。缇骑按剑而前⑥，问："谁为哀者？"众不能堪，抶而仆之⑦。是时以大中丞抚吴者，为魏之私人，周公之逮所由使也。吴之民方痛心焉，于是乘其厉声以呵，则噪而相逐，中丞匿于溷藩以免⑧。既而以吴民之乱请于朝，按诛五人，曰：颜佩韦、杨念如、马杰、沈扬、周文元，即今之傫然在墓者也⑨。然五人之当刑也，意气扬扬，呼中丞之名而詈之，谈笑以死。断头置城上，颜色不少变。有贤士大夫发五十金，买五人之脰而函之⑩，卒与尸合。故今之墓中，全乎为五人也。

嗟夫！大阉之乱，缙绅而能不易其志者，四海之大，有几人欤？而五人生于编伍之间⑪，素不闻诗书之训，激昂大义，蹈死不顾，亦曷故哉？且矫诏纷出，钩党之捕遍于天下⑫，卒以吾郡之发愤一击，不敢复有株治。大阉亦逡巡畏义，非常之谋，难于猝发。待圣人之出而投缳道路⑬，不可谓非五人之力也。

由是观之，则今之高爵显位，一旦抵罪，或脱身以逃，不能容于远近，而又有剪发杜门，佯狂不知所之者。其辱人贱行，视五人之死，轻重固何如哉？是以蓼洲周公，忠义暴于朝廷，赠谥美显，荣于身后。而五人亦得以加其土封，列其姓名于大堤之上。凡四方之士，无有不过而拜且泣者，斯固百世之遇也！不然，令五人者保其首领，以老于户牖之下，则尽其天年，人皆得以隶使之，安能屈豪杰之流，扼腕墓道，发其志士之悲哉？故予与同社诸君子，哀斯墓之徒有其石也，而为之记，亦以明死生之大，匹夫之有重于社稷也。

贤士大夫者，冏卿因之吴公、太史文起文公⑭，孟长姚公也。

【注释】

①五人墓碑：明熹宗天启年间（1621—1627），宦官魏忠贤专政，大肆捕杀东林党人，周顺昌被捕，激起苏州人民义愤，几万人包围官差，打死一人，伤五人。事后市民五人被捕处死。张溥（1602—1641）：明末太仓（今属江苏）人，崇祯进士，继东林之后，创立复社，反对腐败，复社后来成为反清的爱国团体。有《七录斋集》。②周公：周顺昌，号蓼洲，吴县人，曾任职吏部，辞官回家，因不满魏忠贤被杀。③魏阉：指宦官魏忠贤，专政八年，各地建有生祠，死后被废。④曒曒：皎皎明亮。⑤吾社：指作者领导的应社，是复社的前身。声义：伸张正义。⑥缇骑：古代当朝贵官的前导和随从的骑士，亦指逮捕犯人的禁卫吏役。

⑦抶：音翅，打，击。⑧溷藩：厕所。⑨傫然：集聚的样子。⑩脰：颈项，此处指头。⑪编伍：指平民百姓。古代五家编为一伍。⑫钩党：互相牵引为同党。⑬投缳：自缢。⑭同卿：太仆寺卿的别称。

美文共赏

司马迁以后，史家为平民写传极为罕见。本文是独特的一篇。这是一篇夹叙夹议而又富含感情的碑记，主要记述了明末苏州人民不畏强权反抗魏忠贤阉党集团的壮举，以及在反阉斗争中献身的五位市民的英勇事迹。全文紧紧扣住"义"字来写，"激于义而死"是全文的总纲。文中记述的五位市民首领为抗暴而献身是"义举"，所议论的这一英雄行为的重大意义则是"义理"，由此而抒发的敬仰与赞叹之情则为"义情"。三者有机融合，浑然一体。

为了凸显文章主旨，作者出色地运用了对比：五人之死与庸人之死的对比，突出了五人身后的显赫声名；通过与善变更志节的一般士大夫对比，突出了五人"激昂大义，蹈死不顾"的精神；通过与阉党成员"辱人贱行"的对比，突出五人不惜英勇牺牲的精神；最后归结为"亦以明死生之大，匹夫之有重于社稷也"，水到渠成，"义理"显豁。文章歌颂了五位烈士的高尚品格，写得正气凛然，文笔奔放，是传诵已久的名篇。

本篇名句

"死生之大，匹夫之有重于社稷也。"

死生的意义重大，一个普通老百姓对于国家也有重要的作用啊。

参考文献

[1] 曹道衡. 古文观止（上、下册）[M]. 长春：吉林文史出版社，2002.
[2] 中华书局编辑部. 名家精译古文观止[M]. 北京：中华书局，2007.
[3] 洪本健. 解题汇评古文观止[M]. 上海：华东师范大学出版社，2002.
[4] 纪江红. 古文观止[M]. 北京：北京出版社，2005.
[5] 宋涛. 古文观止[M]. 沈阳：辽海出版社，2009.
[6] 傅德岷. 古文观止鉴赏辞典[M]. 上海：上海科学技术文献出版社，2008.
[7] 陈志坚. 历代古文精粹[M]. 北京：北京燕山出版社，2008.
[8] 秦旭卿. 古文观止注释[M]. 广州：花城出版社，2008.
[9] 臧瀚之. 古文观止[M]. 北京：京华出版社，2008.